新型农民学历教育系列教材

农村政策与法规

(第 2 版)

主　编

赵慧峰　王春平

副主编

刘宇鹏　刘　倩　李忠旭

金盾出版社

内容提要

本书是"新型农民学历教育系列教材"的一个分册。内容包括：农村政策与法规概述，中国农村宏观经济政策，农业法，农业结构与产业化政策，农业土地政策与法规，农业经济组织政策与法规，农业可持续发展政策与法规，农业生产安全法律制度，农村社会保障政策与法规，农村社会生活法律制度，农村基层组织政策与法规，农村劳动力政策，农村行政执法及政策执行等13章。可作为农民大学专科学历教育教材和农村干部培训教材，亦可供广大农村干部和具有中等以上文化程度的农民自学使用。

图书在版编目(CIP)数据

农村政策与法规/赵慧峰，王春平主编．—2版．—北京：金盾出版社，2015.1(2019.1重印)
（新型农民学历教育系列教材）
ISBN 978-7-5082-9432-2

Ⅰ．农… Ⅱ．①赵…②王… Ⅲ．①农业政策—中国—教材②农业法—中国—教材　Ⅳ．①F320②D922.4

中国版本图书馆 CIP 数据核字(2014)第 108719 号

金盾出版社出版、总发行
北京市太平路5号(地铁万寿路站往南)
邮政编码：100036　电话：68214039　83219215
传真：68276683　网址：www.jdcbs.cn
封面印刷：北京印刷一厂
正文印刷：北京军迪印刷有限责任公司
装订：北京军迪印刷有限责任公司
各地新华书店经销
开本：850×1168 1/32　印张：10.25　字数：247千字
2019年1月第2版第12次印刷
印数：77 001～80 000册　定价：26.00元

(凡购买金盾出版社的图书，如有缺页、倒页、脱页者，本社发行部负责调换)

编著者名单

主　编	河北农业大学	赵慧峰
	沈阳农业大学	王春平
副主编	河北农业大学	刘宇鹏
	河北金融学院	刘　倩
	沈阳农业大学	李忠旭
参　编	辽宁省科技厅	孟繁博
	河北农业大学	刘秀娟
	河北农业大学	张桂春
	河北农业大学	赵　文
	河北农业大学	李艳琴
	河北农业大学	孙继国
	河北农业大学	张金林
	河北农业大学	段会军
	河北农业大学	袁艳平
	河北农业大学	李逸波
	河北金融学院	刘　倩
	河北保定政法委	赵武卫

修订版前言

本书自出版以来,受到读者的欢迎,在第一版《农村政策与法规》的基础上进行了修订。本次修订本着"先进、实用"的要求,进行了以下修订。

第一,与时俱进,紧密联系实际。第二版在编写过程中广泛收集了最新的农业法律、法规和中央政策精神,做到了与时俱进。如对第六章农民专业合作社的内容进行了全面修订,第八章食品质量安全法、种子法做了大量修订。

第二,补充了案例,增加了内容的可读性和实用性。大部分章节都增加了短小精悍的案例,以便于读者理解书中的内容。

第二版编者分工如下:第一章,刘秀娟、李忠旭;第二章,赵慧峰、李逸波;第三章,王春平、孟繁博;第四章,刘宇鹏;第五章,刘秀娟;第六章,赵慧峰;第七章,李忠旭;第八章,第一节赵文、第二节李艳琴、第三节段会军、第四节张金林、第五节孙继国;第九章,刘倩;第十章,袁艳平;第十一章,赵武卫;第十二章,张桂春;第十三章,李忠旭。全书由赵慧峰总纂定稿。

由于笔者水平有限,书中错误之处在所难免,欢迎读者批评指正。

编著者

目 录

第一章 农村政策与农村法规概述 …………………………… (1)
 第一节 农村政策概述 …………………………………… (1)
  一、农村政策的概念 ……………………………………… (1)
  二、农村政策的产生与发展 ……………………………… (1)
  三、农村政策的特点 ……………………………………… (2)
  四、农村政策实施 ………………………………………… (4)
  五、农村政策的调整与延续 ……………………………… (7)
 第二节 农村法规概述 …………………………………… (9)
  一、法的概述 ……………………………………………… (9)
  二、农村法规的概念 ……………………………………… (12)
 第三节 农村政策与农村法规的关系 …………………… (14)
  一、农村政策与农村法规的联系 ………………………… (14)
  二、农村政策与农村法规的区别 ………………………… (15)
  三、农村政策与农村法规的辩证统一 …………………… (16)

第二章 中国农村宏观经济政策 ……………………………… (17)
 第一节 中国农村宏观经济政策概述 …………………… (17)
 第二节 促进农民增加收入的政策 ……………………… (20)
  一、农民增收中的两个难点和重点 ……………………… (20)
  二、农民增收的具体途径 ………………………………… (22)
  三、为农民增收创造好的环境和条件 …………………… (23)
 第三节 提高农业综合生产能力的政策 ………………… (24)
  一、农业综合生产能力的内涵和目标 …………………… (25)

二、提高农业综合生产能力的措施……………………………(25)
第四节　推进社会主义新农村建设的政策 ……………………(28)
　　一、对"建设社会主义新农村"政策的基本认识…………(28)
　　二、新农村建设的基本思路和工作方针…………………(30)
　　三、社会主义新农村的建设内容…………………………(31)
第五节　发展现代农业的政策 …………………………………(36)
　　一、现代农业的内涵和意义………………………………(36)
　　二、建设现代农业的措施…………………………………(38)
第六节　加强农业基础建设的政策 ……………………………(42)
　　一、加强农业基础建设的意义……………………………(42)
　　二、2008年1号文件的主要内容 …………………………(43)
第七节　推进农村改革发展若干重大问题的政策 ……………(45)
　　一、总体纲领………………………………………………(45)
　　二、农村制度建设…………………………………………(46)
　　三、农村公共事业发展……………………………………(49)
第八节　加快农业科技创新保障农产品供给的政策 …………(50)
　　一、我国农业科技的定性、定位和定向 …………………(51)
　　二、加快农业科技发展的对策……………………………(52)
第九节　构建新型农业经营体系的政策 ………………………(53)
　　一、培育新型农业经营主体………………………………(54)
　　二、新型农业经营体系建设要把握的重点………………(55)
第十节　全面深化农村改革，加快推进农业现代化的政策
　　　　………………………………………………………(56)
　　一、完善国家粮食安全保障体系…………………………(57)
　　二、建立农产品目标价格制度，突出市场作用 …………(57)
　　三、深化农村土地制度改革………………………………(58)

目 录

　　四、抓紧划定生态保护红线,建立农业可持续发展
　　　　长效机制……………………………………………(58)
　　五、健全城乡发展一体化体制机制……………………(59)
第三章　农业法……………………………………………(60)
　第一节　农业法概述………………………………………(60)
　　一、农业和农业法的概念………………………………(60)
　　二、我国农业和农村经济发展的基本目标……………(61)
　　三、我国农业和农村经济发展的基本制度……………(61)
　第二节　农业生产经营体制………………………………(63)
　　一、实行农村土地家庭承包经营制度…………………(63)
　　二、完善双层经营,壮大集体经济实力…………………(63)
　　三、鼓励农民发展各类专业合作经济和其他生产经营
　　　　组织形式………………………………………………(65)
　第三节　农业生产…………………………………………(65)
　　一、制定和实施农业发展规划,促进形成合理的农业
　　　　生产区域布局…………………………………………(65)
　　二、支持农民和农业生产经营组织调整和优化农业
　　　　产业结构………………………………………………(66)
　　三、加强农业和农村基础设施建设,改善农业生产
　　　　条件……………………………………………………(66)
　　四、扶持良种选育、生产和推广使用……………………(66)
　　五、加强农村农田水利建设和管理,发展节水型农业…(67)
　　六、推动农业机械化和农业气象事业的发展…………(67)
　　七、保障农产品质量安全,发展优质农产品生产………(67)
　　八、实行动植物检疫、防疫制度…………………………(68)
　　九、建立健全农业生产资料质量管理和安全使用制度…(68)

第四节　农产品流通、加工和粮食安全 ………………（69）
一、农产品流通与加工 …………………………………（69）
二、粮食安全 ……………………………………………（70）

第五节　农业投入与支持保护 ……………………………（71）
一、建立和完善农业支持保护体系 ……………………（71）
二、发展农村社会化服务事业 …………………………（72）

第六节　农业科技与农业教育 ……………………………（74）
一、推动农业科技与农业教育事业发展 ………………（74）
二、促进农业科学技术进步 ……………………………（74）
三、加强农业技术推广 …………………………………（75）
四、发展农业教育事业 …………………………………（78）

第七节　农民权益保护 ……………………………………（79）
一、农民经济负担的法律保护 …………………………（79）
二、农民土地权利的法律保护 …………………………（80）
三、农民在接受社会化服务中的权利保护 ……………（80）
四、农民的行政请求权和司法请求权 …………………（80）

第八节　农村经济发展 ……………………………………（81）
一、发展农村经济的各项具体措施 ……………………（81）
二、发展农村社会保障事业 ……………………………（82）

第四章　农业结构与产业化政策 …………………………（83）

第一节　农业结构政策目标 ………………………………（83）
一、农业结构政策目标概述 ……………………………（83）
二、农业结构调整的基本思路 …………………………（84）
三、促进农业结构调整的主要措施 ……………………（87）

第二节　农业产业化政策 …………………………………（89）
一、农业产业化政策演变 ………………………………（89）

目　录

二、"十二五"期间推进农业产业化经营的政策重点……(93)

第五章　农业土地政策与法规……………………(98)
第一节　农业土地政策目标……………………(98)
第二节　农业用地法律制度……………………(99)
一、农业用地所有权制度…………………………(99)
二、农业用地使用权制度…………………………(101)
三、农业用地保护制度……………………………(102)
第三节　农村土地承包法律制度………………(105)
一、农村土地承包法概述…………………………(105)
二、家庭承包中对农民承包土地权利的保护……(106)
三、承包程序与承包合同…………………………(108)
四、保证农村土地承包关系长期稳定的具体制度……(109)
五、发包方和承包方的权利和义务………………(112)
六、土地承包经营权的流转………………………(113)
七、其他方式的承包………………………………(116)
第四节　农村宅基地政策与法规………………(117)
一、宅基地使用权…………………………………(117)
二、宅基地的申请…………………………………(118)
三、宅基地及宅基地使用权的流转………………(120)
四、宅基地的继承和收回问题……………………(122)
五、宅基地纠纷的解决……………………………(124)

第六章　农民专业合作社政策与法规……………(125)
第一节　农民专业合作社概述…………………(125)
一、什么是农民专业合作社………………………(125)
二、农民专业合作社与公司的联系和区别………(127)
第二节　如何成立农民专业合作社……………(128)

一、如何发起成立农民专业合作社 …………………… (128)
　二、发起人发动农民入社 …………………………… (131)
　三、农民专业合作社章程的制定与执行 ……………… (133)
　四、农民专业合作社设立大会的召开 ………………… (134)
　五、农民专业合作社的登记 ………………………… (135)
　第三节　农民专业合作社的管理 ……………………… (136)
　一、农民专业合作社的组织机构与民主管理制度 …… (136)
　二、农民专业合作社的产权制度 ……………………… (140)
　第四节　农民专业合作社对成员的服务 ……………… (146)
　一、农民专业合作社对成员的购销服务 ……………… (146)
　二、农民专业合作社对成员的技术服务 ……………… (151)
　第五节　农民专业合作社的文化建设和成员教育 …… (153)
　一、农民专业合作社文化建设的原则 ………………… (153)
　二、农民专业合作社文化建设的对策 ………………… (154)

第七章　农业可持续发展政策与法规 ………………… (157)
　第一节　农业可持续发展政策目标 …………………… (157)
　一、农业可持续发展思想的由来 ……………………… (157)
　二、农业可持续发展的政策目标 ……………………… (159)
　第二节　农业自然资源保护政策与法规 ……………… (160)
　一、农业自然资源概述 ………………………………… (160)
　二、森林资源保护政策与法规 ………………………… (161)
　三、草原资源保护政策与法规 ………………………… (164)
　四、渔业资源保护政策与法规 ………………………… (166)
　第三节　农业环境保护政策与法规 …………………… (168)
　一、农业环境概述 ……………………………………… (168)
　二、环境保护法律制度 ………………………………… (169)

三、水土保持法律制度 …………………………………… (171)
第八章　农业生产安全法律制度 ……………………………… (174)
　第一节　农产品质量安全法律制度 …………………………… (174)
　　一、农产品质量安全的概念 ………………………………… (174)
　　二、农产品质量安全法的概念及其适用范围 ……………… (175)
　　三、农产品质量安全法的主要内容 ………………………… (176)
　　四、农产品和食品市场准入制度 …………………………… (180)
　第二节　有关安全食品的法律制度 …………………………… (181)
　　一、无公害食品及其标准要求 ……………………………… (182)
　　二、绿色食品及其标准要求 ………………………………… (185)
　　三、有机食品及其标准要求 ………………………………… (191)
　　四、无公害农产品、绿色食品和有机食品的关系 ………… (193)
　第三节　种子法律制度 ………………………………………… (194)
　　一、种子及种子法的概念 …………………………………… (194)
　　二、种子法确立的主要制度 ………………………………… (195)
　第四节　农药管理法律制度 …………………………………… (203)
　　一、农药经营许可证和经营上岗证制度 …………………… (203)
　　二、农药的安全使用和防护 ………………………………… (207)
　第五节　农村动物卫生检疫和农村动物疫病扑灭
　　　　　制度 …………………………………………………… (208)
　　一、农村动物卫生检疫制度 ………………………………… (208)
　　二、农村动物疫病扑灭制度 ………………………………… (212)
第九章　农村社会保障政策与法规 …………………………… (218)
　第一节　农村社会保障政策及其目标 ………………………… (218)
　　一、社会保障及农村社会保障 ……………………………… (218)
　　二、农村社会保障政策概况 ………………………………… (219)

三、农村社会保障政策目标 (219)
　第二节　新型农村合作医疗政策 (220)
　　一、新型农村合作医疗的内涵 (220)
　　二、新型农村合作医疗的政策内容 (221)
　　三、农村医疗救助 (227)
　第三节　农村其他社会保障政策 (229)
　　一、城乡居民养老保障 (229)
　　二、农村最低生活保险 (233)
　　三、"五保户"供养 (235)

第十章　农村社会生活法律制度 (238)
　第一节　婚姻法 (238)
　　一、结婚制度 (238)
　　二、离婚制度 (243)
　　三、离婚的法律后果 (246)
　第二节　继承法 (248)
　　一、继承概述 (248)
　　二、法定继承 (251)
　　三、遗嘱继承 (252)
　　四、继承的开始 (253)
　第三节　收养法 (254)
　　一、收养的概念 (254)
　　二、收养关系的成立 (255)
　　三、收养的效力 (256)
　　四、收养关系的解除 (257)

第十一章　农村基层组织政策与法规 (259)
　第一节　农村党支部 (259)

目　录

一、农村党支部的地位和作用 …………………… (259)
二、村党支部的职责 ……………………………… (259)
三、村党支部建设的标准和新时期的要求 ……… (260)
四、村党支部的职位设置及其职责 ……………… (262)
五、村支委会工作制度 …………………………… (265)
六、党员大会制度 ………………………………… (266)
七、党支部的换届选举 …………………………… (266)

第二节　村民委员会 ……………………………… (267)
一、村民委员会的性质及与乡镇人民政府的关系 … (267)
二、村民委员会的任务 …………………………… (268)
三、村民委员会的人员组成及选举 ……………… (268)
四、村民委员会成员的职责 ……………………… (270)
五、村民委员会下设村民小组 …………………… (271)
六、建立"两委"联席会议制度 ………………… (272)
七、村民会议及村民代表会议制度 ……………… (273)
八、村委会应定期召开村委会会议 ……………… (274)
九、村民委员会要认真落实"一事一议"制度 … (275)
十、村民委员会要执行村务公开制度 …………… (276)

第三节　村级配套组织 …………………………… (277)
一、人民调解委员会及其工作 …………………… (277)
二、治安保卫委员会的工作 ……………………… (278)
三、公共卫生委员会的工作 ……………………… (279)
四、群团组织 ……………………………………… (279)

第十二章　农村劳动力政策 ……………………… (282)
第一节　农村劳动力政策目标 …………………… (282)
一、我国农村劳动力的基本概况 ………………… (282)

二、农村劳动力政策的内容及目标 ………………………… (283)
　第二节　农村劳动力就业政策 ………………………………… (284)
　　一、就业环境政策 ………………………………………… (284)
　　二、农村劳动力权利保障政策 …………………………… (287)
　第三节　农村劳动力转移政策 ………………………………… (289)
　　一、农村劳动力转移政策方针及实施 …………………… (289)
　　二、农村劳动力转移保障扶持政策 ……………………… (291)

第十三章　农业行政执法及政策执行 ………………………… (295)
　第一节　农业行政执法 ………………………………………… (295)
　　一、农业行政主体与执法人员 …………………………… (295)
　　二、农业行政相对人的含义和特征 ……………………… (298)
　　三、农业行政执法程序 …………………………………… (299)
　第二节　农业政策的执行 ……………………………………… (304)
　　一、农业政策执行的含义 ………………………………… (304)
　　二、农业政策的执行机构与执行人员 …………………… (304)
　　三、农业政策执行的艺术 ………………………………… (306)

参考文献 ………………………………………………………… (310)

第一章 农村政策与农村法规概述

第一节 农村政策概述

一、农村政策的概念

政策是国家、政党为实现一定历史时期的路线和任务而规定的行动准则。

农村政策,是根据党的路线、方针和原则,为了发展农业生产和农村经济,国家职能部门制定的激励或约束农村各种经济活动的行动准则。农村政策一贯是党和国家指导和推动农业发展和改革的基本手段,通过农村政策来指导农村工作,这是党的基本指导方法。1978年12月党的十一届三中全会,制定了《中共中央关于加快农业发展若干问题的决定(草案)》,它以经济上充分关心农民物质利益、政治上切实保障农民民主权利为指导思想,规定了包括建设农业生产责任制,认真执行社会主义分配原则,以及提高农产品收购价格在内的25项农业政策措施。从1979年开始,中央基本上每年发布关于农村和农业工作的重要政策文件,这些文件是由中共中央单独或与国务院联合发布的,对于农村改革和农业发展起了重大的指导作用和推动作用。

二、农村政策的产生与发展

党的农村政策是在党的民主集中制基础上产生的,并在社会主义经济建设实践中得以不断发展和完善,它是党长期领导社会主义农村实践的经验总结,是党的集体和人民群众智慧的结晶。

(一)调查研究是前提

要制定出有针对性的农村政策,在制定农村政策时,首先必须明确政策问题存在的时空范围是什么,然后根据时空范围来确定所制定政策的适用范围。我国各地自然、经济条件千差万别,对于当时存在的问题,制定什么样的政策,都应从我国国情和各地实际出发,认真地进行深入、细致、全面的调查,提出多种设计方案,经过反复论证、筛选、修改和完善,才可得到确认。

(二)坚持群众路线是原则

中国共产党一贯坚持群众路线,党在制定农村政策的过程中,坚持广泛听取和征求群众的意见和建议,并要求广大党员及时反映群众的意见和要求,这对制定农村政策,增强农村政策的现实性、科学性和预见性起到了积极的作用。

(三)坚持民主集中制是基础

党的农村政策是在领导农村实践的基础上,通过党的民主集中制而产生的,是集中全党智慧、科学决策和正确领导的根本保证。新中国成立后,党结合我国实际情况及时制定了农业社会主义改造和农业合作化制度,促进了我国农业的发展。

三、农村政策的特点

(一)政策的特点

1. 阶级性 政策要体现统治阶级的意志。社会主义国家的政策是为了巩固和发展社会主义经济和政治制度,体现工人阶级和广大人民群众的意志和利益。

2. 原则性 是指政策规定的行为规范不是很具体的,它不提供如何处理各种具体社会关系的具体原则和具体措施。政策作为反映社会经济关系的上层建筑因素,是社会关系最集中的反映,体现着事物的本质和规律,具有高度的原则性。

3. 系统性 政策是一个复杂的系统,由政策目标子系统、政策手段子系统和政策界定三部分组成。各项政策都可看成是一个子系统,都是处于不同层次系统之中,它不是孤立的发生作用,而是以政策系统整体效应的形式发生作用。因此,要制定每一项政策既要考虑在小系统内的合理性,又要把它放在整体即大系统中考虑。

4. **实践性** 政策是实践的产物。制定政策是为了解决实际问题,在制定、调整、实施政策时必须既要考虑实践的需要,又要考虑政策实施的现实可能性。

5. **稳定性** 政策必须要保持一定的稳定性,才有利于政策的实施及政策目标的实现。政策是否稳定,影响人民群众对政策的信任程度和执行政策的坚定性,进而会影响社会生活秩序的安定和生产力的发展。

6. **阶段性** 阶段性是指在不同历史时期,政策具有不同的具体内容。政策的阶段性与政策的稳定性是相互依存的,因为只有政策的稳定性才会有政策的阶段性。

(二)农村政策的特点

农村政策除具有政策的一般特点外,从其本身性质出发,还具有以下特点。

1. **内容上的纲领性** 农村政策一般从整个国家或地区农业发展的要求出发,纲领性地规定农村经济活动应遵循的共同原则,向人们指出党和国家提倡什么或反对什么,并不规定具体目标和政策实施的具体措施。

2. **工作范围的广泛性** 农村政策的调整范围一般是整个国家或者地区的农业生产经济活动和经济关系,因而具有普遍的指导意义。

3. **具体应用上的灵活性** 由于政策一般规定得比较原则,对政策的理解和具体应用就带来了一定的灵活性。政策的灵活性有利于政策实施过程中结合各地、各部门的具体情况,采取相应的措施和对策。

4. 政策效力的有限性 所谓政策效力,是指保障政策有效实施的约束力。政策效力通常是通过政策纪律来体现的。所谓政策纪律,是指人们在实施政策中必须严格遵守的若干准则。违反农村政策应受到相应的行政处分或行政处罚。然而,由于政策规定比较原则,又有一定灵活性,所以政策实施时在多数情况下难以做出违反政策时适度的纪律处分规定。所以,相对农业法的效力而言,农业政策的效力是很有限的。

四、农村政策实施

(一)农村政策实施的涵义与特点

1. 农村政策实施的涵义 从逻辑上讲,政策一经颁布,就是政策实施过程的开始,但是,这时的政策仍然是观念形态的东西。政策的实施,就是要把这种观念形态的东西变成现实形态的东西。具体来讲,农村政策实施是指各级人民政府和农业主管部门,以及其他有关部门,按照客观经济规律的要求,将农村政策付诸实际行动的行政活动。

2. 农村政策实施的特点

(1)农村政策实施是一种执行国家意志的行政活动 所谓行政,是指实现国家意志的组织管理活动,是一种行使国家主权、执行国家意志的行为。所以,农村政策的实施主体是国家行政机关,即各级人民政府及农业主管部门,而不是政党、企业或社会团体等其他社会经济组织。这是由政府实施的性质所决定的,宪法赋予国家行政机关实施政策的职权。

(2)农村政策实施行为是一个动态过程 农村政策在实施过程中,政策的主体和客体以及主客观条件都在不断变化,随着情况的变化,实施行为就不应是机械的,而应是动态的,应及时掌握情况、分析形势、进行调整。所以,在实施中,既要坚持原则性和严肃性,又要结合实际情况,因地、因时、因事制宜积极开展实施工作,将实施情况反馈上级,以便调整和制定新的政策。从这个意义上讲,农村政策实施又带有再创造的特点。

(3)农村政策实施要遵循客观经济规律的要求 这有两层意思:一是在农村政策的实施过程中,要按照客观经济规律的要求,注重采用经济手段和经济杠杆;二是政策实施本身,也要讲究经济核算和行政经济效果,力争用一定的人力、物力、财力办更多更好的事情,努力运用科学管理方法与手段,提高政策实施的水平和效果。

此外,农村政策实施还具有顺序性的特点,要制定计划,保证政策实施过程井然有序,并能达到预定目的。同时,还有人际性的特点,即政策实施的过程是政策主体(领导者)、执行人员与政策对象(人民群众)双向的人际行为。执行政策时,必须见人、见物、见思想,注意做好人与人之间的沟通工作。

(二)农村政策实施的影响因素

1. 政策的制定 政策的制定是影响政策实施的一个主要因素。制定理想、科学的政策,要求政策目的明确、明白,政策规划清楚、具体,并有科学的理论作基础。

2. 政策的资源 政策实施所需要的资源,主要包括人力、经费、物力、信息、权威等。如缺乏必要的资源,政策难以实施,或达不到政策规定的要求。必要的人力、物力、财力是政策实施的物质基础。足够的信息来源、畅通的信息渠道,是制定正确可行的政策实施计划,以及在实施过程中进行控制的前提条件。权威也是一种特殊的资源,具有一定权力的领导者,并有良好的素质,在群众中就有良好的影响力和凝聚力,在政策实施时就能进行有效的协调控制,提高实施效率。

3. 政策的执行者 国家行政机关是政策执行机关。政策执行机关,是由执行人员组成的。执行人员素质如何,对政策实施关系极大。合格的执行人员,应该具有较高的思想素质、合理的知识结构与能力结构,以及较高的管理水平等。

4. 社会环境　任何政策的实施,都与各种社会因素发生相互作用,都要受到一定社会环境的影响。社会环境,不仅包括政治文化、大众传播媒介、国内外政治气候以及经济环境在内的各种政治经济环境;而且包括由群众的生活习惯和心理承受能力等构成的社会心理环境。这些社会因素都会影响和制约政策的实施,所以要创造适宜良好的社会环境,使政策得以顺利实施。

(三)农村政策实施的基本原则和方法

1. 农村政策实施中应遵循的基本原则

(1)原则性和灵活性相结合　政策是指导和约束人们的行动、规范人们行为的准则,具有高度的原则性。但是,在不违背原则的前提下,根据客观形势的变化和各地的具体实际情况,注意政策的灵活性,灵活地创造多样的实施具体形式,实际上这也是政策原则性的体现。

为了把实施政策的原则性和灵活性结合起来,正确贯彻、执行,要十分注意了解和掌握政策的边界,即界限。界限,就是不同事物的分界。政策界限,是指各项政策规定的对象、规范、目的要求,以及要达到的程度等。政策的灵活性,是指在界限内的灵活性;否则,就是违背政策的原则。

(2)领导与群众相结合　群众是贯彻执行政策的主要实践者,又是政策的直接受益者。因此,相信与依靠群众,把政策交给群众,提高群众的自觉性,是政策实施的关键所在。

(3)执行与创新相结合　政策执行,既是一种社会实践,又是一种创造性活动。对于任何一项政策,既要忠实积极地贯彻,又不能生搬硬套、机械执行,而是应把执行与创新结合起来。

2. 农村政策实施的办法　农村政策实施办法是指为实现一定的政策目标,采取各种手段、措施或方式的总称。农村政策实施的方法一般有如下几种。

(1)行政方法　行政方法是指凭借行政机构的权威,运用命令、指示、指令性计划或任务,按照行政层次和行政秩序来推行政策实施的方法。这是我国最常用的方法,但在实践中应注意不能把它作为唯一和习惯使用的方法。行政机关不能迷恋于凭"长官意识"办事,而必须遵循客观经济规律的要求,从实际出发,坚持群众路线,这样才能保证政策的顺利实施和政策效果的充分发挥。

(2) **经济方法** 经济方法是指在客观经济规律直接作用和经济组织自主活动的情况下,通过利用与价值有关的经济杠杆和经济手段来调节人们之间的物质利益关系,以实现政策目标的方法。例如,国家要发展粮食,由于价格低,农民不愿种,采用经济手段或经济杠杆手段来提高粮食收购价格或调整比价或实行财政补贴等,就能调动农民种粮积极性,才能实现政策目标。

(3) **法律方法** 法律方法是指行政机关应用国家法律和根据《中华人民共和国宪法》(以下简称《宪法》)法律制定各种有效措施推行农业政策实施的方法。

(4) **思想教育方法** 就是通过加强思想政治工作,提高行政人员和农民的思想政治觉悟和对政策的理解水平,增强推行政策实施的主观能动性和自觉性。对不按政策办事和不接受政策指导的行为,通过说服教育的方式加以克服和纠正。

五、农村政策的调整与延续

(一)农村政策调整的必要性

农村政策在实施的过程中,由于政策本身存在某些问题或出现新情况,进而需要对政策进行修正和补充,以适应新的认识和发展变化了的情况,这就是农村政策的调整。农村政策进行不断调整是有其必要性的。

1. 经济基础决定政策的产生 经济基础决定政策的产生,是为适应一定社会形态下经济基础的需要而产生政策,政策不是个人的主观意念凭空想象出来的,政策也只有适应经济基础的状况,反映经济基础的要求,才能被接受,并有效地发挥为经济基础服务的职能。否则,就会阻碍经济基础的发展,甚至对经济基础产生破坏作用。

2. 经济基础的改变决定政策的发展变化 经济基础改变了,政策也要随着改变,以适应经济基础的要求,发挥为经济基础服务的作用。这里所说的经济基础的变化,是就一个国家或地区整个经济基础的性质或主要方面的变化,而不是个别的、局部的或次要方面的细微变化。然而,事物的矛盾运动规律决定了政策不总是在任何时期、任何情况下都必须保持着与经济基础的适应,适应的方面只是基本的、暂时的、相对的,不适应的方面才是经常的、绝对的。此外,农业政策的制定有时也会受到"左"的或"右"的思想倾向的干扰,发生暂时的偏差,所以也应当做出相应的调整。

(二)农村政策的延续

农村政策的延续包括三层含义:一是党的基本农村政策长期稳定不变;二是党的农村政策实施的连续性,不因政府部门主要领导人的变更而中断或被扭曲;三是保持新旧政策的衔接继起,避免出现政策"真空"。

农村政策调整和延续是社会主义上层建筑发展运动中相互联系、相互依存的两个方面,农村政策的调整是延续的基础,没有政策的调整,政策也就难以延续。因为政策不可能总是保持与经济基础相适应,不适应经济基础的政策,即使强行保持其持续,不但不能发挥政策对农业经济活动的正确指导作用,反而会阻碍农业的发展,最终会被抛弃。但农村政策的调整不等于不要保持农村政策的稳定和延续。没有农村政策,特别是基本农业政策的稳定和延续,就难以稳定地发挥上层建筑对经济基础的指导作用和促进作用,甚至会导致对经济基础的破坏作用,阻碍农业生产力的发展。从这个意义上讲,政策的稳定是基本的,政策的调整是局部的,也是必要的。但是,任何农村政策的稳定和延续都是相对一定历史时期而言的,在不同的历史时期,由于社会政治经济形势、阶级关系和实际情况的变化,农村政策也必须随之做出相应的调整,以适应新的历史时期国家政治经济任务的需要。从这个意义上讲,政策的稳定和延续是相对的、暂时的,而政策的调整是绝对的、经常的。

第二节 农村法规概述

一、法的概述

(一)法的涵义与特征

1. 法的涵义 马克思主义认为:法是由国家制定或认可,体现统治阶级意志,以国家强制力保证实施的行为规则的总称。我国是社会主义国家,社会主义的法体现人民意志,保障人民的合法权益,调节人民之间的关系,规范和约束人们的行动,制裁和打击各种危害社会的不法行动。这也是我国法律、法规的基本作用。

2. 法的基本特征

①法是一种特殊的规范,是指导、约束和规范人们行为的规则。违背了法律的规定,就是违法。违法就要承担法律责任,受到相应的法律制裁。

②法是由国家制定或认可的。所谓国家制定,系指需要制定的规范,原先不存在,而是根据需要,通过法定程序起草、拟订、审议和颁布的规范性文件,并赋予法律效力。所谓国家认可,是指社会生活中已经存在的规范(如习惯、道德等),但不具有法律效力,由于它符合国家需要,通过立法程序,认定为人们必须遵守的行为规则并赋予法律效力。

法作为国家意志,一经颁布实施就具有普遍的约束力,在国家主权所及的范围内,任何地区、组织和个人都必须遵守和执行,不允许有任何超越国家意志之上的特权。同时,法具有高度的统一性、权威性和相对稳定性。

③法是以国家强制力来保证实施的。法对行为具有普遍约束力,这种约束力是由国家的专门机构运用强制手段来保证的。强制性是法特有的属性。

④法是人民意志的体现。社会主义法反映的意志就是全体人民所共同要求的意志,凡是符合人民意志和利益的行为,就是社会主义法律规范允许的或者要求去做的;凡是违背人民的意志,危害人民利益的行为,就会受到法律规范的禁止、取缔和制裁。

(二)法的形式

我国法的具体形式有以下几种。

1. 宪法 宪法是国家的根本大法,规定国家和社会的根本问题。宪法是各种法律的立法基础和依据,一切法律必须根据宪法的基本原则来制定,宪法具有最高的法律效力,任何法律不得与宪法相抵触,否则就是无效的。

2. 法律 法律有广义和狭义之分。广义的法律,泛指国家颁布的一切规范性文件。狭义的法律是指立法机关,即全国人民代表大会及其常务委员会制定和颁布的规范性文件,是法的形式之一,由国家政权保证执行的行为规范。

3. 法规 法规一般是指除宪法、法律以外的国家制定的所有规范性文件,包括行政法规、地方性法规、自治条例和单行条例以及规章等。

法规的具体形式有以下几种。

(1)**行政法规** 行政法规是国务院为领导和管理国家各项行政工作,根据宪法和法律制定的政治、经济、教育、科技、文化等各项法律、法规的总称。行政法规的名称有 3 种,即条例、规定和办法,名称不同,规定的范围也不同。

条例:即对某一方面的行政工作,做比较全面、系统的规定。

第一章 农村政策与农村法规概述

规定：即对某一方面的行政工作做部分的规定。

办法：即对某一项行政工作做比较具体的规定。

国务院发布的规范性文件,除行政法规外还有决定和命令,如中发[2000]第××号文件《……》,2007年×月×日国务院第××令《……》等,这些属于规范性的决定和命令,也是法的形式。

在某些情况下,党中央和国务院还采取联合发布决定和指示的形式,这种形式能使党的决定、指示成为行政法规性质的形式之一,能直接具有法律效力。

(2)**地方性法规** 地方性法规是指地方国家权力机关依照法定职权制定和颁布的,在本辖区内实施,具有法律效力的规范性文件。在我国,省、自治区、直辖市的人民代表大会根据本行政区域内的具体情况和实际需要,在不与宪法、法律、行政法规相抵触的前提下,可以制定和颁布地方性法规,报全国人民代表大会常务委员会和国务院备案。省、自治区的人民政府所在地的市和经国务院批准的较大的市的人民代表大会根据本市的具体情况和实际需要,在不与宪法、法律、行政法规和本省、自治区的地方性法规相抵触的前提下,可以制定地方性法规,报省、自治区的人民代表大会常务委员会批准后施行,并由省、自治区人民代表大会常委会报全国人民代表大会常委会、国务院备案。

此外,省、自治区、直辖市和省、自治区的人民政府所在地的市以及经国务院批准的较大的市人民代表大会常务委员会,在本级人民代表大会闭会期间,根据本行政区域(市)的具体情况和实际需要,也可以制定地方性法规。报请备案或批准的程序与本级人民代表大会制定的地方性法规相同。

(3)**自治区条例和单行条例** 自治区条例和单行条例,是由民族自治地方的人民代表大会依照当地民族的政治、经济和文化的特点而制定的。民族自治地方是自治区、自治州和自治县。自治区的自治条例和单行条例,报全国人民代表大会常务委员会批准后生效。自治州、自治县的自治条例和单行条例,报省和自治区的人民代表大会常务委员会批准后生效,并报全国人民代表大会常务委员会备案。

4. 规章 规章是国务院各部门以及省、自治区、直辖市和省、自治区的人民政府所在地的市和经国务院批准的较大的市的人民政府,根据法律、行政法规制定、发布的,实施于本部门或本地区的规范性文件。规章的效力限于发布单位的职权范围之内。规章的具体名称中,不得称条例。

5. 国际条约 国际条约是指国家之间关于政治、经济、贸易、文化、军事等方面规定相互之间权利义务关系的协议。我国与外国缔结的条约,经全国人民代表大会常务委员会批准后生效。

6. 与法律有关的解释 在我国,国家对法律的解释具有法律效力,也是法的形式之一。1981年6月10日全国人民代表大会常务委员会《关于加强法律解释工作的决议》规定,对法律、法规条文本身需要进一步明确界限或做补充的,都应由相应的立法机构,如全国人民代表大会常务委员会、省、自治区、直辖市人民代表大会常务委员会等进行解释或做出决定。

二、农村法规的概念

农村法规是指由国家权力机关、国家行政机关以及地方机关制定和颁布的,适用于农村生产经营活动领域的法律、行政法规、地方性法规以及政府规章等规范性文件的总称。

目前我国的农村法规体系已经基本形成,可以分为以下几个方面。

(一)农业基本法规

主要包括《中华人民共和国农业法》(以下简称《农业法》。1993年7月2日八届全国人大常委会第二次会议通过,2002年12月28日九届全国人大常委会第三十一次会议修订。

(二)农业资源和环境保护法

包括《中华人民共和国土地管理法》(以下简称《土地管理法》)、《中华人民共和国森林法》(以下简称《森林法》)、《中华人民共和国草原法》(以下简称《草原法》)、《中华人民共和国渔业法》(以下简称《渔业法》)、《中华人民共和国水法》(以下简称《水法》)、《中华人民共和国水土保持法》(以下简称《水土保持法》)、《水污染防治法》、《野生动物保护法》、《防沙治沙法》等法律以及《中华人民共和国基本农田保护法》(以下简称《基本农田保护法》)、《草原防火条例》、《水产资源繁殖保护条例》、《野生植物保护条例》、《森林采伐更新管理办法》、《野生药材资源保护管理条例》、《森林防火条例》、《森林病虫害防治条例》、《陆生野生动物保护实施条例》等行政法规。

(三)促使农业科研成果和实用技术转化的法律

包括《中华人民共和国农业技术推广法》(以下简称《农业技术推广法》)、《中华人民共和国植物新品种保护条例》(以下简称《植物新品种保护条例》)等法律及行政法规。

(四)保障农业生产安全方面的法律

包括《防洪法》、《气象法》、《中华人民共和国动物防疫法》(以下简称《动物防疫法》)、《进出境动植物检疫法》等法律,《农业转基因生物安全管理条例》、《水库大坝安全管理条例》、《防汛条例》、《蓄滞洪区运用补偿暂行办法》等行政法规。

(五)保护和合理利用种质资源方面的法律

制定了《中华人民共和国种子法》(以下简称《种子法》)、《种畜禽管理条例》、《农药管理条例》、《兽药管理条例》、《饲料和饲料添加剂管理条例》等法律、行政法规。

(六)规范农村生产经营方面的法律

制定了《中华人民共和国农村土地承包法》(以下简称《农村土地承包法》)、《中华人民共和国乡镇企业法》(以下简称《乡镇企业法》)、《乡村集体所有制企业条例》、《中华人民共和国农民专业合作社法》(以下简称《农民专业合作社法》)等法律、行政法规。

(七)规范农产品流通和市场交易方面的法律

制定了《粮食收购条例》、《棉花质量监督管理条例》、《粮食购销违法行为处罚办法》等行政法规。

(八)保护农民合法权益的法律

制定了《中华人民共和国村民委员会组织法》(以下简称《村委组织法》)、《耕地占用税暂行条例》等法律、行政法规。

第三节 农村政策与农村法规的关系

法律和政策是国家调整、管理社会的两种基本手段,二者各有所长,各有所短。农业的发展必须综合运用多种手段进行调控,中外农业的发展历史表明,适应农业生产力发展要求的政策对农业的发展具有决定性作用,而政策的有效实施,需要运用法制手段和法律形式来保证,否则难以产生应有的效果。

一、农村政策与农村法规的联系

(一)两者在本质上是一致的

它们有共同的价值取向,它们都产生并服务于社会主义的经济基础,都必须由社会的物质生活条件所决定;它们都是社会的主流意志和要求上升为国家意志和要求;它们所追求的社会目的相同,基本内容一致。

(二)政策是法规的核心内容,农村法规是农村政策的体现

法律使政策的原则性规定具体化、条文化、定型化,为政策提供法律机制的支持,保证政策的国家意志性质。例如,《农业法》是以《中共中央关于进一步加快农业和农村工作的决定》和党的十四大通过的有关文件为指导,充分肯定15年来农村改革的成功经验和基本政策的基础上制定的,在《农业法》总则和各章条款中都充分体现着农业政策的内容。

(三)农村法规对农村政策的实施有积极的促进和保障作用

法律的特性决定了它具有其他规范难以比拟的制约、导向、预见、调节和保障功能。因此,充分利用法律的这些功能,把经过实践检验的有益的农业政策上升为法律,使它们的实施能得到党的纪律和国家强制力的双重保障,从而得到更好的贯彻。

二、农村政策与农村法规的区别

(一)制定的组织与程序不同

农村法规只能由具有立法权的国家机关依据法定程序来制定,而农村政策是由党的领导机关和国家相关机构根据民主集中制原则制定的。

(二)实施的方式不同

法律是由国家的强制力来保证实施的,不遵守、不执行或执行不当就是违法,就要负法律责任,受到法律制裁。而政策主要靠党或者政府行政的纪律、模范人物的带头作用和人民群众的信赖来实现。政策的约束力不如法律,政策执行与否、执行好坏,通常难于有进行判断的量化指标和追究责任的标准。从某种意义上讲,政策是"软件",法律是"硬件",政策的权威性不如法律。

(三)表现方式不同

政策主要表现为党或者国家的决议、决定、通知、规定等党内文件。法以宪法、法律、行政法规等形式表现出来。政策往往规定得比较原则,带有号召性和指导性,较少包括具体、明确的权利和义务规定。法主要由规则构成,具有高度的明确性、具体性,有严格的逻辑结构。法律必须是公开的,而政策不完全是公开的。

(四)稳定性不同

政策往往是为完成一定任务提出的,它要随形势的变化而做出调整,在制定和实施中都具有更大的灵活性、更快的变动性。而法律具有较高的稳定性,法律的立、废、改必须遵循严格的程序,使法律变动不可能像政策那样频繁,这是法律有较高权威性的程序性保证。

三、农村政策与农村法规的辩证统一

(一)正确认识两者的关系

两者都是国家调控和管理农业的重要手段,相辅相成。农村政策与农村法规的特点不同、作用不同,不能互相替代。政策与法规是在功能上互补的两种社会调整方式,依靠政策指导法律、法规的正确制定和实施,依靠法律、法规保证政策的稳定和有效实施。

(二)正确处理两者的关系

政党行为的法律化是依法治国的必然要求,政党应在宪法和法律范围内进行执政,这意味着制定政策不能直接违背宪法和法律。因此,在实践中,有法律规定的,应依法办事;无法律规定,但有政策规定的,应依政策办事;政策与法律有冲突的,应依法办事。如果法律、法规不适合实际形式发展的,应当及时修改、补充、完善,不使政策处于与法律相矛盾的境地。

第二章　中国农村宏观经济政策

第一节　中国农村宏观经济政策概述

在中国改革开放30年中,一共颁发过16个与"三农"问题相关的"一号文件",1982—1986年共5个,2004—2014年共11个。这16个文件记载了中国农村改革的历史进程,也体现了我国农村宏观经济政策的演进过程。

中国改革开放30年来,农村改革经历了三个大的阶段。

第一阶段,在农村内部进行改革。1982年第一个一号文件《全国农村工作会议纪要》彻底改革过去人民公社的经营体制,明确提出实行家庭承包经营,给农民充分的自主权,按照市场的需求发展生产。1983年的第二个一号文件《当前农村经济政策的若干问题》,对家庭联产承包责任制做出了高度评价,赞扬它是"在党的领导下中国农民的伟大创造,是马克思主义关于合作化理论在我国实践中的新发展"。1984年第三个一号文件《关于1984年农村工作的通知》,旨在解决流通领域与农村商品生产发展之间不相适应的矛盾,确定承包给农民的土地15年不变。这充分调动了农民的积极性,极大地促进了农业和农村经济的发展。

第二阶段,主要是改革农产品流通体制。在农产品的供给丰富之后,不需要实行计划收购和销售,除个别品种外,国家不再向农民下达农产品统购派购任务,让市场发挥配置资源的基础性作用,寻求、培育市场机制。政策依据是1985年第四个一号文件《关于进一步活跃农村经济的十项政策》和1986年第五个一号文件《关于1986年农村工作的部署》。

20世纪80年代的5个一号文件具有以下共性：在进程上，都体现了农村改革取得的重要成果；在出发点上，都体现了调动农民积极性和保护农民利益；在落脚点上，都体现了解放和发展农村生产力。农村改革的根本目的是发展农村商品经济，促进农业现代化，使农村繁荣富裕起来。

第一轮5个一号文件对推动农村经济的发展功不可没，但在1996年后农产品出现了卖难，农民人均纯收入下降，而城市居民的人均可支配收入却大幅增加。相伴而生的，乡镇机构膨胀，财政开支攀升，在"开发"名目下对土地的大规模征占等现象加重。多重矛盾之下，我国农村发展进入了第三个阶段。

第三阶段，是统筹城乡经济社会发展的新阶段。2004年中央第六个一号文件《中共中央国务院关于促进农民增加收入若干政策的意见》，提出了农村工作要坚持"多予、少取、放活"的方针。中国共产党第十六次全国代表大会提出了"统筹城乡经济社会发展"的方略。2004年10月，胡锦涛总书记首次明确提出：工业应该反哺农业，城市应该支持农村。这一原则的确立，标志着中国已从根本上转变了解决"三农"问题的方式。2005年第七个一号文件《中共中央国务院关于进一步加强农村工作提高农业综合生产能力若干政策的意见》，宣布大范围、大幅度减免农业税，全面取消牧业税，并明确2006年在全国免征农业税。2006年第八个一号文件《中共中央国务院关于推进社会主义新农村建设的若干意见》，要求加强农村民主政治建设和精神文明建设，加快农村社会事业发展，推进农村综合改革，确保社会主义新农村建设有良好开局。2006年在免征农业税的同时，以数千亿元的转移支付对农业进行投资。2007年第九个一号文件《中共中央国务院关于积极发展现代农业扎实推进社会主义新农村建设的若干意见》，提出发展现代农业是社会主义新农村建设的首要任务。2008年第十个一号文件《关于切实加强农业基础建设进一步促进农业发展农民增收的若干意见》,以切实加强农业基础建设、促进农业稳定发展和农民持续增收为主题,切中了农业农村发展的要害。2008年10月召开的党的十七届三中全会,审议通过了《中共中央关于推进农村改革发展若干重大问题的决定》,该文件明确了今后农村改革发展的指导思想、目标任务、重大原则和战略举措,是指导农村改革发展的行动纲领。2009年第十一个一号文件《关于促进农业稳定发展农民持续增收的若干意见》,提出了28点措施促进农业稳定发展与农民持续增收,以确保国家粮食安全,确保农村社会安定。2010年第十二个一号文件《关于加大统筹城乡发展力度进一步夯实农业农村发展基础的若干意见》,明确提出了在新形势下破解"三农"问题,绝不能只在农业内部做文章,必须在统筹城乡上下功夫的理念。2011年第十三个一号文件《关于加快水利改革发展的决定》发布,进一步明确了新形势下水利的战略地位以及水利改革发展的指导思想、基本原则、目标任务、工作重点和政策举措。2012年第十四个一号文件《关于加快推进农业科技创新持续增强农产品供给保障能力的若干意见》,文件聚焦农业科技,提出持续加大财政用于"三农"的支出,改善农业科技创新条件,着力抓好种业科技创新,加快农业机械化。2013年第十五个一号文件《关于加快发展现代农业进一步增强农村发展活力的若干意见》,文件突出强调围绕现代农业建设,着力构建集约化、专业化、组织化、社会化相结合的新型农业经营体系,进一步解放和发展农村社会生产力,充分发挥基本经营制度的优越性。

2014年第十六个一号文件《关于全面深化农村改革加快推进农业现代化的若干意见》坚决破除体制机制弊端,坚持农业基础地位不动摇,加快推进农业现代化。

2004年以来的16个一号文件有力地促进了农民增产增收,提高了农业综合生产能力,开创了社会主义新农村建设的新局面,使我国农村发生了历史性变化,也给农业健康发展、农民持续增收和农村长期稳定带来强劲的动力。

第二节 促进农民增加收入的政策

2004年中央一号文件,将主题确定为促进农民增加收入。1997—2003年,农民收入每年平均只增长4%左右,农民收入增加额尚不足城镇居民的1/6。2002年与1997年相比,农民来自农业的人均收入减少了100元左右,这必然影响到农民种粮的积极性。

一、农民增收中的两个难点和重点

(一)集中力量支持粮食主产区发展粮食产业,促进种粮农民增收

农民增收和粮食安全是一对矛盾,粮食主产区肩负着保证粮食等农产品供给的重大任务。

1. 我国未来粮食发展战略 坚持立足国内保障粮食基本自给的方针。

(1)发展多种经营,培植新的生长点 运用综合经济手段向粮产区倾斜,通过增强其综合生产能力,走提高农业经济效益的大农业路子。

(2)增加对农业的投入 各级财政将安排支持农业产业化发展的专项资金,较大幅度地增加对龙头企业的投入。金融机构、农村信用社、社会资本和外资、农业担保机构等多种途径,增加对农业的投入。

(3)实施加工增值战略,走以工补农、实现农业产业化的路子 在保护和提高粮食综合生产能力的前提下,按照高产、优质、生态、安全的要求,走精细化、集约化、产业化的道路,不断开拓农业增效增收的空间。实行小生产与大市场的联结,大力培植龙头加工业和销售企业,建立商品基地,形成市场牵龙头、龙头带基地、基地连农户、服务作保障的一体化发展格局。实现粮食主产区产业化的新道路。

(4) **走科技兴粮的路子** 加强农业科研和技术推广;围绕增强我国农业科技的创新能力、储备能力和转化能力,改革农业科技体制,较大幅度增加预算内农业科研投入。

(5) **搞活粮食流通,走大市场的路子** 从2004年开始,国家全面放开粮食收购和销售市场,实行购销多渠道经营。确立用价值规律驱动农业发展的新思路,制定和实施"多产粮多收益"的农业保护政策和区域经济平衡政策。建立新的粮食宏观调控体系。

2. 加强主产区粮食生产能力建设的主要措施 从2004年起,国家实施优质粮食产业工程,选择一部分有基础、有潜力的粮食大县和国有农场,集中力量建设一批国家优质专用粮食基地。支持中部粮食产区重点建设基本农田。加强大宗粮食作物良种繁育、病虫害防治工程建设,优先支持主产区推广一批有重大影响的优良品种和先进适用技术。加快中小型水利设施建设,扩大农田有效灌溉面积。提高农业机械化水平,对购置和更新大型农机具给予一定补贴。

3. 支持粮食主产区进行粮食转化和加工的措施 把粮食产业做大做强,扶持发展以粮食为主要原料的农产品加工业,重点是发展精深加工。国家通过技改贷款贴息、投资参股、税收政策等措施,支持大型农产品加工、种子营销和农业科技型企业。

4. 加大对粮食主产区的投入措施 现有农业固定资产投资、农业综合开发资金、土地复垦基金等要相对集中使用,向主产区倾斜。继续增加农业综合开发资金,新增部分主要用于粮食主产区。确定一定比例的国有土地出让金,用于支持粮食主产区。

(二) 做好扶贫开发工作,解决农村贫困人口和受灾地区群众的生产生活困难

2004年国家继续增加扶贫资金投入。对丧失劳动能力的特困人口,要实行社会救济,适当提高救济标准。对缺乏基本生存条件地区的贫困人口,要积极稳妥地进行生态移民和易地扶贫。对低收入贫困人口,要着力帮助改善生产生活条件,发展特色产业,开辟增收渠道,减少和防止返贫。健全扶贫投入机制,加强资金管理。

二、农民增收的具体途径

(一)继续推进经济结构的战略性调整,挖掘农业内部农民增收的潜力

农业结构调整不能简单地压缩粮食面积。目前,种粮收入仍是主产区农民收入的主体。要依托本地资源优势,大力发展粮食生产,加快粮食产业发展,把粮食优势转化为经济优势,开辟农民增收的新途径。

1. 全面提高农产品质量安全水平 要努力提高粮食质量,优化品种和品质结构,大力发展优质粮食生产。要在保护和提高粮食综合生产能力的前提下,按照高产、优质、高效、生态、安全的要求,走精细化、集约化、产业化的道路,不断开拓农业增效增收的空间。

2. 加快发展农业产业化经营 不管哪种所有制和经营形式的龙头企业,只要能带动农户,与农民建立起合理的利益联结机制,给农民带来实惠,都要在财政、税收、金融等方面一视同仁地给予支持。

3. 加强农业科研和技术推广 较大幅度地增加预算内农业科研投入。引导和推动企业成为农业技术创新主体,允许各类农业企业和民营农业科技组织申请使用国家有关农业科技的研发、引进和推广等资金。积极发挥农业科技示范场、科技园区、龙头企业和农民专业合作组织在农业科技推广中的作用。建立与农业产业带相适应的跨区域、专业性的新型农业科技推广服务组织。

(二)发展农村第二、第三产业,拓宽农民增收渠道

1. 推进乡镇企业改革和调整 要适应市场需求变化、产业结构升级和增长方式转变的要求,调整乡镇企业发展战略和发展模式,重点发展农产品加工业、服务业和劳动密集型企业。引导农村集体企业改制成股份制和股份合作制等混合所有制企业,鼓励有条件的乡镇企业建立现代企业制度。

2. 大力发展农村个体私营等非公有制经济 法律、法规未禁入的基础设施、公用事业及其他行业和领域,农村个体工商户和私营企业都可以进入。在税收、投融资、资源使用、人才政策等方面,对农村个体工商户和私营企业给予支持。对合法经营的农村流动性小商小贩,除国家另有规定外,免于工商登记和收取有关税费。

3. 繁荣小城镇经济 小城镇建设要同壮大县域经济、发展乡镇企业、推进农业产业化经营、移民搬迁结合起来,引导更多的农民进入小城镇,逐步形成产业发展、人口聚集、市场扩大的良性互动机制,增强小城镇吸纳农村人口、带动农村发展的能力。

(三)着眼于整个国民经济,让农民通过进入城镇就业获得收入

1. 保障进城就业农民的合法权益 城市政府要把对进城农民工的职业培训、子女教育、劳动保障及其他服务和管理经费,纳入正常的财政预算。健全有关法律、法规,依法保障进城就业农民的各项权益。推进大中城市户籍制度改革,放宽农民进城就业和定居的条件。

2. 加强对农村劳动力的职业技能培训 一是根据市场和企业的需求安排培训内容,实行定向培训。二是要调动社会各方面参与农民职业技能培训的积极性。三是各级财政要安排专门用于农民职业技能培训的资金。

三、为农民增收创造好的环境和条件

2004年中央财政向农业增加的开支增加了294亿元,是历史上增加最多的一年。各级地方政府都要建立起财政用于农业的开支保持稳定增长的机制。对农业投入的比重不能减少。对农村的中小型基础设施项目,不但比重不能减少,数量还要增加,并特别强调了"六小工程"。为农民增收减负提供体制保障,要重点抓好4项改革。

1. 改革征地制度 控制征地规模,尽量少占用耕地,占用之后必须妥善安置农民对其进行合理补偿。

2. 改革粮食流通体制,实行对种粮农民的直接补贴 粮食流通体制改革的趋势是逐步地走向市场。因市场对农民造成的损失,由政府对种粮农民进行直接补贴。从现有的粮食风险基金(约302亿元)中拿出不少于1/3(100亿元)用来直接补贴13个粮食主产区的种粮农民。非粮食主产区也要拿出一定的粮食风险基金对种粮农民进行补贴。

3. 进一步推进农村税费改革 一是农业税降低1个百分点,在此基础上逐年逐步降低农业税率,同时取消农业特产税。二是加快税费改革的配套改革,包括基层机构精简、人员精简、农村教育资源的重组和合理利用等,防止农民负担出现反弹。

4. 农村金融体制改革 2004年将在总结信用社改革试点经验的基础上逐步向全国推开。进一步完善邮政储蓄政策,探索符合农村实际的担保制度和农村保险制度。

第三节 提高农业综合生产能力的政策

在中央一系列重大支农政策引领下,我国粮食生产摆脱连续5年减产的阴影,农民增收走出连续7年的低速徘徊。但是农业依然是国民经济发展的薄弱环节,投入不足、基础脆弱的状况并没有改变,粮食增产、农民增收的长效机制并没有建立,制约农业和农村发展的深层次矛盾并没有消除;城乡收入差距仍在拉大,农业生产能力没有明显提高。为了巩固"三农"刚刚出现的好势头,2005年中央一号文件以农业综合生产能力建设为手段,打造农业的核心竞争力。

一、农业综合生产能力的内涵和目标

2005年中央一号文件提出当前和今后一个时期农业发展的战略任务是,把加强农业基础设施建设,加快农业科技进步,提高农业综合生产能力,作为一项重大而紧迫的战略任务。提高农业综合生产能力的目标是:要进一步调动农民群众务农种粮的积极性和地方政府重农抓粮的积极性,以严格保护耕地为基础,以加强农田水利建设为重点,以推进科技进步为支撑,以健全服务体系为保障,力争经过几年的努力,使农业的物质技术条件明显改善,土地产出率和劳动生产率明显提高,农业综合效益和竞争力明显增强。

二、提高农业综合生产能力的措施

(一)严格保护耕地和改善生态环境

1. 严格保护耕地 控制非农建设占用耕地,确保基本农田总量不减少、质量不下降、用途不改变。严禁占用基本农田挖塘养鱼、种树造林或进行其他破坏耕作层的活动。加强集体建设用地和农民宅基地管理,鼓励农村开展土地整理和村庄整治,推动新办乡村工业向镇区集中,提高农村各类用地的利用率。加快推进农村土地征收、征用制度改革。

2. 认真落实农村土地承包政策 尊重和保障农户拥有承包地和从事农业生产的权利,尊重和保障外出务工农民的土地承包权和经营自主权。承包经营权流转和发展适度规模经营,必须在农户自愿、有偿的前提下依法进行。

3. 努力培肥地力 增加测土配方施肥补贴,继续实施保护性耕作示范工程和土壤有机质提升补贴试点。搞好"沃土工程"建设,建设高标准基本农田。改革传统耕作方法,发展保护性耕作。推广测土配方施肥,推行有机肥综合利用与无害化处理。

4. 搞好生态重点工程建设 继续实施天然林保护工程和退耕还林工作、防护林体系和农田林网建设,为建设高标准农田营造良好的生态屏障。切实搞好京津风沙源治理等防沙治沙工程。继续推进山区综合开发、草原建设和保护,加快实施退牧还草工程,搞好牧区水利建设,加强森林草原防火和草原鼠虫害防治工作。

(二)加强农田水利建设

1. 加快实施以节水改造为中心的大型灌区续建配套 新增固定资产投资要把大型灌区续建配套作为重点,着力搞好田间工程建设,更新改造老化机电设备,完善灌排体系。继续推进节水灌溉示范、发展节水旱作农业。各地要加强灌溉用水计量,积极实行用水总量控制和定额管理。

2. 狠抓小型农田水利建设 重点建设田间灌排工程、小型灌区、非灌区抗旱水源工程。加大粮食主产区中低产田盐碱和渍害治理力度。加快丘陵山区和其他干旱缺水地区雨水集蓄利用工程建设。

(三)促进农业科技进步

1. 加强农业科技创新能力建设 要大幅度增加对农业科研的投入,加快建立以政府为主导、社会力量广泛参与的多元化农业科研投入体系,形成稳定的投入增长机制。

2. 加大良种良法的推广力度 继续实施"种子工程"、"畜禽水产良种工程",搞好大宗农作物、畜禽良种繁育基地建设和扩繁推广。从2005年起,国家设立超级稻推广项目。扩大重大农业技术推广项目专项补贴规模,优先扶持优质高产、节本增效的组装集成与配套技术开发。认真组织实施"科技入户工程"。

3. 加快改革农业技术推广体系 要按照强化公益性职能、放活经营性服务的要求,加大农业技术推广体系的改革力度。对公益性技术推广工作,各级财政要在经费上予以保证。将一般性技术推广和经营性服务分离出去,按照市场化方式运作。对农技推广项目实行招投标制度,鼓励各类农技推广组织、人员及有关企业公平参与申报。

(四)搞好农村的交通、通信、市场和农产品检验检测等基础设施建设

1. 加大农村小型基础设施建设力度 要继续增加农村"六小工程"的投资规模,扩大建设范围。加大农村公路建设力度。继续推进农村沼气建设,积极发展太阳能、风能等新型洁净能源和可再生能源。扩大"小水电代燃料"工程建设规模和实施范围,搞好农村电网改造工程的后续建设和经营管理。增加扶贫开发投入。

2. 加快农产品流通和检验检测设施建设 在继续搞好集贸市场和批发市场建设的同时,注重发挥期货市场的引导作用,鼓励发展现代物流、连锁经营、电子商务等新型业态和流通方式,发展经纪人代理、农产品拍卖、网上交易等方式,增强交易功能。重视发挥供销合作社、邮政系统对农业的服务。"绿色通道"省际互通。积极推进农业标准化并加强农产品检验检测基础设施建设,实施农产品认证认可。

3. 加强农业发展的综合配套体系建设 搞好种养业良种体系、农业科技创新与应用体系、动植物保护体系、农产品质量安全体系、农产品市场信息体系、农业资源与生态保护体系、农业社会化服务与管理体系等"七大体系"建设。

(五)深化农业、农村经济结构的调整,大力发展农产品加工业

1. 进一步抓好粮食生产 要坚持立足国内实现粮食基本自给的方针,以市场需求为导向,改善品种结构,优化区域布局,着力提高单产,努力保持粮食供求总量大体平衡。实施优质粮食产业工程,建设商品粮生产基地,推进优质粮食产业带建设。

2. 大力发展特色农业 要发挥区域比较优势,建设农产品产业带,发展特色农业。建设特色农业标准化示范基地,筛选、繁育优良品种,提升特色农产品的品质和生产水平。加大对特色农产品的保护力度,加快推行原产地等标识制度。

3. 加快发展畜牧业 牧区要加快推行围栏放牧、轮牧休牧等生产方式,搞好饲草料地建设,改良牲畜品种,进一步减轻草场过牧的压力。农区要充分发挥作物秸秆和劳动力资源丰富的优势,积极发展节粮型畜牧业,提高规模化、集约化饲养水平。从2005年起,实施奶牛良种繁育项目补贴。

4. 加大财政支持力度 采取财政贴息等方式,支持粮食主产区农产品加工企业进行技术引进和技术改造,建设仓储设施。

第四节 推进社会主义新农村建设的政策

中共中央2006年一号文件提出了建设社会主义新农村,这并不是一个新的概念,从新中国成立初到改革开放,党中央和国务院曾多次提出过建设社会主义新农村。

一、对"建设社会主义新农村"政策的基本认识

(一)理论背景

1. 建设社会主义新农村是现代化进程中一个必要的历史阶段和一项重大的历史任务 建设社会主义新农村标志着我国的工业化、城市化、现代化建设进入了一个新的更高的阶段。建设现代化的过程就是从传统农业社会向现代工业社会转型的过程,也是从传统农村为主的生活形态向现代城市为主的生活形态转化的过程。整个现代化建设过程,不只是推进工业化和城市化,还有一个推进城乡一体化和实现城乡协调发展的过程,这就是广义的工业化或城市化过程,即用现代工业和城市文明改造农业和农村的过程,也是工业反哺农业和城市支持农村的过程,在我国就是建设社会主义新农村的过程。

第二章 中国农村宏观经济政策

2. 建设新农村是我国工农城乡关系的重大调整,也是生产关系适应生产力发展变化而做出的适应性调整 世界农业发展史表明,现代化进程中的工农城乡关系大致可划分为3个阶段:以农补工以乡养城阶段、工农城乡并举阶段和以工补农以城带乡阶段。我国现在已处于工业化中期,工农城乡关系已进入到以工补农以城带乡阶段,所以工农城乡关系也要随之发生变化,相应政策也要随之进行调整。建设新农村是我国工农城乡关系的重大转折。

3. 建设新农村是现代文明向农村辐射的过程 现代文明向农村普及,主要靠政府推动,需要载体和表现形式,这就是改善农村生产生活条件和农村风貌。所以,现代文明向农村辐射的过程,就是向农村投入的过程,就是改变农村生活方式的过程,就是从经济、政治、文化、社会事业等方面着手建设新农村的过程。

4. 建设新农村是我国解决"三农"问题的重大举措 由于人口众多,我国与发达资本主义国家的城市化和现代化道路会有所不同。我国城市化率达到60%以后,还会有6亿人生活在农村,单纯用城市化解决"三农"问题不是根本出路。未来的发展趋势,一是人口大国的城市化水平可能不会很高,二是农业的小规模经营和农民兼业化经营可能是一种常态。所以,建设新农村、实现农村现代化就是我国现代化建设的重要内容,体现了科学发展观和建设和谐社会的理念。

(二)现实意义

1. 建设新农村是一种公平为主兼顾效率的政策机制 首先是公平,其宗旨就是要逐步缩小城乡之间的发展差距,要让农民和城市居民一样作为公民能够公平地享受经济发展和社会发展的成果。其次是效率,在新农村建设中,以发展经济为中心,注重提高农村自身的发展能力,则又反映了对效率的追求。

2. 在以人为本的科学发展观指导下,建设新农村既是必要的也是可行的 我国长期以来形成的城乡二元结构的矛盾,造成城乡之间的巨大鸿沟和落差,使得从农民向市民的直接转化遇到很大障碍。在我国现行条件下,简单地推进城市化可能会面临两种结果:一是由于城市就业岗位相对有限,农民进城不能长期持续下去;二是即使能持续下去,有可能出现大量城市贫民。所以,解决"三农"问题要两种办法并举:一是转移农民,推进城市化;二是建设新农村,实现农村现代化。经过多年的发展,我国综合经济实力增强了,已经初步具备了扶持"三农"的条件和能力,随着我国工业化、城市化水平的提高和经济实力的增强,今后还应加大反哺力度。

3. 建设新农村不是"另起炉灶"的工作,而是近年来一系列支农惠农政策的延伸及多方面工作的集成和拓展 新阶段的"三农"工作将采取更有力的政策措施,通过调整国民收入的分配格局,不断加大对"三农"的投入力度。从2004、2005、2006年的一号文件可以看到,"工业反哺农业、城市支持农村"的方针已经开始实施并不断加强,新农村建设是这些政策的延伸和强化。所以,推进新农村建设要与以往的工作有机结合起来,进一步扩展和加强。所不同的是,以往的各方面工作要整合到"新农村建设"这个框架下来。

二、新农村建设的基本思路和工作方针

(一)新农村建设的基本思路和工作方针

新农村建设的基本思路或基本方略是统筹城乡经济社会发展。新农村建设的基本方针是统筹城乡发展,工业反哺农业、城市支持农村和"多予、少取、放活"。新农村建设的工作思路是继续推进城市化进程,工业和城市对农业和农村的反哺并举,即城市化推进和新农村建设的协调联动和相互促进。新农村建设的目标是,建设社会主义新农村必须按照"生产发展、生活宽裕、乡风文明、村容整洁、管理民主"的要求,全面推进农村的经济、政治、文化、社会和党的建设。生产发展、生活宽裕主要是指物质层面,乡风文明、村容整洁是指精神文明,而管理民主则属于政治文明范畴。它们

是一个有机的整体,概括了社会主义新农村的基本内涵。

(二)推进新农村建设的原则

1. 以经济建设为中心原则　推进新农村建设一定要坚持以经济建设为中心,在经济发展、农民收入增长的基础上,持之以恒改变农村的面貌。

2. 坚持农村基本经营制度原则　不能因为搞新农村就错误地理解为不搞家庭经营了。

3. 以人为本原则　新农村建设要以人为本,从农民最希望、最迫切要求解决的那些生产生活中的现实问题入手。

4. 科学规划原则　实行因地制宜、分类指导,有计划、有步骤、有重点地逐步推进;一定要从实际出发,制定好科学的规划。

5. 发挥各方面积极性原则　要坚持动员社会各方面的力量,主要是三方面的力量,即农民、国家和整个社会共同推进农村建设。

三、社会主义新农村的建设内容

(一)生产发展——强化社会主义新农村建设的产业支撑

1. 大力提高农业科技创新和转化能力　加快建设国家创新基地和区域性农业科研中心。鼓励企业建立农业科技研发中心。加强农业高技术研究,尽快取得一批具有自主知识产权的重大农业科技成果。把农业科研投入放在公共财政支持的优先位置。

2. 加强农村现代流通体系建设　2006年要完善全国鲜活农产品"绿色通道"网络,实现省际互通。改造、促进入市农产品质量等级化、包装规格化。鼓励各类投资主体通过各种方式,在农村发展现代流通业。积极发展农产品、农业生产资料和消费品连锁经营,建立以集中采购、统一配送为核心的新型营销体系。继续实施"万村千乡市场工程",建设连锁化"农家店"。培育和发展农村经纪人队伍。

3. 稳定发展粮食生产　确保国家粮食安全是保持国民经济

平稳较快增长和社会稳定的重要基础。必须坚持立足国内实现粮食基本自给的方针,适度利用国际市场,积极保持供求平衡。坚决落实最严格的耕地保护制度,保护农民的土地承包经营权。继续实施优质粮食产业工程和粮食丰产科技工程,不断提高粮食单产、品质和生产效益。

4. 积极推进农业结构调整 按照高产、优质、高效、生态、安全的要求,调整优化农业结构。继续实施种子工程。大力发展畜牧业,扩大畜禽良种补贴规模,推广健康养殖方式。积极发展水产业,扩大园艺、畜牧、水产等优势农产品出口,提高我国农业应对国际贸易争端的能力。

5. 发展农业产业化经营 推广龙头企业、合作组织与农户有机结合的组织形式。各级财政要增加扶持农业产业化发展资金,并可通过龙头企业资助农户参加农业保险。发展大宗农产品期货市场和"订单农业"。

6. 加快发展循环农业 要大力开发节约资源和保护环境的农业技术,重点推广废弃物综合利用技术、相关产业链接技术和可再生能源开发利用技术。制定相应的财税鼓励政策,组织实施生物质工程,推广秸秆气化、固化成型、发电、养畜等技术,培育生物质产业。积极发展节约型农业。

(二)生活宽裕——夯实社会主义新农村建设的经济基础

1. 拓宽农民增收渠道 要充分挖掘农业内部增收潜力;要加快转移农村劳动力;要鼓励和支持符合产业政策的乡镇企业发展,要着力发展县城和重点镇;要着眼兴县富民,着力培育产业支撑,大力发展民营经济。

2. 保障务工农民的合法权益 进一步清理和取消各种针对务工农民流动和进城就业的歧视性规定和不合理限制。建立健全城乡就业公共服务。建立工资保障金等制度和务工农民社会保障制度。完善劳动合同制度。

3. 稳定、完善、强化对农业和农民的直接补贴政策 对农民实行的"三减免、三补贴"和退耕还林补贴等政策,要继续稳定、完善和强化。2006年,粮食主产区要将种粮直接补贴的资金规模提高到粮食风险基金的50%以上。增加良种补贴和农机具购置补贴。

4. 加强扶贫开发工作 要因地制宜地实行整村推进的扶贫开发方式,加大力度改善贫困地区的生产生活条件,抓好贫困地区劳动力的转移培训,扶持龙头企业带动贫困地区调整结构。

(三)乡风文明——培养推进社会主义新农村建设的精神文明建设

1. 加快发展农村义务教育 着力普及和巩固农村九年制义务教育。2006年对西部地区农村义务教育阶段学生全部免除学杂费,对其中的贫困家庭学生免费提供课本和补助寄宿生生活费,2007年在全国农村普遍实行这一政策。

2. 大规模开展农村劳动力技能培训 提高农民整体素质,培养造就有文化、懂技术、会经营的新型农民,是建设社会主义新农村的迫切需要。

3. 积极发展农村卫生事业 积极推进新型农村合作医疗制度试点工作,从2006年起,中央和地方财政较大幅度提高补助标准,到2008年在全国农村基本普及新型农村合作医疗制度。

4. 繁荣农村文化事业 各级财政要增加对农村文化发展的投入,加强县文化馆、图书馆和乡镇文化站、村文化室等公共文化设施建设,发展文化信息资源共享工程农村基层服务点,构建农村公共文化服务体系。

5. 逐步建立农村社会保障制度 按照城乡统筹发展的要求,逐步加大公共财政对农村社会保障制度建设的投入。探索建立与农村经济发展水平相适应、与其他保障措施相配套的农村社会养老保险制度。

6. 倡导健康文明新风尚 大力弘扬以爱国主义为核心的民

族精神和以改革创新为核心的时代精神,激发农民群众发扬艰苦奋斗、自力更生的传统美德,为建设社会主义新农村提供强大的精神动力和思想保证。

(四)村容整洁——改善社会主义新农村建设的物质条件

1. 大力加强农田水利建设 要加快发展节水灌溉。加大大型排涝泵站技术改造力度,配套建设田间工程。大力推广节水技术。实行中央和地方共同负责,逐步扩大中央和省级小型农田水利补助专项资金规模。切实抓好以小型灌区节水改造、雨水集蓄利用为重点的小型农田水利工程建设和管理。

2. 大力提高耕地质量 要实施新一轮沃土工程。增加测土配方施肥补贴,继续实施保护性耕作示范工程和土壤有机质提升补贴试点。

3. 大力加强生态建设 要按照建设环境友好型社会的要求,切实搞好退耕还林、退牧还草、天然林保护等重点生态工程,培育后续产业。建立和完善生态补偿机制。

4. 加快乡村基础设施建设 要着力加强农民最急需的生活基础设施建设。有条件的地方,可发展集中式供水,提倡饮用水和其他生活用水分质供水。要加快农村能源建设步伐。从2006年起,大幅度增加农村沼气建设投资规模,有条件的地方,要加快普及户用沼气,支持养殖场建设大中型沼气。以沼气池建设带动农村改圈、改厕、改厨。

5. 加强村庄规划和人居环境治理 加强宅基地规划和管理,大力节约村庄建设用地,向农民免费提供经济安全适用、节地节能节材的住宅设计图样。引导和帮助农民切实解决住宅与畜禽圈舍混杂问题,搞好农村污水、垃圾治理。村庄治理要突出乡村特色、地方特色和民族特色,保护有历史文化价值的古村落和古民宅。要本着节约原则,充分立足现有基础进行房屋和设施改造,防止大拆大建,扎实稳步地推进村庄治理。

第二章　中国农村宏观经济政策

(五)管理民主——完善建设社会主义新农村的乡村治理机制

1. 不断增强农村基层党组织的战斗力、凝聚力和创造力　充分发挥农村基层党组织的领导核心作用,为建设社会主义新农村提供坚强的政治和组织保障。

2. 切实维护农民的民主权利　健全村党组织领导的充满活力的村民自治机制,进一步完善村务公开和民主议事制度,让农民群众真正享有知情权、参与权、管理权、监督权。完善村民"一事一议"制度,健全农民自主筹资筹劳的机制和办法,引导农民自主开展农村公益性设施建设。加强农村法制建设,增强农民的法制观念,提高农民依法行使权利和履行义务的自觉性。

3. 积极发展社会化服务组织　鼓励、引导和支持农村发展各种新型的社会化服务组织,为农民发展生产经营和维护合法权益提供有效服务。

【案例2-1】　大连的"新农村":村民变股东　干部工资村民定

2004年,北乐村村干部考察发现乳制品销路很好,为增加村民收入,就投资1000万元开办了养牛场。目前,村里已经养殖奶牛2500多头,每年纯利在750万元左右,260多户村民靠养奶牛走上了致富之路。而在20年前,这个村固定资产总值只有74万元,人均年收入仅为349元。北乐村位于大连市金州区三十里堡的中心地带,人均土地只有0.021亩,既无矿产资源,也无旅游收入,唯一有的果树算下来人均也不到3棵。从1991年开始,北乐村人开动脑筋,利用处于黑大公路、哈大铁路的区位优势和本地水果资源丰富的特点,先后办起当时辽南地区最大的水果、蔬菜批发市场。这样,农民变成了市场的股东和经销商,原先零散的土地搞起了规模种植。北乐大市场获得成功后,他们又相继创办了果汁、旅游鞋等生产企业。去年,全村资产总值达到2.9亿元,人均收入达到11 062元。

在这些企业红火起来之后,2005年北乐村率先实行了以股份制为内容的企业改制工作,将积累的6 200万元资产量化到832名村民身上,每个股民平均获得7.45万元的股权资产。村民成了股东,说话算数,风险利益共担;村里做到公正、公开、公平,一心为村民着想,这样经济发展起来就会形成良性循环。为此,北乐村不但实行了账目公开,就连村干部的工资也由全体村民来评定:每年村干部都要在村民代表大会上述职,村民代表投票评定他们的工资,最高不能超过标准工资的120%,最低却可以分文不给。

"我们村的每项重大决定都要由村民代表大会通过。"村民张金容说,"村里给所有参加集体劳动的村民都上了养老、医疗和家财保险。退休村民不但有养老金,每年还做一次免费体检……"。经济发展了,北乐村修建了图书馆、文化广场、花园和体育场,组织了鼓乐队和秧歌队,引导大家参加健康、有益的文化娱乐活动。

第五节 发展现代农业的政策

党的十六大报告指出:"统筹城乡经济社会发展,建设现代农业,发展农村经济,增加农民收入,是全面建设小康社会的重大任务"。2006年颁布的"十一五"规划《纲要》更是把"发展现代农业"单列一章。2007年中央一号文件明确提出,推进新农村建设的首要任务是建设现代农业。

一、现代农业的内涵和意义

(一)现代农业的内涵

现代农业就是通过高投入实现高产出的农业形态,实现农产品数量多、质量好,农民收入高,农村生态环境保护好四大目标。建设现代农业的过程,就是改造传统农业、不断发展农村生产力的过程,就是转变农业增长方式、促进农业又好又快发展的过程。现代农业的核心是科学化,特征是商品化,方向是集约化,目标是产业化。

(二) 发展现代农业的意义

推进新农村建设的首要任务是建设现代农业,现代农业建设将作为现阶段农业和农村经济发展的重要过程贯穿新农村建设的始终。

1. 保障粮食安全 我国目前有 13 亿人口、9.5 亿农民,吃饭问题始终是中国现代化进程中所面临的挑战。近 3 年来,我国粮食生产有 3 个方面的情况值得注意:一是总产虽然逐年增加,但是增幅越来越小;二是单产虽然逐年增加,但增幅不大,2005 年单产增加 1.4 千克,2006 年 1.9 千克;三是种粮亩均纯收益不断下降,粮食增产增收潜力很有限,粮食增产增收的基础并不牢固。实践表明,稳定粮食面积难度很大,扶持政策有限,不可能年年出台新政策,只有发展现代农业才是提高粮食综合生产能力、保障粮食安全的根本措施。

2. 提高农业的国际竞争力 发展现代农业将促进我国农产品国际竞争力的提高;而且农产品出口在带动农村就业、增加农民收入、优化农业产业结构、推进现代农业建设方面发挥了重要作用。据测算,每 1 万美元的农产品出口,能直接和间接创造约 20 个就业岗位,以 2005 年的出口额计算,农产品出口共创造了约 5 400 万个就业岗位。

3. 保障工业原料需求 据统计,我国人均耕地面积不到世界平均水平的 40%,且中低产田占总面积的 2/3 以上;接受过系统职业技术教育的农民不足 5%;农业劳动生产率仅相当于国内第二产业劳动生产率的 1/8 和第三产业的 1/4 左右。然而,我国农业不仅要解决十几亿人口的吃饭问题,还要满足工业原料不断加大的需求。据估算,粮食需求每年增长 40 亿~50 亿千克,而资源约束将更加突出。

4. 确保新农村建设方向正确 建设社会主义新农村的政策得到了广大农村、农民的热烈反响,各地都在积极地向前推进。但是,在一定程度上也存在着理解偏差,有一些地方过多地去关注村庄的建设、房子的建设等,没有把主要精力放在生产力的解放和发展上。在经济发展、农民富裕的情况下,建设村庄和房子,应该是有必要的。但如果经济不发展,农民收入没有增加,不仅可能使新农村建设脱离中央指出的正确轨道,而且还可能给农民增加新的负担,甚至给乡村带来新的债务。所以,强调新农村建设要把发展现代农业放在首位,这样有利于各地把社会主义新农村建设扎实、健康地向前推进。

二、建设现代农业的措施

怎样建设现代农业,一号文件用"六个用"进行了回答:用现代物质条件装备农业,用现代科学技术改造农业,用现代产业体系提升农业,用现代经营形式推进农业,用现代发展理念引领农业,用培养新型农民发展农业,提高农业水利化、机械化和信息化水平,提高土地产出率、资源利用率和农业劳动生产率,提高农业素质、效益和竞争力。

(一)加快农业基础建设,提高现代农业的设施装备水平

1. 大力抓好农田水利建设 加快大型灌区续建配套和节水改造,搞好末级渠系建设,推行灌溉用水总量控制和定额管理。农业综合开发要增加对中型灌区节水改造投入。增加小型农田水利工程建设补助专项资金规模。

2. 切实提高耕地质量 强化和落实耕地保护责任制。合理引导农村节约集约用地,切实防止破坏耕作层的农业生产行为。加大土地复垦、整理力度。按照田地平整、土壤肥沃、路渠配套的要求,加快建设旱涝保收、高产稳产的高标准农田。加快实施沃土工程,重点支持有机肥积造和水肥一体化设施建设,鼓励农民发展绿肥、秸秆还田和施用农家肥。

3. 加快发展农村清洁能源 继续增加农村沼气建设投入。

在适宜地区积极发展秸秆气化和太阳能、风能等清洁能源,实施西北地区百万户太阳灶建设工程。加快实施乡村清洁工程,推进人畜粪便、农作物秸秆、生活垃圾和污水的综合治理和转化利用。

4. 加大乡村基础设施建设力度 要解决1.6亿农村人口的饮水安全问题,争取到2015年基本实现农村人口安全饮水目标。加大农村公路建设力度和养护管理。实施新农村电气化建设"百千万"工程。鼓励农民开展农村小型基础设施建设。治理农村人居环境,搞好村庄治理规划和试点。

5. 发展新型农用工业 积极发展新型肥料、低毒高效农药、多功能农业机械及可降解农膜等新型农业投入品。加快农机行业技术创新和结构调整,重点发展大中型拖拉机、多功能通用型高效联合收割机及各种专用农机产品。

6. 提高农业可持续发展能力 鼓励发展循环农业、生态农业,有条件的地方可加快发展有机农业。继续推进天然林保护、退耕还林等重大生态工程建设。启动沙漠化综合治理工程,继续实施沿海防护林工程。完善森林生态效益补偿基金制度,探索建立草原生态补偿机制。启动坡耕地水土流失综合整治工程。

(二)推进农业科技创新,强化建设现代农业的科技支撑

1. 加强农业科技创新体系建设 大幅度增加农业科研投入。引导涉农企业开展技术创新活动,企业与科研单位进行农业技术合作、向基地农户推广农业新品种新技术所发生的有关费用,享受企业所得税的相关优惠政策。

2. 推进农业科技进村入户 积极探索农业科技成果进村入户的有效机制和办法,形成以技术指导员为纽带,以示范户为核心,连接周边农户的技术传播网络。继续加强基层农业技术推广体系建设,健全公益性职能经费保障机制。继续支持重大农业技术推广,加快实施科技入户工程。着力培育科技大户,发挥对农民的示范带动作用。

3. 大力推广资源节约型农业技术 要积极开发运用各种节约型农业技术,普及节水灌溉技术,启动旱作节水农业示范工程。扩大测土配方施肥的实施范围和补贴规模,进一步推广诊断施肥、精准施肥等先进施肥技术。改革农业耕作制度和种植方式,开展免耕栽培技术推广补贴试点,加快普及农作物精量半精量播种技术。积极推广集约、高效、生态畜禽水产养殖技术,降低饲料和能源消耗。

4. 积极发展农业机械化 加快粮食生产机械化进程。大力推广农机化技术。鼓励农业生产经营者共同使用、合作经营农业机械,积极培育和发展农机大户和农机专业服务组织,推进农机服务市场化、产业化。

5. 加快农业信息化建设 加强信息服务平台建设,深入实施"金农"工程,建立国家、省、市、县四级农业信息网络互联中心。加快建设一批农业数据库。启动农村信息化示范工程。

(三)开发农业多种功能,健全发展现代农业的产业体系

1. 促进粮食稳定发展 继续坚持立足国内保障粮食基本自给的方针,逐步构建供给稳定、调控有力、运转高效的粮食安全保障体系。继续实施优质粮食产业、种子、植保和粮食丰产科技等工程。推进粮食优势产业带建设。建立和完善粮食安全预警系统,维护国内粮食市场稳定。

2. 发展健康养殖业 积极推行健康养殖方式。牧区要积极推广舍饲半舍饲饲养,农区有条件的要发展规模养殖和畜禽养殖小区。扩大对养殖小区的补贴规模,继续安排奶牛良种补贴资金。建立和完善动物标识及疫病可追溯体系。

3. 大力发展特色农业,发展农业产业化 要立足当地自然和人文优势,培育主导产品,发展特而专、新而奇、精而美的各种物质、非物质产品和产业,特别要重视发展园艺业、特种养殖业和乡村旅游业。支持"一村一品"发展。

4. 推进生物质产业发展 加快开发以农作物秸秆等为主要原料的生物质燃料、肥料、饲料,启动农作物秸秆生物气化和固化成型燃料试点项目,支持秸秆饲料化利用。加强生物质产业技术研发、示范、储备和推广,组织实施农林生物质科技工程。

(四)健全农村市场体系,发展适应现代农业要求的物流产业

发达的物流产业和完善的市场体系,是现代农业的重要保障。

1. 建设农产品流通设施和发展新型流通业态 加快建设一批设施先进、功能完善、交易规范的鲜活农产品批发市场。大力发展农村连锁经营、电子商务等现代流通方式。加快建设"万村千乡市场"、"双百市场"、"新农村现代流通网络"和"农村商务信息服务"等工程。支持龙头企业、农民专业合作组织等直接向城市超市、社区菜市场和便利店配送农产品。积极支持农资超市和农家店建设,对农资和农村日用消费品连锁经营,实行企业总部统一办理工商注册登记和经营审批手续。切实落实鲜活农产品运输绿色通道政策。进一步规范和完善农产品期货市场。

2. 加强农产品质量安全监管和市场服务 建立农产品质量可追溯制度。在重点地区、品种、环节和企业,加快推行标准化生产和管理。实行农药、兽药专营和添加剂规范使用制度。搞好无公害农产品、绿色食品、有机食品认证,依法保护农产品注册商标、地理标志和知名品牌。

3. 加强农产品进出口调控 加快实施农业"走出去"战略。加强农产品出口基地建设,实行企业出口产品卫生注册制度和国际认证,推进农产品检测结果国际互认。支持农产品出口企业在国外市场注册品牌,开展海外市场研究、营销策划、产品推介活动。

4. 积极发展多元化市场流通主体 加快培育农村经纪人、农产品运销专业户和农村各类流通中介组织。鼓励各类工商企业、供销合作社、邮政系统、国有粮食企业、商贸、医药、通信、文化等企业要积极开拓农村市场。

(五)培养新型农民,造就建设现代农业的人才队伍

建设现代农业,最终要靠有文化、懂技术、会经营的新型农民。

1. 培育现代农业经营主体 开展农业生产技能培训,组织实施新农村实用人才培训工程,努力把广大农户培养成有较强市场意识、有较高生产技能、有一定管理能力的现代农业经营者。积极发展种养专业大户、农民专业合作组织、龙头企业和集体经济组织等各类适应现代农业发展要求的经营主体。鼓励外出务工农民带技术、带资金回乡创业,成为建设现代农业的带头人。支持工商企业、大专院校和中等职业学校毕业生、乡土人才创办现代农业企业。

2. 加强农民转移就业培训和权益保护 加大"阳光工程"等农村劳动力转移就业培训支持力度。从农民工中培育一批中高级技工。

3. 加快发展农村社会事业 2007年全国农村义务教育阶段学生全部免除学杂费,对家庭经济困难学生免费提供教科书并补助寄宿生生活费。加快发展农村职业技术教育和农村成人教育。努力扫除农村青壮年文盲。继续扩大新型农村合作医疗制度试点范围。增加农村文化事业投入。

4. 提高农村公共服务人员能力 建立农村基层干部、农村教师、乡村医生、计划生育工作者、基层农技推广人员及其他与农民生产生活相关服务人员的培训制度,提高服务能力。

第六节 加强农业基础建设的政策

一、加强农业基础建设的意义

(一)突出了保持经济稳定和促进农业发展的关键

加强农业基础、突破瓶颈制约、确保农产品供给,是当前保持经济稳定与社会和谐所面临的突出任务,也是发展现代农业、建设

社会主义新农村的首要任务。

(二)可统筹兼顾农村各方面的工作

这个"主题",既强调了加强农业基础设施建设,提升农业科技、人才、服务等基本支撑能力,稳定农村基本经营制度和深化农村改革,又能兼顾改善农村生产生活条件、发展和加强农村社会事业与公共服务等方面的内容。

二、2008年1号文件的主要内容

(一)提出了农业农村工作的总体要求

1. 按照统筹城乡发展要求加大"三农"投入力度 明确了"三个明显高于"的要求,即2008年财政支农投入的增量要明显高于上年,国家固定资产投资用于农村的增量要明显高于上年,政府土地出让收入用于农村建设的增量要明显高于上年。出台了"三个调整"的举措,就是调整耕地占用税使用方向,新增收入主要用于"三农";调整城市维护建设税使用范围,要确定部分资金用于乡村规划、基础设施建设和维护;调整涉农项目配套政策。

2. 继续巩固、完善、强化强农惠农政策 主要措施为"四个增加",即增加对农民的种粮直补、良种补贴、农机具购置补贴和农业生产资料价格综合补贴。同时,探索建立促进城乡经济社会发展一体化的体制机制。

(二)保障主要农产品基本供给,加强农业基础建设

确保农产品供给是保障我国经济稳定的重要前提,抓好农业基础设施建设是确保农业持续稳定发展的前提。

1. 高度重视发展粮食生产 要求稳定粮食播种面积,优化品种,提高单产。在稳定发展粮食生产的同时,要大力发展油料生产,鼓励发展棉花、糖料生产。完善粮食风险基金政策。实施粮食战略工程,集中力量建设一批基础条件好、生产水平高和调出量大的粮食核心产区;在保护生态前提下,着手开发一批资源有优势、增产有潜力的粮食后备产区。

2. 抓好"菜篮子"产品生产 积极推动蔬菜等园艺产品的规模化种植。加快转变畜禽养殖方式,实行对畜禽养殖业的各项补贴政策。严格执行液态奶标识制度。推行水产健康养殖,落实禁渔休渔制度,支持发展远洋渔业。有条件的地方要积极发展设施农业和精细农业。

3. 加强农业标准化和农产品质量安全工作 要推进农业标准化生产。启动实施"放心农资下乡进村"示范工程。积极发展绿色食品和有机食品,培育名牌农产品,加强农产品地理标志保护。

4. 支持农业产业化发展 允许符合条件的龙头企业向社会发行企业债券。引导各类市场主体参与农业产业化经营。

5. 加强粮食等重要农产品储备体系建设,加强和改善农产品市场调控

6. 要以水利建设为重点,大力加强农业基础设施建设

(三)强化农业科技和服务体系基本支撑

1. 加快推进农业科技研发和推广应用 增加农业科研投入,加大重大技术推广支持力度。加强公益性农业技术推广服务。

2. 建立健全动植物疫病防控体系 加大动物防疫体系建设投入力度,对重大动物疫病实施免费强制免疫,完善重大动物疫病扑杀补偿机制。

3. 大力培养农村实用人才 组织实施新农村实用人才培训工程,重点培训种养业能手、科技带头人、农村经纪人和专业合作组织领办人等。加快提高农民素质和创业能力,以创业带动就业,实现创业富民、创新强农。

4. 推动农民专业合作社加快发展 落实农民专业合作社法,尽快制定税收优惠办法和加大财政扶持。农民专业合作社可以申请承担国家的有关涉农项目。

5. 加快农村市场体系和信息建设 要继续实施"万村千乡"、

"双百市场"和"农产品批发市场升级改造"等工程。积极稳妥发展农产品期货品种。加快落实鲜活农产品绿色通道省内外车辆无差别减免通行费政策。要推进"金农"、"三电合一"、农村信息化示范和农村商务信息服务等工程建设。

(四)逐步提高农村基本公共服务水平

城乡基本公共服务均等化是构建社会主义和谐社会的必然要求,是统筹城乡发展的重要举措。对全部农村义务教育阶段学生免费提供教科书,提高农村义务教育阶段家庭经济困难寄宿生生活费补助标准。2008年在全国普遍建立新型农村合作医疗制度,提高国家补助标准,扩大农民受益面。

第七节 推进农村改革发展若干重大问题的政策

2008年10月召开的党的十七届三中全会,审议通过了《中共中央关于推进农村改革发展若干重大问题的决定》,明确了新形势下推进农村改革发展的指导思想、目标任务、重大原则和战略举措,是指导此后一个时期推进农村改革发展的行动纲领。在此之后的中央一号文件均围绕该文件的总体思路部署当年工作重心。

一、总体纲领

(一)农村改革发展的基本目标任务

《中共中央关于推进农村改革发展若干重大问题的决定》提出了到2020年农村改革发展的基本目标任务是:农村经济体制更加健全,城乡经济社会发展一体化体制机制基本建立;现代农业建设取得显著进展,农业综合生产能力明显提高,国家粮食安全和主要农产品供给得到有效保障;农民人均纯收入比2008年翻一番,消费水平大幅提升,绝对贫困现象基本消除;农村基层组织建设进一步加强,村民自治制度更加完善,农民民主权利得到切实保障;城乡基本公共服务均等化明显推进,农村文化进一步繁荣,农民基本文化权益得到更好落实,农村人人享有接受良好教育的机会,农村基本生活保障、基本医疗卫生制度更加健全,农村社会管理体系进一步完善;资源节约型、环境友好型农业生产体系基本形成,农村人居和生态环境明显改善,可持续发展能力不断增强。

(二)5项原则

围绕以上基本目标任务,须遵循5项重大原则:一是巩固和加强农业基础地位,始终把解决好十几亿人口吃饭问题作为治国安邦的头等大事;二是切实保障农民权益,始终把实现好、维护好、发展好广大农民根本利益作为农村一切工作的出发点和落脚点;三是不断解放和发展农村社会生产力,始终把改革创新作为农村发展的根本动力;四是统筹城乡经济社会发展,始终把着力构建新型工农、城乡关系作为加快推进现代化的重大战略;五是坚持党管农村工作,始终把加强和改善党对农村工作的领导作为推进农村改革发展的政治保证。

这5项重大原则,既是农村工作实践经验的总结,更是对新时期农村工作规律的深刻把握,在推进农村改革发展过程中必须切实遵循。

二、农村制度建设

主要从以下六方面提出了改革创新和规范完善的新举措。

(一)稳定完善农村基本经营制度

1. 以家庭承包经营为基础、统分结合的双层经营体制 是适应社会主义市场经济体制、符合农业生产特点的农村基本经营制度,是党的农村政策基石,必须毫不动摇地坚持。

2. 稳定农村土地承包关系 赋予农民更加充分而有保障的土地承包经营权,现有土地承包关系报酬稳定并长久不变。

3. 全面推进集体林权制度改革 按照2009年中央一号文件的要求,用5年左右时间基本完成明晰产权、承包到户的集体林权制度改革任务。加大财政对集体林权制度改革的支持力度,进一步扩大国有林场和重点国有林区林权制度改革试点。

4. 扶持农民专业合作社和龙头企业发展 加快发展农民专业合作社,开展示范社建设行动。加强合作社人员培训,各级财政给予经费支持。

(二)健全严格规范的农村土地管理制度

一是实行最严格的耕地保护制度。坚决守住18亿亩耕地红线。划定永久基本农田,建立保护补偿机制,确保基本农田总量不减少、用途不改变、质量有提高。推进土地整理复垦开发,依法保障农民对承包土地的占有、使用、收益等权利。

二是建立健全土地承包经营权流转市场。按照依法自愿有偿原则,允许农民以转包、出租、互换、转让、股份合作等形式流转土地承包经营权,发展多种形式的适度规模经营。

三是实行最严格的节约用地制度。从严控制城乡建设用地总规模。完善农村宅基地制度,严格宅基地管理。逐步缩小征地范围,完善征地补偿机制。

(三)完善农业支持保护制度

一要健全农业投入保障制度。不断加大国家对农业农村的投入力度,按照总量持续增加、比例稳步提高的要求,不断增加"三农"投入。加强投资监管,提高资金使用效益。

二要健全农业补贴制度。较大幅度增加农业补贴。增加对种粮农民直接补贴,增加农机具购置补贴,加大农资综合补贴力度,加大对专业大户、家庭农场种粮补贴力度。

三要健全农产品价格保护制度。完善农产品市场调控体系,稳步提高粮食最低收购价,优化农产品进出口和吞吐调节机制,保持农产品市场稳定和价格合理水平。

四要健全农业生态环境补偿制度。推进生态重点工程建设；形成有利于保护耕地、水域、森林、草原、湿地等自然资源和农业物种资源的激励机制,构筑牢固的生态安全屏障。

(四)建立现代农村金融制度

创新农村金融体制,放宽农村金融准入政策,加大对农村金融政策的支持力度,拓宽融资渠道,发挥各类为农服务的各类金融机构的作用,发展农村保险事业。

(五)建立促进城乡经济社会发展一体化制度

统筹土地利用和城乡规划,合理安排市、县域城乡空间布局,加强农村水、电、路、气、房建设。统筹城乡产业发展,促进公共资源在城乡之间均衡配置、生产要素在城乡之间自由流动,积极引导社会资源投向农业农村。

统筹城乡基础设施建设和公共服务,加快农村基础设施建设,提高农村教育卫生文化事业发展水平、农村社会保障水平、财政保障农村公共事业水平,逐步建立城乡统一的公共服务制度。

统筹城乡劳动就业,促进农民就业。建立覆盖城乡的公共就业服务体系,积极开展农业生产技术和农民务工技能培训,健全农民工权益保障和社会保障制度,解决好农民工子女就学及留守问题。

统筹城乡社会管理,推进户籍制度改革以及城镇化发展的制度创新,形成城镇化和新农村建设互促共进机制。

(六)健全农村民主管理制度

一是加强基层政权建设,加强和改进农村基层党的建设。保障农民享有更多更切实的民主权利。二是继续推进农村综合改革,着力增强乡镇政府社会管理和公共服务职能。完善乡镇治理机制。三是完善符合国情的农村基础治理机制。健全村民自治机制,培育农村服务性、公益性、互助性社会组织,完善社会自治功能;采取多种措施增强基层财力,健全农村公益事业建设机制。四是加强农村法制建设,完善党和政府主导的维护群众权益机制,切实维护农村社会稳定。

三、农村公共事业发展

(一)繁荣发展农村文化

推进重点文化惠民工程,形成完备的农村公共文化服务体系;重视丰富农民工文化生活,帮助其提高素质;加强农村文物、非物质文化遗产、历史文化名镇名村保护;发展农村体育事业,开展农民健身活动。

(二)提高农村教育事业发展水平

巩固和完善农村义务教育经费保障机制,落实教师培训制度和绩效工资制度;实施中小学校舍安全工程;大力发展中等职业教育,推进农村中等职业教育免费进程;加强农民技能培训,广泛培养农村实用人才;大力扶持贫困地区、民族地区农村教育;及时把优质教育资源送到农村。

(三)促进农村医疗卫生事业发展

巩固发展新型农村合作医疗;进一步增加投入,完善县、乡、村三级医疗卫生服务网络;加强农村妇幼保健,创新农村流动人口计划生育服务管理,稳定农村低生育水平。

(四)健全农村社会保障体系

建立和完善新型农村社会养老保险制度,有效衔接城乡养老保险制度;落实和完善被征地农民社会保障政策;完善农村最低生活保障制度;全面落实农村五保供养政策;完善农村受灾群众救助制度;落实军烈属和伤残病退伍军人等优抚政策;发展社会福利和慈善事业;发展农村养老服务;促进农村残疾人事业发展。

(五)加强农村基础设施和环境建设

科学制定乡镇村庄建设规划;加强农村水、电、路、气、房建设,不断改善农村卫生条件和人居环境;提高农村公共设施综合利用效能。

(六)推进农村扶贫开发

坚持农村开放式扶贫方针,加大投入力度,2009年制定农村最低生活保障制度与扶贫开发幼小衔接办法,并逐步扩大扶贫开发和农村低保制度有效衔接试点,确保扶贫开发工作重点县农民人均纯收入增长幅度高于全国平均水平。对特殊类型贫困地区进行综合治理。

(七)加强农村防灾减灾能力建设

加强灾害监测预警,宣传普及防灾减灾知识,加快农村危房改造,提高公共设施建筑质量,落实安全标准和责任,并促进灾区生态环境修复和改善。

(八)强化农村社会管理

拓宽农村社情民意表达渠道,做好农村信访工作,加强人民调解,及时排查化解矛盾纠纷;推进农村警务建设,搞好社会治安综合治理;建立健全农村应急管理体制;依法管理民族和宗教事务。

(九)积极促进农民就业创业

建立覆盖城乡的公共就业服务体系,积极开展农业生产技术和农民务工技能培训,增强农民科学种田和就业创业能力;拓展农村非农就业空间;将农民工返乡创业和农民就地就近创业纳入政策扶持范围;健全农民工社会保障制度,与企业建立稳定劳动关系的农民工纳入城镇职工基本医疗保险;以公办学校为主、以输入地为主,解决农民工子女入学问题,关心农村留守儿童。

第八节 加快农业科技创新保障农产品供给的政策

2012年的中央一号文件《关于加快推进农业科技创新持续增强农产品供给保障能力的若干意见》,主题是科技创新,目标是保障农产品供给。新中国成立60多年来特别是改革开放30多年来,我国农业农村发展取得了举世瞩目的成就,农业科技发挥了关键支撑作用。尽管如此,与建设现代农业的新要求和国际先进水平相比差距仍然较大,突出表现在"三个不足":一是创新成果供给不足,我国50%以上的生猪、蛋肉鸡、奶牛良种,90%以上的高端蔬菜花卉品种依赖进口;二是基层农技推广体系存在许多突出问题,致使农技推广服务不足;三是农业人才总量不足,大量农村青壮年劳动力进城务工,农村"谁来种地"已成为绕不过的严峻问题。

一、我国农业科技的定性、定位和定向

根据国外的经验,结合我国的现实情况,确定我国农业技术推广体系的定性、定位和定向如下。

(一)我国农业科技的定性是公共性、基础性、社会性

市场经济体制下,农民科技文化素质提高、社区开发、农业环保、新型农民培养等领域都存在着市场失灵的现象,对于这些公益性质的事业,企业无法解决也解决不了,靠农民自己也无法解决,应定位为公益性,加大财政支持力度,以解决在农业技术推广中市场失灵的问题。

(二)我国农业科技的定位是实现农业持续稳定发展、长期确保农产品有效供给

这一定位包含4个方面的含义。

1. 定位农业保护,增强农业实力 我国的农业科技需要定位农业保护,通过农业科技和农技推广体系,切实推进现代农业建设,提高农业实力,提升农业国际竞争力。

2. 定位农民增收,关心农民利益 这个利益不单单是经济利益,还应该是政治利益与文化利益,让农技推广体系来连接政府与农民,维护农民权益。

3. 定位农村发展,促进城乡统筹 农技推广体系是实现"工业反哺农业,城市反哺农村"的抓手、促进城乡统筹发展的纽带。

4. 定位立体建设，实现农技推广多元化 参照国外经验，我国农技推广体系需定位立体建设，形成各种社会力量广泛参与、分工协作、服务到位、充满活力的多元化农技推广体系。

(三)我国农业科技的定向是面向产业需求，着力突破农业重大关键技术和共性技术

农业科技的定向更加明确了农业生产要依靠科技、农业科技要服务生产的要求，明确了农业科技创新的方向。按照这一要求，我们要坚持产业需求导向，切实解决科技与生产"两张皮"的问题，大力推进农业科技与农业农村经济的融合。

二、加快农业科技发展的对策

(一)加快农业科技创新，保障现代农业发展

1. 突出科技创新重点 大力加强农业基础研究，在农业生物基因调控和农产品安全等方面突破一批重大基础理论和方法。加快推进前沿技术研究，在农业生物技术、信息技术等精准农业技术方面取得一批重大自主创新成果，抢占现代农业科技制高点。

2. 完善农业科技创新体制 大力推进现代农业产业技术体系建设，完善以产业需求为导向、以农产品为单元、以产业链为主线、以综合试验站为基点的新型农业科技资源组合模式，及时发现和解决生产中的技术难题，充分发挥技术创新、试验示范、辐射带动的积极作用。

3. 着力抓好种业科技创新 加快发展现代农作物种业，培育一批突破性新品种，大力支持育繁推一体化种子企业做大做强；加大水稻机插、玉米、棉花机收等攻关力度，加强农机农艺融合技术研发，加强应对农业灾害、节本增效等关键技术的研发。完善品种审定、保护、退出制度，强化种子生产经营行政许可管理，严厉打击制售假冒伪劣等违法行为。

(二)提升农业技术推广能力,大力发展农业社会化服务

1. 强化公益性职能,完善政府农技推广机构 一要健全相关法律法规,为农业技术推广体系的发展提供稳定的制度环境,保障农技推广体系公益性职能的发挥。二要加强基层农技推广体系建设,在财力、物力、人力方面予以支持。三要提高农技推广服务能力,完善农技推广网络,建设高素质农技服务队伍。四要实施一系列的公益性农技推广服务,形成合力。

2. 放活经营性服务,鼓励非政府农技推广组织发展 农民对于科技需求越来越多元化,为满足农民的需求,要放活经营性服务,通过政策扶持、项目推进等措施,为科研院所、专业大户、农民专业合作社、农业技术协会、农业龙头企业等组织开展农技推广服务营造良好环境,建立以政府农技推广机构为主体、多元化发展、无偿服务与有偿服务相结合的新型农技推广体系。

(三)加快农业人才培育尤其是农村实用人才培养

加强现代农民培训,着力解决"将来谁来种地"的问题。重点是加强农村实用人才队伍建设,以种养大户、经纪人、大学生"村官"、农机手等培训为重点,加快培养新型职业农民、农业服务人员和农村社会管理人员。加快培养村干部、农民专业合作社负责人、到村任职大学生等农村发展带头人,农民植保员、防疫员、水利员、信息员、沼气工等农村技能服务型人才,种养大户、农机大户、经纪人等农村生产经营型人才。大力培育新型职业农民,对未升学的农村高初中毕业生免费提供农业技能培训,对符合条件的农村青年务农创业和农民工返乡创业项目给予补助和贷款支持。

第九节 构建新型农业经营体系的政策

2013年中央一号文件《中共中央、国务院关于加快发展现代农业,进一步增强农村发展活力的若干意见》,其主要内容涉及7

个方面,核心是创新农业经营体制。新型农业经营体系可以被理解为,在坚持农村基本经营制度的基础上,顺应农业农村发展形势的变化,通过自发形成或政府引导形成的各类农产品生产、加工、销售和生产性服务主体及其关系的总和,是各种利益关系下的传统农户与新型农业经营主体的总称。

一、培育新型农业经营主体

构建新型农业经营体系,重点是加快培育新型农业经营主体这支骨干力量,注重发挥各类主体的比较优势以及对小规模农户的带动作用。

(一)发展规模大户和家庭农场,推进农业生产经营专业化

所谓家庭农场,是指以家庭成员为主要劳动力,从事农业规模化、集约化、商品化生产经营,并以农业收入为家庭主要收入来源的新型农业经营主体。家庭农场是现代农业的发展方向。据统计,农业部确定的33个农村土地流转规范化管理和服务试点地区,已有家庭农场6 670多个。截至2012年12月底,经营面积在100亩以上的专业大户、家庭农场超过270多万户。由于刚刚起步,家庭农场的培育发展还有一个循序渐进的过程。

(二)壮大龙头企业,推进农业生产经营产业化

农业企业,尤其是农业龙头企业,在适应多变的市场环境和应对激烈的国际竞争方面具有较大的优势。应积极探索建立龙头企业、合作社与农户的多种利益联结机制,实现龙头企业与农民专业合作社深度融合,使家庭承包经营、企业化经营和合作经营的优势得到充分叠加。要鼓励和引导城乡工商资本到农村发展适合企业化经营的种养业,但是对于租赁农民的承包地要建立严格的准入和监管制度。

(三)发展农民合作社,推进农业生产经营合作化

农民合作社是农户联合起来进入市场的主体之一,将成为引

领我国农业生产经营体制创新的重要主体。我国今后在农民合作社方面的工作重点是使示范社建设工作常态化、标准化、制度化,将实行部门联合评定示范社机制,分级建立示范社名录,把示范社作为政策扶持重点。政策扶持的基本目标是要推动农民合作社实现经营的集约化、生产的专业化、组织的规范化与服务的社会化。

(四)培育新型农民,推进农业生产经营职业化

新型农民是新型农业经营主体的主力军。要把培养职业农民作为提升农业劳动者素质的核心任务,以提升农民的科学素养、职业技能和经营能力为重点,探索培育模式,强化政策扶持,加大培训力度,造就一支综合素质高、生产经营能力强、主体作用发挥明显的新型职业农民队伍,加快推进农民向职业化方向发展,切实解决"谁来务农"的现实难题和"怎样务农"的深层问题。

二、新型农业经营体系建设要把握的重点

(一)发展适度规模经营

发展专业大户、家庭农场等新型农业经营主体都会涉及经营规模问题。根据我国实际情况,应发展适度规模经营。第二次全国农业普查表明,全国共有农业生产经营户1.98亿户,其中纯农户1.67亿户,不可能都大规模经营。因此,今后的政策是一方面主张适度规模经营,另一方面扶持农民合作社。我国发展土地规模经营的基本思路是:要从我国基本国情和现代农业发展规律出发,以提高农业劳动生产率和土地产出率为目标,坚持农村基本经营制度和家庭经营主体地位,大力培育专业大户、家庭农场,大力发展农业社会化服务,积极稳妥地推进多种形式的适度规模经营发展。重点要遵循四个原则:一是发展适度规模经营,既要积极又要稳妥,充分尊重农民的意愿。二是发展适度规模经营,既要重视土地经营规模的扩大,又要重视农户间的联合与合作,大力发展社会化服务。三是发展适度规模经营,主要是培育专业大户、家庭农

场,不提倡工商企业长时间、大面积租赁农户承包地。四是发展适度规模经营,要兼顾劳动生产率与土地产出率,把握好土地经营规模的"适度"。

(二)加强农业社会化服务

提供农业社会化服务的主体既包括政府的公共服务机构,也包括经营性社会化服务组织。一方面要引导公共服务机构转变职能,逐步从经营性领域退出,主要在具有较强公益性、外部性、基础性的领域,以及那些经营性服务机构不愿干、干不来的领域开展服务,如新品种新技术示范推广、土壤环境监测、产品质量监管等;另一方面经营性社会化服务组织要成为今后培育的重点。支持农民合作社、专业服务公司、专业技术协会、农民用水合作组织、农民经纪人、涉农企业等为农业生产经营提供低成本、便利化、全方位的服务。

(三)探索组织模式创新

创新组织模式关键要把握两点,一是提高小农户的组织化程度,特别要重视农民专业合作社的规范发展,使之成为农民真正的合作社。二是完善利益联结关系,推动龙头企业与专业合作社深度融合,推广"龙头企业+专业合作社(专业协会、集体经济组织)+农户"的组织带动模式。

第十节 全面深化农村改革,加快推进农业现代化的政策

2014年中央一号文件《关于全面深化农村改革加快推进农业现代化的若干意见》,其主要内容涉及坚决破除体制机制弊端,坚持农业基础地位不动摇,加快推进农业现代化。

第二章 中国农村宏观经济政策

一、完善国家粮食安全保障体系

综合考虑国内资源环境条件、粮食供求格局和国际贸易环境变化,实施以我为主、立足国内、确保产能、适度进口、科技支撑的国家粮食安全战略。任何时候都不能放松国内粮食生产,严守耕地保护红线,划定永久基本农田,不断提升农业综合生产能力,确保谷物基本自给、口粮绝对安全。更加积极地利用国际农产品市场和农业资源,有效调剂和补充国内粮食供给。在重视粮食数量的同时,更加注重品质和质量安全;在保障当期供给的同时,更加注重农业可持续发展。加大力度落实"米袋子"省长负责制,进一步明确中央和地方的粮食安全责任与分工,主销区也要确立粮食面积底线、保证一定的口粮自给率。增强全社会节粮意识,在生产流通消费全程推广节粮减损设施和技术。

强化农产品质量和食品安全监管。建立最严格的覆盖全过程的食品安全监管制度,完善法律、法规和标准体系,落实地方政府属地管理和生产经营主体责任。

支持标准化生产、重点产品风险监测预警、食品追溯体系建设,加大批发市场质量安全检验检测费用补助力度。加快推进县乡食品、农产品质量安全检测体系和监管能力建设。

二、建立农产品目标价格制度,突出市场作用

完善粮食等重要农产品价格形成机制应继续坚持市场定价原则,探索推进农产品价格形成机制与政府补贴脱钩的改革,逐步建立农产品目标价格制度。所谓目标价格制度,是指由政府设定农产品的目标价格,当实际市场价格高于目标价格时,补贴低收入消费者;而当市场价格低于目标价格时,则按差价补贴生产者。而目标价格的形成则完全是由市场的供给关系决定的。这既发挥了市

场机制在资源配置中的决定性作用,同时也明确了政府对农业、农村发展所负有的责任。

完善农业补贴政策,在有条件的地方开展按实际粮食播种面积或产量对生产者补贴试点,提高补贴精准性、指向性。

三、深化农村土地制度改革

稳定农村土地承包关系并保持长久不变,在坚持和完善最严格的耕地保护制度前提下,赋予农民对承包地占有、使用、收益、流转及承包经营权抵押、担保权能。在落实农村土地集体所有权的基础上,稳定农户承包权、放活土地经营权,允许承包土地的经营权向金融机构抵押融资。

在符合规划和用途管制的前提下,允许农村集体经营性建设用地出让、租赁、入股,实行与国有土地同等入市、同权同价,加快建立农村集体经营性建设用地产权流转和增值收益分配制度。

完善农村宅基地分配政策,在保障农户宅基地用益物权前提下,选择若干试点,慎重稳妥推进农民住房财产权抵押、担保、转让。

四、抓紧划定生态保护红线,建立农业可持续发展长效机制

促进生态友好型农业发展,开展农业资源休养生息试点,加大生态保护建设力度。抓紧划定生态保护红线。为此,国家将完善森林、草原、湿地、水土保持等生态补偿制度,继续执行公益林补偿、草原生态保护补助奖励政策,建立江河源头区、重要水源地、重要水生态修复治理区和蓄滞洪区生态补偿机制。

推进农业可持续发展,在路径方面要着重以科技创新提高水、农药、化肥等农业资源利用效率。在发展目标上既要考虑可持续发展,还要考虑稳定农业发展增加农民收入,强调可持续发展不能侵

害农民利益。在发展步骤上要坚持稳中求进,科学规划,如先保护污染严重的地区和生态环境脆弱地区,然后推广开来,有序推进。

五、健全城乡发展一体化体制机制

城乡统筹联动,赋予农民更多财产权利,推进城乡要素平等交换和公共资源均衡配置,让农民平等参与现代化进程、共同分享现代化成果。对此,文件确定了开展村庄人居环境整治、推进城乡基本公共服务均等化等重点工作,加快推进城乡统一户口登记制度,促进有能力在城镇合法稳定就业和生活的常住人口有序实现市民化。全面实行流动人口居住证制度,逐步推进居住证持有人享有与居住地居民相同的基本公共服务,保障农民工同工同酬。

第三章 农业法

第一节 农业法概述

一、农业和农业法的概念

农业,是指种植业、林业、畜牧业和渔业等产业,包括与其直接相关的产前、产中、产后服务。农业是国民经济发展的基础产业,世界各国都把保护农业和促进农业发展放在重要地位。

农业法,是调整在国家促进农业和农村经济发展中发生的社会关系的法律规范。国际上,一些发达国家比较早地运用农业法调整农业经济关系,美国1933年5月颁布了《农业调整法》,联邦德国1955年制定了《农业法》,日本1961年制定了《农业基本法》,农业法成为各国保护和支持农业的基本法律依据。《中华人民共和国农业法》(以下简称《农业法》)于1993年7月2日经第八届全国人大常委会第二次会议审议通过,于2002年12月28日经第九届全国人大常委会第三十一次会议修订,是我国的农业基本法。广义的农业法除农业基本法外,在我国还包括调整农业生产经营体制及农业生产的法律如《土地管理法》(1986年制定,1998年修订)、《种子法》(2000年制定)、《农村土地承包经营法》(2002年制定)、《农业技术推广法》(1993年制定,2012年8月31日修订)、《农业机械化促进法》(2004年制定)、《农民专业合作社法》(2006年制定)等。此外,还有大量行政法规和部委规章以及地方法规。

二、我国农业和农村经济发展的基本目标

《农业法》第 3 条规定:"国家把农业放在国民经济发展的首位。农业和农村经济发展的基本目标是:建立适应发展社会主义市场经济要求的农村经济体制,不断解放和发展农村生产力,提高农业的整体素质和效益,确保农产品供应和质量,满足国民经济发展和人口增长、生活改善的要求,提高农民的收入和生活水平,促进农村富余劳动力向非农产业和城镇转移,缩小城乡差别和区域差别,建设富裕、民主、文明的社会主义新农村,逐步实现农业和农村现代化"。依据这一规定,可以把我国农业和农村经济发展的基本目标分解为相互联系的 4 个方面:一是完善国民经济结构的目标,即把农业放在发展国民经济的首位。二是农村经济体制改革的目标,即建立适应发展社会主义市场经济要求的经济体制。三是农业生产力发展的目标,即不断解放和发展农村生产力,提高农业的整体素质和效益,确保农产品供应和质量,促进农村富余劳动力向非农产业和城镇转移,缩小城乡差别和区域差别。四是农村社会发展目标,即建设富裕、民主、文明的社会主义新农村,逐步实现农业和农村现代化。

三、我国农业和农村经济发展的基本制度

为了实现立法目标,《农业法》第 1 章"总则"第 4~8 条规定了国家发展农业和农村经济的 5 项基本制度。

(一)保障农业更好地发挥经济、生态环境和社会文化功能

《农业法》第 4 条规定:"国家采取措施,保障农业更好地发挥在提供食物、工业原料和其他农产品,维护和改善生态环境,促进农村经济社会发展等多方面的作用"。农业多功能性是实践带给人们的新认识,农业的经济功能、生态环境功能也随着工业化的进程日益突出;其社会文化功能如休闲农业,使人们在农业劳动中感

悟人与自然的和谐,开拓了农业的发展空间。农业的多功能性使其作为公共物品的属性进一步被确认,为支持和保护农业、调整农业发展战略提供了依据。欧盟、日本和韩国等依据农业的多功能性,提出农业对保护文化遗产、确保粮食安全、保护自然景观和环境等具有不可替代的重要作用,据此来保护其国内农业和农产品市场,经验值得借鉴。

(二)坚持农业和农村社会主义基本经济制度

包括以下三个方面:在所有制结构上,国家坚持公有制为主体,多种所有制经济共同发展的基本经济制度;在基本经营制度上,国家长期稳定农村以家庭承包经营为基础、统分结合的双层经营体制,发展社会化服务体系,壮大集体经济实力,引导农民共同富裕;在分配制度上,国家在农村坚持和完善以按劳分配为主体,多种分配方式并存的分配制度。

(三)坚持科教兴农和农业可持续发展的方针

这是关于提高农业综合生产力的两个基本方针。实施科教兴农战略,是实现由传统农业向现代农业转变、由粗放经营向集约经营转变的根本途径,是振兴农业、发展农村经济的一项重大战略措施。可持续发展是全球各国面临的共同课题,《中国 21 世纪议程》规定了我国农业可持续发展的目标。

(四)保护农民和农业生产经营组织财产及其他合法权益

这是《农业法》修改后突出规定的重要内容之一,为此《农业法》增设了第 9 章"农民权益保护"。

(五)引导全社会重视农业、支持农业发展

国家对发展农业和农村经济有显著成绩的单位和个人给予奖励。

第二节 农业生产经营体制

一、实行农村土地家庭承包经营制度

土地的家庭承包经营是农村新的经营体制的基础,国家依法保障农村土地承包关系的长期稳定,赋予农民长期而有保障的土地使用权。农村土地承包经营的方式、期限及发包方和承包方的权利义务、土地承包经营权的保护和流转等,适用《农村土地承包法》的规定。2007年10月1日开始实施的《中华人民共和国物权法》确认了土地承包经营权的物权属性,并给予物权性质的保护。

二、完善双层经营,壮大集体经济实力

农村集体经济组织,是指以农民集体所有的土地、农业生产设施和其他公共财产为基础,以主要自然村或行政村为单位建立的,从事农业生产经营的经济组织。目前,各地的农村集体经济组织的形式有农工商总公司、土地股份合作社等。农村集体经济组织应当在家庭承包经营的基础上,依法管理集体资产,为其成员提供生产、技术、信息等服务,合理开发、利用集体资源,壮大经济实力。

【案例3-1】 大梨树村集体经济蓬勃发展新农村建设欣欣向荣[1]

大梨树村位于辽宁省凤城市西南郊,全村辖22个村民组,总人口4800人,总面积48平方公里,耕地7440亩,山地5.4万亩,森林覆盖率达到80%。近20多年来,在村党委书记毛丰美的带领下,大力发展壮大集体经济。目前,全村集体固定资产达3.5亿元,年总收入1.8亿元,创利税4000万元,农民人均纯收入达到

---

[1] 资料来源:国家发改委网站:http://www.sdpc.gov.cn/ncjj/njxx/t20060727_77955.htm。经过整理

8 000元,成为社会主义新农村建设的典型。他们的具体做法如下。

一是大力发展特色农业。该村最大的优势在山上。从2001年至今,村里采取群众自愿、典型引路、龙头牵动、订单生产的办法,逐年扩大生产规模,全村1 000多名劳动力累计出义务工10多万人次,修建了18公里长的盘山路,治理山头20多座,造起了层层梯田,修建果园2.6万亩,栽植苹果、李子、桃、板栗40多万株。五味子种植面积达到8 000亩,年产五味子鲜果50万千克,收入达到1 000万元。全村农业总产值达到2 000万元。

二是积极发展村办工业。大梨树村重点发展农产品深加工业,先后兴办起了精湛食品厂、田丰食品厂、水果保鲜库和五味子酒厂等14个村内工业企业,年销售收入达到1.6亿元。其中五味子酒厂年生产能力达到200吨,成为很受市场青睐的保健酒。

三是在发展商贸旅游业上大做文章。1985年投资百万,率先建成了凤城第一家宾馆——龙凤宾馆。1992年又投资2 000万元在凤城市内建成了当时辽东最大的封闭市场——凤泽大市场。接着又在市内建起了龙泽蔬菜批发市场。这两个大市场成为凤城地区集轻工、农贸为一体的商品集散地,年营业额达几亿元,出租柜台收入就达600万元,集体纯利润400万元,还提供了2 000多个就业岗位。此后,又在村内兴建了梨树宾馆、青年点、山寨王酒店等饭店酒店。村里还利用资源优势,建立了生态农业和观光旅游业,开发了花果山区、药王谷、小西湖、小运河、水上游乐园、明清一条街、北方农村影视基地、农业高科技园区和农家院等景点,被誉为现代"桃花源",成为国家特色生态旅游区和省级风景名胜区,近几年共接待来自日本、韩国、美国、俄罗斯的中外旅游观光团体200多个,年旅游综合收入近千万元。

集体经济发展了,村里的公益事业也得到了大发展:投资改造建设村小学教学楼、幼儿园,儿童入学率达到100%;积极引导、鼓励村民学文化,全村已有近500人参加了各类形式的大中专学习、函授和培训,共培育各类专业技术人员180人;定期举办文艺表演、篮球赛和村民运动会,丰富了群众文体生活;村民医疗、养老都有了可靠保障。如今,大梨树是一个富饶美丽、文明和谐、蓬勃向上的新乡村。

三、鼓励农民发展各类专业合作经济和其他生产经营组织形式

国家鼓励农民在家庭承包经营的基础上自愿组成各类专业合作经济组织。农民专业合作经济组织的设立和经营活动依据是《农民专业合作社法》。

第三节 农业生产

适应农业发展新阶段的要求,《农业法》第3章"农业生产"全面规定了国家促进农业生产发展的措施。

一、制定和实施农业发展规划,促进形成合理的农业生产区域布局

农业发展规划,是县级以上人民政府对规划期内农业发展的方向、目标、指导方针、基本任务等所做的全面部署和安排,是指导特定时期全国和各地区农业发展的纲领性政策。合理的农业生产区域布局,是指根据不同地区的资源禀赋、地理区位、农业生产水平、技术条件、生态环境、经济环境、人文历史等因素的差别,因地制宜地确定不同类型区域农业发展的战略目标和战略途径,构建农业优势区域和优势产业带,形成科学合理的地域分工。《农业法》规定,省级以上人民政府农业行政主管部门根据农业发展规划,采取措施发挥区域优势,促进形成合理的农业生产区域布局,

指导和协调农业和农村经济结构调整。

二、支持农民和农业生产经营组织调整和优化农业产业结构

调整和优化农业结构的目标是协调发展种植业、林业、畜牧业和渔业,发展优质、高产、高效益的农业,提高农产品国际竞争力。农业结构调整的方向是:种植业以优化品种、提高质量、增加效益为中心,调整作物结构、品种结构和品质结构;林业加强林业生态建设,实施天然林保护、退耕还林和防沙治沙工程,加强防护林体系建设,加速营造速生丰产林、工业原料林和薪炭林;畜牧业加强草原保护和建设,推广圈养和舍饲,改良畜禽品种,积极发展饲料工业和畜禽产品加工业;渔业生产应当保护和合理利用渔业资源,调整捕捞结构,积极发展水产养殖业、远洋渔业和水产品加工业。

三、加强农业和农村基础设施建设,改善农业生产条件

农业和农村基础设施建设,具有显著的公共物品属性,要求政府肩负起建设主体的职责。各级人民政府应当采取措施,加强农业综合开发和农田水利、农业生态环境保护、乡村道路、农村能源和电网、农产品仓储和流通、渔港、草原围栏、动植物原种良种基地等农业和农村基础设施建设,改善农业生产条件,保护和提高农业综合生产能力。

四、扶持良种选育、生产和推广使用

21世纪世界农产品质量的竞争,核心是良种的竞争。我国动植物良种繁育体系总体上落后于发达国家。国家设立专项资金,用于扶持动植物品种的选育、生产、更新和良种的推广使用,鼓励品种选育和生产、经营相结合,实施种子工程和良禽良种工程。

五、加强农村农田水利建设和管理,发展节水型农业

在众多自然灾害中,水旱灾害危害最重。各级人民政府和农业生产经营组织应当加强农田水利设施建设,建立健全农田水利设施管理制度。同时,严格依法控制非农业建设占用灌溉水源,禁止任何组织和个人非法占用或者毁损农田水利设施。国家对缺水地区发展节水型农业给予重点扶持。

六、推动农业机械化和农业气象事业的发展

国家鼓励和支持农民和农业生产经营组织使用先进、适用的农业机械,加强农业机械安全管理,提高农业机械化水平。国家对农民和农业生产经营组织购买先进农业机械给予扶持。

各级人民政府应当支持为农业服务的气象事业的发展,提高对气象灾害的监测和预报水平。

七、保障农产品质量安全,发展优质农产品生产

(一)保障农产品质量安全

《农业法》第22条规定,"国家采取措施提高农产品的质量,建立健全农产品质量标准体系和质量检验检测监督体系,按照有关技术规范、操作规程和质量卫生安全标准,组织农产品的生产经营,保障农产品质量安全"。2006年施行的《中华人民共和国农产品质量安全法》(以下简称《农产品质量安全法》)为农产品质量安全管理提供了具体依据。

(二)依法建立健全优质农产品认证和标志制度

对优质农产品进行认证和加贴相关标志,是各国运用市场经济

办法对农产品实施质量管理的重要手段。我国目前得到公认的有3种认证制度：绿色食品认证、有机食品认证和无公害农产品认证。符合国家规定的优质农产品可以依照法律或者行政法规的规定申请使用有关的标志。符合规定产地及生产规范要求的农产品可以依照有关法律或者行政法规的规定申请使用农产品地理标志。

八、实行动植物检疫、防疫制度

国家实行动植物防疫、检疫制度，加强对动物疫病和植物病、虫、杂草、鼠害的监测、预警、防治，建立重大动植物疫情和植物病虫害的快速扑灭机制，建设动物无规定疫病区，实施植物保护工程。

九、建立健全农业生产资料质量管理和安全使用制度

(一)农业生产资料生产经营的登记或许可管理

农药、兽药、饲料和饲料添加剂、肥料、种子、农业机械等可能危害人、畜安全的农业生产资料的生产经营，依照相关法律、行政法规的规定，实行登记或许可制度。我国的《农药管理条例》、《兽药管理条例》等对此作了具体规定。

(二)农业生产资料安全使用制度

各级人民政府应当建立健全农业生产资料的安全使用制度，农民和农业生产经营组织不得使用国家明令淘汰和禁止使用的农药、兽药、饲料添加剂等农业生产资料和其他禁止使用的产品。

(三)生产经营者的质量责任

农业生产资料的生产者、销售者应当对其生产、销售的产品的质量负责，违反规定给农业生产造成损害的，依照有关法律规定，承担民事责任和行政责任甚至刑事责任。

第四节 农产品流通、加工和粮食安全

一、农产品流通与加工

《农业法》第 4 章专门规定了农产品流通与加工管理制度。

(一)农产品流通体制

1. 完善农产品购销体制 农产品的购销实行市场调节。国家对关系国计民生的重要农产品的购销活动实行必要的宏观调控,建立中央和地方分级储备调节制度,完善仓储运输体系,做到保证供应,稳定市场。农产品储备调节制度,是政府从市场收购一部分农产品用于专项储备,通过对储备农产品的吞进和吐出调节农产品供求关系,稳定市场价格的制度。主要是建立中央和省级两级储备。

2. 建设农产品市场体系 ①国家逐步建立统一、开放、竞争、有序的农产品市场体系。这是我国农产品市场体系建设的根本目标。②制定农产品批发市场发展规划。③国家扶持农村集体经济组织和农民专业合作经济组织建立农产品批发市场和农产品集贸市场。④依法管理,规范秩序。县级以上人民政府工商行政管理部门和其他有关部门按照各自的职责,依法管理农产品批发市场,规范交易秩序,防止地方保护与不正当竞争。

3. 鼓励和支持发展多种形式的农产品流通活动 支持农民和农民专业合作组织按照国家有关规定从事农产品收购、批发、贮藏、运输、零售和中介活动。鼓励供销合作社和其他从事农产品购销的农业生产经营组织提供市场信息,开拓农产品流通渠道,为农产品销售服务。县级以上人民政府应当采取措施,督促有关部门保障农产品运输畅通,降低农产品流通成本。有关行政管理部门应当简化手续,方便鲜活农产品的运输,除法律、行政法规另有规

定外,不得扣押农产品的运输工具。

(二)支持农产品加工业和食品工业发展

县级以上人民政府应当制定农产品加工业发展规划,引导农产品加工企业形成合理的区域布局和规模结构,扶持农民专业经济组织和乡镇企业从事农产品加工和综合开发利用。国家建立健全农产品加工制品质量标准,完善检测手段,加强农产品加工过程中的质量安全管理和监督,保障食品安全。

(三)鼓励发展农产品进出口贸易

国家采取加强国际市场研究、提供信息和营销服务等措施,促进农产品出口。通过对主要农产品事先确定预警线,及时收集整理及发布国际农产品市场信息,建立农产品进出口预警制度。

二、粮食安全

《农业法》第5章"粮食安全"规定了保障粮食安全的五项措施。

(一)保护粮食生产能力,建立耕地保护制度

《农业法》第31条规定:"国家采取措施保护和提高粮食综合生产能力,稳步提高粮食生产水平,保障粮食安全。国家建立耕地保护制度,对基本农田依法实行特殊保护"。《土地管理法》和《基本农田保护法》规定了农村土地用途管制制度、严格征地审批制度和基本农田保护制度等项制度。

(二)重点扶持粮食主产区

国家在政策、资金、技术等方面对粮食主产区给予重点扶持,建设稳定的商品粮生产基地,改善粮食收贮及加工设施,提高粮食生产区的粮食生产、加工水平和经济效益。国家支持粮食主生产区与主销区建立稳定的购销合作关系。

(三)有条件地实行粮食保护价收购

国务院对部分粮食品种实行保护价收购制度。县级以上人民政府应当组织财政、金融等部门以及国家委托的收购单位及时筹足粮食收购资金,任何部门、单位和个人不得截留或者挪用。

(四)建立粮食安全预警制度和粮食储备制度

国家建立粮食安全预警制度,确立适当的粮食安全保障目标、粮食储备数量指标、粮食生产能力及耕地数量指标,采取措施保障粮食供给。国家对粮食实行中央和地方分级储备调节制度,建立仓储运输体系。

(五)建立粮食风险基金

粮食风险基金是政府调控粮食市场的专项资金,由中央财政和省级财政按规定比例共同筹集,用于支持粮食储备、稳定粮食市场和保护农民利益。

第五节 农业投入与支持保护

一、建立和完善农业支持保护体系

(一)建立和完善农业支持保护体系的基本政策措施

国家采取财政投入、税收优惠、金融支持等措施,从资金投入、科研与技术推广、教育培训、农业生产资料供应、市场信息、质量标准、检验检疫、社会化服务以及灾害救助等方面扶持农民和农业生产经营组织发展农业生产,提高农民的收入水平。对农民实施收入支持政策。

(二)提高财政农业投入的总体水平

中央和县级以上地方财政每年对农业总投入的增长幅度应当高于其财政经常性收入的增长幅度。财政支农的重点主要用于:加强农业基础设施建设;支持农业结构调整,促进农业产业化经营;保护粮食综合生产能力,保障国家粮食安全;健全动植物检疫、防疫体系,加强动物疫病和植物病、虫、杂草、鼠害防治;建立健全农产品质量标准和检验检测监督体系、农产品市场及信息服务体系;支持农业科研教育、农业技术推广和农民培训;加强农业生态环境保护建设;扶持贫困地区发展;保障农民收入水平等。这样规定,对改变财政农业投入使用结构上生产性支出少而流通环节补贴过高及事业费比例过大的问题很有针对性。

(三)鼓励其他主体向农业投资

国家运用税收、价格、信贷等手段,鼓励和引导农民和农业生产经营组织增加农业生产经营性投入和小型农田水利等基本建设投入。这些经营性投资可以通过市场机制得到回报,因而可以主要由农民承担,国家通过经济杠杆给予鼓励和引导。

国家鼓励社会资金投向农业,鼓励企业事业单位、社会团体和个人捐资设立各种农业建设和农业科技、教育基金。国家采取措施促进农业利用外资。

二、发展农村社会化服务事业

(一)建立主体多元、社会与政府相结合的农业信息服务体系

各级政府应当鼓励和支持企业事业单位及其他各类经济组织开展农业信息服务。许多农业信息属于公共物品,县级以上人民政府农业行政主管部门及其他有关部门应当建立农业信息搜集、整理和发布制度,及时向农民和农业生产经营组织提供市场信息服务。

(二)鼓励和扶持农用工业的发展

农业发展新阶段的重要特点之一,是从传统的主要依靠活劳动投入转向依靠资金、物质、技术投入,需要发展农用工业为其提供武装,但这同时必然会引起农产品生产成本上升,降低农业生产资料价格是必须解决的问题。因此,国家采取税收、信贷等手段鼓励和扶持农业生产资料的生产和贸易,为农业生产稳定增长提供物质保障。国家采取宏观调控措施,使化肥、农药、农用薄膜、农业

机械和农用柴油等主要农业生产资料和农产品之间保持合理的比价。

(三)支持建立农业社会化服务体系

国家鼓励供销合作社、农村集体经济组织、农民专业合作经济组织、其他组织和个人发展多种形式的农业生产产前、产中、产后的社会化服务事业。县级以上人民政府及其各有关部门应当采取措施对农业社会化服务事业给予支持。对跨地区从事农业社会化服务的,农业、工商管理、交通运输、公安等有关部门应当采取措施给予支持。

(四)加强农村金融体系建设

农村金融体系是以合作金融为基础,商业性金融、政策性金融分工协作形成的整体。农村金融体系建设包括以下4项措施:①国家建立健全农村金融体系,加强农村信用制度建设,加强农村金融监管。②有关金融机构应当采取措施增加信贷投入,改善农村金融服务,对农民和农业生产经营组织的农业生产经营活动提供信贷支持。③农村信用合作社应当坚持为农业、农民和农村经济发展服务的宗旨,优先为当地农民的生产经营活动提供信贷服务。④为了改变农村剩余资本非农化的倾向,国家通过贴息等措施,鼓励金融机构向农民和农业生产经营组织的农业生产经营活动提供贷款。

(五)建立和完善农业保险制度

我国农业保险体系由政策性保险、合作保险和商业保险3种保险构成。国家逐步建立和完善政策性农业保险制度,鼓励和扶持农民和农业生产经营组织建立为农业生产经营活动服务的互助合作保险组织,鼓励商业性保险公司开展农业保险业务。保险关系属于合同关系,因此,农业保险实行自愿原则。

(六)实行农业灾害救助制度

灾害救助,是指国家和社会依法向因遭受自然灾害袭击而造成生活贫困的社会成员提供一定的物质帮助,以保证其维持最低生活水平,帮助其恢复自主生存能力的社会保障制度。农业灾害救助还包括防灾在内。《农业法》将农业灾害救助确定为政府职责,规定各级人民政府应当采取措施提高农业防御自然灾害的能力,做好防灾、抗灾和救灾工作,帮助灾民恢复生产,组织生产自救,开展社会互助互济;对没有基本生活保障的灾民给予救助和救济。

第六节 农业科技与农业教育

《农业法》第7章"农业科技与农业教育"集中规定了国家推动农业科技和农业教育发展、落实科教兴农战略的制度措施。《农业技术推广法》对发展农业技术推广事业规定了具体措施。

一、推动农业科技与农业教育事业发展

国务院和省级人民政府应当制定农业科技、农业教育发展规划,发展农业科技、教育事业。加速发展农业科技与农业教育事业的整个基础,是加大投入,包括增加财政农业科技、教育经费和多渠道增加投入。县级以上人民政府应当按照国家有关规定逐步增加农业科技经费和农业教育经费。国家鼓励、吸引企业等社会力量增加农业科技投入,鼓励农民、农业生产经营组织、企业事业单位等依法举办农业科技、教育事业。

二、促进农业科学技术进步

促进农业科技进步包括四项基本措施。

一是国家保护植物新品种、农产品地理标志等知识产权。植物新品种,是指经过人工培育的或者对发现的野生植物加以开发形成的,具有新颖性、特异性、一致性和稳定性,并有适当命名的植物品种。《种子法》对植物新品种保护做了具体规定。运用知识产

权制度保护植物新品种及农产品地理标志,将成为农业科学研究的巨大制度推动力。

二是鼓励和引导农业科研、教育单位加强农业科学技术的基础研究和应用研究,传播和普及农业科学技术知识。

三是加速农业科技成果转化与产业化。

四是组织科技攻关,促进国际农业科技、教育合作与交流。国务院有关部门应当组织农业重大关键技术的科技攻关。国家采取措施促进国际农业科技、教育合作交流,鼓励引进国外先进技术。

三、加强农业技术推广

(一)农业技术推广的一般规定

农业技术推广,是指通过试验、示范、培训、指导以及咨询服务等,把农业技术普及应用于农业产前、产中、产后全过程的活动。《农业法》第50~52条对农业技术推广体系、主体、推广活动作了规定。《农业技术推广法》对农业技术推广体系、农业技术的推广与应用、农业技术推广的保障措施做了具体规定。

1. 建立三个"结合"的农业技术推广体系 国家扶持农业技术推广事业,建立政府扶持和市场引导相结合,有偿与无偿服务相结合,国家农业技术推广机构和社会力量相结合的农业技术推广体系,促进先进的农业技术尽快应用于农业生产。

2. 农业技术推广遵循的原则 ①有利于农业、农村经济可持续发展和增加农民收入;②尊重农业劳动者和农业生产经营组织的意愿;③因地制宜,经过试验、示范;④公益性推广与经营性推广分类管理;⑤兼顾经济效益、社会效益,注重生态效益。

(二)农业技术的推广体系

1. 农业技术推广组织体系 农业技术推广,实行国家农业技术推广机构与农业科研单位、有关学校、农民专业合作社、涉农企业、群众性科技组织、农民技术人员等相结合的推广体系。

国家鼓励和支持供销合作社、其他企业事业单位、社会团体以及社会各界的科技人员,开展农业技术推广服务。

2. 农业技术推广机构的职责 各级国家农业技术推广机构属于公共服务机构,履行下列公益性职责:①各级人民政府确定的关键农业技术的引进、试验、示范;②植物病虫害、动物疫病及农业灾害的监测、预报和预防;③农产品生产过程中的检验、检测、监测咨询技术服务;④农业资源、森林资源、农业生态安全和农业投入品使用的监测服务;⑤水资源管理、防汛抗旱和农田水利建设技术服务;⑥农业公共信息和农业技术宣传教育、培训服务;⑦法律、法规规定的其他职责。

3. 农业技术推广机构的设置 根据科学合理、集中力量的原则以及县域农业特色、森林资源、水系和水利设施分布等情况,因地制宜设置县、乡镇或者区域国家农业技术推广机构。国家农业技术推广机构的岗位设置应当以专业技术岗位为主。乡镇国家农业技术推广机构的岗位应当全部为专业技术岗位,县级国家农业技术推广机构的专业技术岗位不得低于机构岗位总量的80%,其他国家农业技术推广机构的专业技术岗位不得低于机构岗位总量的70%。

(三)农业技术的推广与应用

重点项目列入科技发展计划,结合需要开展研究。重点农业技术推广项目应当列入国家和地方有关科技发展的计划,由农业技术推广行政部门和科学技术行政部门按照各自的职责,相互配合,组织实施。农业科研单位和有关学校应当把农业生产中需要解决的技术问题列为研究课题,其科研成果可以通过有关农业技术推广单位进行推广或者直接向农业劳动者和农业生产经营组织推广。

向农业劳动者和农业生产经营组织推广的农业技术,必须在推广地区经过试验证明具有先进性和适用性。推广未经试验证明具有先进性、适用性或者安全性的农业技术,造成损失的,应当承担赔偿责任。

农业劳动者和农业生产经营组织根据自愿的原则应用农业技术,任何单位或者个人不得强迫。强迫农业劳动者、农业生产经营组织应用农业技术,造成损失的,依法承担赔偿责任。

国家鼓励和支持农业劳动者和农业生产经营组织参与农业技术推广活动。农业劳动者和农业生产经营组织在生产中应用先进的农业技术,有关部门和单位应当在技术培训、资金、物资和销售等方面给予扶持。国家鼓励和支持农民专业合作社、涉农企业,采取多种形式,为农民应用先进农业技术提供有关的技术服务。国家鼓励和支持以大宗农产品和优势特色农产品生产为重点的农业示范区建设,发挥示范区对农业技术推广的引领作用,促进农业产业化发展和现代农业建设。

各级人民政府可以采取购买服务等方式,引导社会力量参与公益性农业技术推广服务。

(四)农业技术推广的保障措施

1. 国家农业技术推广机构向农业劳动者推广农业技术,实行无偿服务 国家农业技术推广机构以外的单位及科技人员以技术转让、技术服务、技术承包、技术咨询和技术入股等形式提供农业技术的,可以实行有偿服务,其合法收入与植物新品种、农业技术专利等知识产权受法律保护。进行农业技术转让、技术服务、技术承包、技术咨询和技术入股,当事人各方应当订立合同,约定各自的权利和义务。

2. 农业技术推广的资金投入保障 国家逐步提高对农业技术推广的投入。各级人民政府在财政预算内应当保障用于农业技术推广的资金,并按规定使该资金逐年增长。同时,各级人民政府通过财政拨款以及从农业发展基金中提取一定比例的资金的渠道,筹集农业技术推广专项资金,用于实施农业技术推广项目。中央财政对重大农业技术推广给予补助。

3. 农业技术推广机构的工作条件保障 各级人民政府应当采取措施,保障和改善县、乡镇国家农业技术推广机构的专业技术人员的工作条件、生活条件和待遇,并按照国家规定给予补贴,保持国家农业技术推广队伍的稳定。对在县、乡镇、村从事农业技术推广工作的专业技术人员的职称评定,应当以考核其推广工作的业务技术水平和实绩为主。

各级人民政府应当采取措施,保障国家农业技术推广机构获得必需的试验示范场所、办公场所、推广和培训设施设备等工作条件。

四、发展农业教育事业

我国《教育法》、《义务教育法》、《职业教育法》等对包括发展农村教育在内的教育制度做了系统规定,《农业法》根据发展农业教育的特殊要求做了进一步规定,包括农村义务教育、农业职业教育和农民技术培训等内容。

(一)农村义务教育

国家在农村依法实施义务教育,并保障义务教育经费。国家在农村举办的普通中小学校教职工工资由县级人民政府按照国家规定统一发放,校舍等教学设施的建设和维护经费由县级人民政府按照国家规定统一安排。

(二)农村职业教育

国家发展农业职业教育。国务院有关部门按照国家职业资格证书制度的统一规定,开展农业行业的职业分类、职业技能鉴定工作,管理农业行业的职业资格证书。

(三)农民技术培训

国家采取措施鼓励农民采用先进的农业技术、支持农民举办各种科技组织,开展实用技术培训、绿色证书培训和其他就业培训,提高农民的文化技术素质。

第七节 农民权益保护

农民既是国家的主人,又是发展农业和农村经济的主体,保护农民权益,事关农村改革、发展、稳定的大局。《农业法》第9章"农民权益保护"对此作了专门规定。

一、农民经济负担的法律保护

(一)关于农民收费、罚款、摊派的法律规定

①任何机关或者单位向农民或者农业生产经营组织收取行政、事业性费用必须依据法律、法规的规定;进行罚款必须依据法律、法规、规章的规定。没有上述依据的收费、罚款,农民和农业生产经营组织有权拒绝。

②除法律、法规另有规定外,任何机关或者单位以任何方式要求农民和农业生产经营组织提供人力、财力、物力的,属于摊派,农民和农业生产经营组织有权拒绝。

(二)关于集资、达标活动及筹资筹劳的规定

①各级政府及其有关部门和所属单位不得以任何方式向农民和农业生产经营组织集资。

②没有法律、法规依据或者未经国务院批准,任何机关或者单位不得在农村进行任何形式的达标、升级活动。

③农村集体经济组织或者村民委员会为发展生产或者兴办公益事业,需要向其成员(村民)筹资筹劳的,应当经成员(村民)会议或其代表会议过半数通过,但其数额不得超过省级以上人民政府规定的控制标准,并禁止强行以资代劳。

④农村集体经济组织和村委会对涉及农民利益的重要事项,应当向农民公开,并定期公布财务账目,接受农民监督。

二、农民土地权利的法律保护

国家征用农民集体所有的土地,应当保护农民和农村集体经济组织的合法权益,依据《土地管理法》的规定给予征地补偿,包括土地补偿费、安置补助费及地上附着物和青苗补助费,任何单位和个人不得截留挪用。

各级政府和村集体在土地承包经营权流转等过程中不得侵犯农民的承包经营权、干涉农民自主的生产经营项目、强迫农民购买指定的生产资料或者按指定的渠道销售农产品。

三、农民在接受社会化服务中的权利保护

向农民或者农业生产经营组织提供生产、技术信息、文化、保险等有偿服务,必须坚持自愿原则,不得强迫。农产品收购单位在收购农产品时,不得压级压价,除依法代扣、代收税款外,不得在支付的价款中支付任何费用。

农业生产资料使用者因生产资料质量问题遭受损失的,出售该生产资料的经营者应当予以赔偿,赔偿额包括购货价款、有关费用和可得利益损失。这并不意味免除生产者的责任,其产品质量责任由销售者依法或依约定追偿。

四、农民的行政请求权和司法请求权

农民或者农业生产经营组织为维护自身的合法权益,有向各级人民政府及其有关部门反映情况和提出合法要求的权利,人民政府及其有关部门对农民或者农业生产经营组织提出的合理要求,应当按照国家规定及时给予答复。

违反法律规定,侵犯农民权益的,农民或者农业生产经营组织可以依法申请行政复议或者向人民法院提起诉讼。人民法院和司法行政机关应当依照有关规定为农民提供法律援助。

第八节 农村经济发展

《农业法》第 10 章"农村经济发展"规定了农村经济发展方针是国家坚持城乡协调发展的方针,扶持农村第二、第三产业发展,调整和优化农村经济结构,增加农民收入,促进农村经济全面发展,逐步缩小城乡差别。城乡协调发展,农业和农村经济发展整体推进,是解决农村、农业和农民问题的新思路。

一、发展农村经济的各项具体措施

(一)发展乡镇企业

国家完善乡镇企业发展的支持措施,引导乡镇企业优化结构,更新技术,提高素质。《乡镇企业法》规定了国家采取税收、信贷、设立乡镇企业发展基金等扶持乡镇企业发展的措施。中小型乡镇企业同时适用《中小企业促进法》的规定。

(二)推进小城镇建设

县级以上地方人民政府应当根据当地的经济发展水平、区位优势和资源条件,按照合理布局、科学规划、节约用地的原则,有重点地推进农村小城镇建设。地方各级人民政府应当注重运用市场机制,完善相应政策,吸引农民和社会资金投资小城镇开发建设,发展第二、第三产业,引导乡镇企业相对集中发展。

(三)促进农村富余劳动力有序流动

国家采取措施引导农村富余劳动力在城乡、地区间合理有序流动。地方各级人民政府依法保护进入城镇就业的农村劳动力的合法权益,不得设置不合理限制,已经设置的应当取消。进入城镇就业的农村劳动力的合法权益包括:作为公民的平等权等基本权利,作为集体经济组织成员的土地承包权等权利,作为劳动者依据《劳动法》和《劳动合同法》规定的权利。

二、发展农村社会保障事业

一是国家逐步完善农村社会救济制度,保障农村五保户、贫困残疾农民、贫困老年农民和其他丧失劳动能力的农民的基本生活。

二是国家鼓励、支持农民巩固和发展农村合作医疗和其他医疗保障形式,提高农民健康水平。

三是国家实行开发式扶贫方针,扶持贫困地区经济发展。国家扶持贫困地区改善经济发展条件,帮助其进行经济开发。

四是增加扶贫资金投入并加强使用监督。中央和省级财政应当把扶贫开发投入列入年度财政预算,并逐步增加,加大对贫困地区的财政转移支付和建设资金投入。国家鼓励和扶持金融机构、其他企业事业单位和个人投入资金支持贫困地区开发建设。

第四章 农业结构与产业化政策

农业结构有狭义和广义之分。狭义的农业结构是指农业部门结构,包括种植业、林业、畜牧业和渔业即四大农业产业的构成及其比例关系,其中还包括农业各产业内部各业之间及其品种的构成比例。广义的农业结构除包含上述内容外,还包括农业生产与农村其他产业的构成比例及相互关系,以及农业生产的区域结构,即由不同地区的自然地理气候条件和农业生产力特点所决定的农业生产和品种分布结构。

第一节 农业结构政策目标

一、农业结构政策目标概述

农业结构政策就是适应国民经济发展和人民生活水平的不断提高,不断调整农业结构内部各种资源和生产要素构成及其比例的手段和措施。也就是对农业结构原有的组成情况和比例关系进行重组,对农业资源进行重新配置并实施相应的技术措施,以使其适应客观环境及其变化要求,在生产和经营过程中发挥更大的作用和效益。我国农业结构政策总目标主要是保障粮食供给、提高资源利用水平和配置效率。

(一)保障粮食供给

我国虽然是农业大国,但更是人口大国,因而保障粮食供给,是关系经济安全和国计民生的重大战略问题,处理好粮食问题是农业结构调整政策的重点。经过多年艰苦努力,我国在20世纪90年代中期粮食生产能力达到了5亿吨的水平,终于实现了粮食供求基本平衡的历史性跨越。正是有了这个前提,我们才有条件推进农业和农村经济结构的战略性调整。

(二)提高资源利用水平和配置效率

进入21世纪后,农业发展的约束条件已经发生了较大的改变,不同区域应结合农业发展新阶段的特点和发展目标,充分利用国际和国内两个市场,发挥区域比较优势,在更大范围内合理配置生产要素,提高资源利用水平和配置效率。

(三)发展高产优质高效农业

大力发展高产优质高效农业是我国发展现代农业的必由之路。"高产"就是提高资源尤其是土地的单位产出率,包括提高农、林、牧、渔等多种农产品的产出,重点是提高单位面积产量;"优质"就是提高各种农产品的品质,包括品种改良、产品优质、结构优化等;"高效"就是提高农业综合效益,以提高经济效益为中心,兼顾社会效益和生态效益,实现三个效益的统一。

二、农业结构调整的基本思路

在综合考虑农业自然资源状况、经济发展水平、市场条件,以及农业长期发展所形成的产业基础等因素,现将基于比较优势的农业结构调整的基本思路概述如下。

(一)沿海和经济发达区

这类区域自然条件较优越,农业生产力水平较高,农村非农产业比较发达,城市化水平较高,沿海地区毗邻港澳台及日、韩和东南亚市场。农业结构调整的基本方向是,面向国际市场,大力发展高科技农业、出口创汇农业和高附加值农产品,加快推进产业化经营,把农业建设成为具有较强国际竞争力的基础产业,率先基本实现农业现代化。

农业结构调整的重点,一是以标准化、优质化、规模化为重点,大力发展名特优新蔬菜、水果、花卉、苗木等园艺产业;二是以设施化养殖为重点,大力发展优质、多样化畜产品和名特优水产品为主的养殖业;三是以加快农业高新技术成果转化为重点,大力发展现代生物技术产业;四是以提高附加值为重点,大力发展农产品加工业,实行农业产业化经营。

(二)粮棉主产区

这类区域是我国大宗农产品的集中产区,农业生产基础较好,具有发展粮、棉、油等大宗产品生产的明显优势。农业结构调整的基本方向是:压缩普通品种,发展适应加工需要的优质、专用品种,提高产品质量和竞争力;大力发展养殖业,建成全国最大的畜产品生产基地;加快发展农产品加工业,促进粮食转化,延长产业链条。

农业结构调整重点:一是稳定提高粮、棉、油等产品综合生产能力。加强商品粮基地、加工专用粮和饲料粮基地建设,提高优质专用粮食的标准化、规模化生产水平。二是积极发展畜牧业。充分利用农区丰富的粮食和作物秸秆资源,加快发展适度规模的家庭养殖和专业小区养殖。调整畜禽品种结构,积极发展草食型畜牧业。加强畜禽良种繁育体系和疫病防治体系建设,实行农牧结合。三是推进粮、棉、油等大宗农产品产业化经营。

(三)大城市郊区

大城市郊区农业是我国农业中的一种特殊类型,市场区位优势明显,农业现代化水平较高,具有显著的多功能特征。农业结构调整的基本方向是:以服务城市为中心,注重近郊区和远郊区的合理分工,着力发展集生产、生态、文化、观光、教育等功能于一体的现代化都市农业。

农业结构调整的重点:一是提高农产品质量安全水平。大力发展无公害农产品、绿色食品和有机食品,搞好农产品的分级、加工、包装、贮藏和运输,积极发展集中配送、连锁经营等现代营销方式。二是完善农产品市场和信息服务体系。近郊区市场信息灵敏,应加强销地批发市场和信息服务基础设施建设,把近郊区建成农产品和市场信息集散中心。三是大力发展设施农业。四是积极发展观光生态农业。重点加强远郊区生态环境的保护和建设,为市民提供"回归自然"的良好生态环境,逐步建设成为大城市的绿色生态屏障。

(四)生态脆弱区

这类区域生态环境十分脆弱,但具备发展特色农产品、草地畜牧业和生态渔业的优势。农业结构调整的基本方向是,结合退耕还林、还草、还湖,大力发展节水农业、生态农业和特色农业,切实提高牧区畜牧业发展水平,把保护和建设生态环境与增加农民收入结合起来。

农业结构调整的重点:一是加快退耕还林、还草、还湖步伐。二是大力发展特色农业。加快发展优质棉花、糖料、水果、蔬菜、花卉、中药材、牧草、烟叶、茶叶、蚕桑、脱毒种薯和名特优水产品等具有传统优势的产品生产。三是大力发展特色农产品加工业。

【案例4-1】 河北保定农业结构调整的实践[①]

保定市素有"京畿首善之地"之称。近年来,保定市委、市政府大力实施对外开放、科教兴农、可持续发展战略,按着"一牧、二菜、三林果"的农业结构调整的总体发展思路,抓调整、扩规模、搞加工、上水平,促进了全市农业和农村经济的持续、健康、快速发展。

畜牧水产业蓬勃发展。目前已经形成了由瘦肉猪、鲜奶、肉牛、肉羊、蛋鸡、水产品构成的"一带六区"区域特色养殖业基地,涌现出了龙飞集团、天香乳业、兴达集团、唐县肉联总公司、顺发公司、保定市肉联厂、唐县富华公司等一批养殖、加工、销售龙头企业,初步形成了瘦肉猪、奶牛、肉羊、蛋鸡、肉鸡5条龙型经济产业。培育出了保定瘦肉猪、城郊型奶牛养殖、唐县小尾寒羊、顺平肠衣、高阳保健蛋、西部山区柴鸡、涞源彩虹鳟等特色产业和"兴达"牌肉

[①] 资料来源于实地调查和保定市农业局的材料

第四章　农业结构与产业化政策

猪、"王宗"牌熏肉、"莲池"牌猪肉系列产品、"唐尧"牌羊肉、"天香"牌乳制品、"妙士"一品乳、"派山"牌蜂蜜和"白洋淀"河蟹等一批全省乃至全国名牌产品。

无公害蔬菜迅速发展。目前,全市实现无公害蔬菜标准化生产面积260多万亩,通过省级认证的无公害农产品生产基地51个,面积72万亩;西红柿、黄瓜、甘蓝、韭菜等23个蔬菜品种获得了无公害农产品标志使用权,有11种产品获得绿色食品A级认证;全市注册无公害农产品商标36个,建成了定州蔬菜、徐水西红柿、满城草莓等8个河北蔬菜特产之乡。

林果产业颇具特色。全市现有大型果园16万个,林果业总产值37.5亿元。随着产业结构的调整,全市形成了"顺富"牌苹果和大久保桃、"九月九"牌磨盘柿、"白石山"牌薄皮核桃、阜平大枣、河北鸭梨以及河北天丰农产公司生产的"美美"牌名优系列出口果品等"六大"果品集中栽培区。

三、促进农业结构调整的主要措施

(一)制定规划,加强宏观指导

农业区域结构调整是一项长期任务。各级政府要根据所在区域农业结构调整的方向和重点,深入研究分析本地比较优势,从实际出发,树立全局观念,着眼农业长远发展,研究制定本地农业区域布局规划和实施意见。

(二)研究制定农业产业的区域发展政策,引导和扶持区域主导产业的发展

对沿海和经济发达地区,应研究制定包括优良品种引进、名牌产品开发、农产品出口退税率提高等一系列鼓励农产品出口创汇的政策,扶持外向型农业的发展。对大城市郊区,扶持建立无公害农产品生产基地。对粮棉主产区,要研究制定促进粮棉等大宗农产品及畜产品加工转化的扶持政策。对生态脆弱区,要加大生态

环境保护和建设的投入,研究制定扶持特色农产品、生态农业和节水农业基地建设的政策。

(三)推进优势农产品区域布局

以优质水稻、优质专用小麦、加工专用玉米、优质大豆、棉花、"双低"油菜、糖料、水果、牛羊肉、奶、水产品等为重点,采取一个产品制定一个规划,确定一些重点生产区域,建立一批标准化生产示范园区,选择一批龙头企业,推广一系列配套技术,制定扶持政策,扶持发展壮大一批优势农产品产业带和产业区,引导和带动农业区域布局的调整。

(四)加强质量标准体系建设,引导农业标准化生产

适应加入WTO和提高农产品质量安全水平的要求,借鉴发达国家农业标准化工作经验,特别是要针对农产品主要出口国农产品质量标准,加强农业质量标准体系建设,抓紧制定、修订与国际接轨的农产品质量标准,完善国家和农业行业质量标准,制定生产技术规程,完善农产品检测检验体系,引导农业企业、农民合作经济组织和农产按标准组织生产,提高农产品质量水平,增强农产品竞争力。

(五)加强市场体系建设,搞好产销衔接

调整布局和重点,建设一批有区域特色的产地批发市场和农业信息服务体系。重点抓好主产区批发市场建设。完善农产品供求和价格信息采集系统、农业环境和农产品质量信息系统,尽快健全辖区内县级信息服务网络系统,并向这些县所属的乡镇、农产品批发市场、龙头企业、中介组织、农民专业协会和种养运销大户延伸。加强产销衔接,规范市场秩序,促进竞争、统一、开放、有序的全国大市场的形成。

(六)调整农业科技力量区域布局,有针对性地推广成套农业技术

适应各区域重点产业和产品发展的需要,优化农业科技力量布局,调整科技研究与技术推广的方向和重点,改革和完善农业科技推广体系,开展区域性重大科研攻关,有针对性地引进、培育和推广一批符合区域特点与调整方向的优良品种和配套栽培技术,加强农民实用技术培训,为发挥区域比较优势提供技术支撑。

第二节　农业产业化政策

农业产业化是以市场为导向,以经济效益为中心,以主导产业、产品为重点,优化组合各种生产要素,实行区域化布局、专业化生产、规模化建设、系列化加工、社会化服务、企业化管理,形成种养加、产供销、贸工农、农工商、农科教一体化经营体系,使农业走上自我发展、自我积累、自我约束、自我调节的良性发展轨道的现代化经营方式和产业组织形式。其本质是对传统农业进行技术改造,推动农业科技进步的过程。这种经营模式能够从整体上推进传统农业向现代农业转变,是加速农业现代化的有效途径。

一、农业产业化政策演变

党中央、国务院对农业产业化经营十分重视。1996年1月,《中共中央国务院关于"九五"时期和今年农村工作的主要任务和政策措施》强调,要大力发展贸工农一体化经营,加速农村经济向商品化、产业化、现代化的转变。1996年3月由八届全国人大四次会议审议通过的《中华人民共和国国民经济和社会发展"九五"计划和2010年远景目标纲要》明确指出,大力发展贸工农一体化经营,积极推进农业产业化经营。

进入20世纪之后,比较有代表性的政策主要体现在历年的中央一号文件中。2006年农业部正式颁布了《关于加快发展农业产业化经营的意见》。意见明确提出了发展农业产业化经营的指导思想,要围绕社会主义新农村建设加快农业产业化发展,以新农村建设和和谐社会建设为统领,以推进现代农业建设为主要任务,以培育壮大龙头企业和提高农业组织化程度为关键,以完善带动农户的组织制度和利益联结机制为核心,以建设标准化生产基地为基础,围绕农业增效、农民增收和农产品竞争力增强,坚持科技先导,创新体制机制,重点发展精深加工,通过市场引导、龙头带动、农民参与、政策扶持、政府服务,全面提高农民组织化、农业现代化、农村城镇化水平。

2011年农业部又颁布了《农业部关于创建国家农业产业化示范基地的意见》,提出农业产业化示范基地建议的指导思想是:必须紧紧围绕转变农业发展方式,以促进现代农业建设和农民增收为目标,推进龙头企业集群发展,集成优化资源配置;加快科技进步与创新,提升农业整体竞争力;完善产业链建设,构建现代农业产业体系;引导龙头企业与农民专业合作社有效对接,创新农业产业化发展模式,提高农业组织化水平,增强辐射带动能力,推动农业产业化跨越发展。主要目标是通过创建农业产业化示范基地,到"十二五"期末,力争实现"四大一创新"的发展目标:做大龙头企业,加强企业联合合作,培育一批产业关联紧密、分工协作、功能互补的大型龙头企业集群;做大农业生产基地,推进农业生产经营专业化、标准化、规模化、集约化,建设一批与优势产区有效对接的大型生产基地;做大农产品品牌,强化农产品质量管理,打造一批产品竞争力强、市场占有率高、影响范围广的大品牌;做大农产品流通,积极推进批发市场改造升级,大力发展电子商务等现代物流方式,构建高效、便捷、快速的农产品大流通体系;创新农业经营体制机制,建立龙头企业、专业合作社、农户之间的新型利益联结关系,探索发展农业投融资、科技研发推广、风险保障等机制。

2012年国务院颁布《国务院关于支持农业产业化龙头企业发展的意见》。明确提出农业产业化发展的总体思路是坚持为农民服务的方向,以加快转变经济发展方式为主线,以科技进步为先

第四章 农业结构与产业化政策

导,以市场需求为坐标,加强标准化生产基地建设,大力发展农产品加工,创新流通方式,不断拓展产业链条,推动龙头企业集群集聚,完善扶持政策,强化指导服务,增强龙头企业辐射带动能力,全面提高农业产业化经营水平。发展农业产业化的主要目标是培育壮大龙头企业,打造一批自主创新能力强、加工水平高、处于行业领先地位的大型龙头企业;引导龙头企业向优势产区集中,形成一批相互配套、功能互补、联系紧密的龙头企业集群;推进农业生产经营专业化、标准化、规模化、集约化,建设一批与龙头企业有效对接的生产基地;强化农产品质量安全管理,培育一批产品竞争力强、市场占有率高、影响范围广的知名品牌;加强产业链建设,构建一批科技水平高、生产加工能力强、上中下游相互承接的优势产业体系;强化龙头企业社会责任,提升辐射带动能力和区域经济发展实力。

【案例 4-2】 找准定位谋发展——河北涞水麻核桃产业辐射全县[①]

"小小麻核桃,房前屋后栽,农户不用找市场,买主主动上门来"。这是流传于河北保定涞水县的一句普普通通的顺口溜。麻核桃变成了"摇钱树",一对小小的麻核桃竟然卖出一辆车的价钱。

麻核桃为河北特产,俗称"耍核桃",因其壳纹美观,果形独特,常被制作成精美的工艺品或直接作为中老年人舒筋活络的手玩物。麻核桃作为玩物的历史可追溯到唐朝,据说,清乾隆皇帝非常欣赏麻核桃,引得许多王爷和大臣也跟着热衷起来。

涞水属于典型的山区县,山丘区面积达 80% 以上。由于自然条件的限制,2000 年初期以前属于典型的贫困县。2003 年起,该县积极进行产业结构调整,把发展麻核桃作为农民致富的特色产

---

① 资料来源于 2013 年 06 月燕赵都市网 http://yanzhao.yzdsb.com.cn/system/2013/06/28.shtml

业来抓。一方面做好典型示范,通过邀请林果技术专家讲课、现场指导,帮助农民解决施肥、防治病虫害、嫁接、剪枝等技术难题,几年下来就培训出农民土专家100多人,全县种植麻核桃的规模不断壮大,成为重要的核桃种植基地。另一方面,邀请其他乡镇农民到基地参观学习,通过种植大户现身说法,辐射带动其他乡镇发展。同时,还不断改良品种,从10多个品种发展到现在的30多个品种;而且,改良后的品种花纹更加细密,木质更加坚硬,形状更加好看。

村民孙悦自2002年开始嫁接种植麻核桃,现已经发展到100多棵,有红狮子头、白狮子头、官帽、虎头、公子帽等十几个品种,今年仅麻核桃一项收入就达到50多万元。南安庄的李旺,2006年嫁接的一颗白狮子头,今年就接成了一对,由于个大、品相好,刚一下树,就被北京的一古玩店客商相中,并以5万元的价钱买走。他手指着院内的一棵"南港石"兴奋地说,这棵树嫁接了4年,今年光卖核桃就卖了10万多元。

良好的经济效益,激发了农民发展麻核桃的积极性,目前全县麻核桃专业种植村已经发展到了30多个。其中,多数村庄以前人均收入还不足1000元,自发展麻核桃后现在人均收入已达2万多元。

随着麻核桃产业的发展壮大,该县还成立了广林麻核桃专业合作社,为种植户提供产前、产中、产后一条龙服务,并对麻核桃种植户提供政策和资金支持。可观的经济收入、稳定的销售渠道和一系列的保护措施,使麻核桃产业逐步做大做强,从最初的娄村一个乡镇发展到现在的永阳、东文山、石亭镇等十几个乡镇。

涞水麻核桃不仅卖核桃赚钱,同时还带动了其他产业的发展。在一些专业种植村村口的小集市,处处可以看到大小酒店、饭馆人员爆满。一位来自北京的客商说,进入8月份以来,他就一直在这里做核桃生意,吃住在这里,像他这样的客商每天都有上百人。旁边的一个天津客商接上话:不仅是卖核桃这一季,春、冬季我们还雇这里的人到我们那里接码子,他们这儿是一年三季都挣钱,这几个村其他附带收入也得上千万元。

二、"十二五"期间推进农业产业化经营的政策重点

(一)完善农业产业化经营机制

一是鼓励产业化经营组织与农户签订产销合同,确定最低收购保护价,通过开展定向投入、定向服务、定向收购等方式,为农户提供种养技术、市场信息、生产资料和产品销售等多种服务。二是大力发展订单农业,规范合同内容,明确权利责任,提高订单履约率,引导龙头企业与农户形成相对稳定的购销关系。三是鼓励龙头企业采取设立风险资金、利润返还等多种形式,与农户建立更加紧密的利益关系。四是引导农民以土地承包经营权、资金、技术、劳动力等生产要素入股,实行多种形式的联合与合作,与龙头企业结成利益共享、风险共担的利益共同体。无论采取哪种利益联结方式,都要遵循自主自愿、平等互利、风险共担的原则,充分考虑农业产业特点、市场发育状况、企业经营能力和农民的认识程度等因素。

(二)培育龙头企业和企业集群示范基地

要围绕农产品优势产业带建设,抓紧建立一批产业关联度大、精深加工能力强、规模集约水平高、辐射带动面广的龙头企业集群示范基地。按照"扶优、扶大、扶强"的原则,培育壮大一批起点高、规模大、带动力强的龙头企业。依托农产品专业化、规模化生产区域,大力发展农产品精深加工,延长产业链条,提高农产品附加值和综合效益。鼓励和引导龙头企业优先使用国内原料和机械装备。支持具有比较优势的龙头企业,以资本运营和优势品牌为纽带,盘活资本存量,整合资源要素,开展跨区域、跨行业、跨所有制的联合与合作,组建企业集团,推进优势产品向优势企业集中、优

势企业向优势产业和优势区域集聚。鼓励有条件的龙头企业进行现代企业制度改革,争取上市融资,增强龙头企业的辐射带动力。

(三)发展农村各类中介服务组织

积极鼓励龙头企业、农业科技人员和农村能人以及各类社会化服务组织,创办或领办各类中介服务组织,培育和扶持专业大户和经纪人队伍,提高农民组织化程度。引导农民按照自愿互利的原则兴办农民专业合作社,坚持民办民管民受益,实行民主管理、民主决策。鼓励专业合作社开展跨区域经营,壮大自身实力,增强服务功能。认真总结推广"龙头企业+合作组织+农户"和"农产品行业协会+龙头企业+合作组织+农户"的经验。

(四)加强农业产业化基地建设

不同地区要结合优势农产品产业带建设和龙头企业加工需要,突出重点,突出特色,合理布局,建设专业化、规模化、优质化、标准化的农产品生产基地。将推进"一村一品"纳入基地建设,积极发展品质优良、特色明显、附加值高的优势农产品。在农户家庭经营基础上,进一步建立和完善农村土地承包经营权流转机制,使家庭承包经营的优越性与农业产业化经营的优势有机结合、相互促进,提高农业的规模效益。鼓励和支持东部地区的龙头企业积极参与中部崛起、西部大开发,到中西部地区建设生产基地,把当地的资源优势转化为企业的经营优势。围绕基地建设,加强农田水利、土地整治、道路交通、流通设施、通信信息等基础设施建设,不断改善生产条件,提高综合生产能力。尽快建立并完善与基地生产相配套的信息化服务、动植物防疫检疫、农产品质量安全检测的社会化服务体系。

(五)提高农产品质量安全水平

以优质专用、无公害及绿色食品为目标,尽快修订和完善农产品质量标准、产地环境标准、生产技术规范,按照优质、高效、安全、生态的要求,建立起一整套与国际接轨的标准体系。引导基地生产推进绿色、无公害、有机产品产地、基地认证,提高农产品市场竞争力。建立农产品质检制度和生产记录等可追溯制度,完善质检手段,确保农产品质量安全。龙头企业要率先实现标准化生产,逐步推行 ISO 9000、ISO 14000、HACCP 等质量管理体系认证,加快与国际接轨步伐。严格农产品质量安全市场准入制度,通过定量包装、标识标志、商品条码等手段,加速推行农产品流通领域的标准化管理。

(六)强化科技创新能力

结合国家农业科技创新体系建设,抓紧构建农产品加工科技创新体系和推广应用平台,重点突破一批重大、共性的关键技术,培育科技人才队伍,增强科技自主创新能力。龙头企业要加快技术开发和技术创新,改进加工工艺,促进科研成果向现实生产力转化,不断提高农产品精深加工水平和产品档次。积极构建以龙头企业为主体、产学研相结合的农业科技创新体系,鼓励和支持龙头企业与高等院校、科研院所合作共建研发机构,对关键技术开展联合攻关,开发具有自主知识产权的专用新品种、新技术、新产品,以科技创新推进产业升级。

(七)开拓国内外市场

龙头企业要坚持以市场需求为导向,充分利用国内外两种资源,实施"引进来"和"走出去"战略,主动参与国际国内分工与协作,有序开拓国内外市场。要研究制定农产品流通龙头企业的扶持政策,积极培育大型流通龙头企业,在大宗、重要农产品主产地、集散地,培育和发展一批有规模、有影响的农产品综合或专业市场,加快农村流通服务业的发展。大力发展外向型龙头企业,引导龙头企业加强对国际市场行情和国际贸易政策的收集研究,优化贸易商品结构。龙头企业要不断提高国际竞争能力,大力开拓国外市场,扩大优势农产品出口;同时,还要积极开展跨国投资经营,充分利用国外农业资源,为农业产业化发展开辟新的市场空间。

【案例 4-3】　河北省承德市农业产业化发展步入快车道[①]

河北承德以发展现代生态农业为基本方向,以打造绿色有机农产品生产加工基地为重要目标,增投入、扩基地、上项目、育龙头、建园区、创品牌,多措并举、连续用力。截至2012年,全市农业产业化经营总量达到300亿元,农业产业化经营率由45.6%提高到61%,年均增加3个百分点。农民来自农业产业化经营收入由2 000元增加到3 000元。

以项目建设为抓手,扎实推进重点项目建设进度。"十一五"期间,全市投资500万元农业产业化项目超过400个,总投资435亿元,已竣工项目331个,完成固定资产投资235亿元,是"十五"期间的2.5倍。项目建设的迅速推进,优化了全市农业结构。全市乳品、肉类、果品、菌菜、中药材、林板(木煤)、杂粮、饲料等产业体系已基本形成,全市农业产业化发展步入快车道。

多元投入机制助推农业产业化发展。积极争取国家项目资金用于农业产业化。5年来,全市紧紧抓住国家增加投入农业农村的机遇,争取国家、省农业开发资金、扶贫资金、农业产业化等资金20多亿元,多数集中投向农业产业化基地和龙头企业建设,连续扶持了20多家龙头企业。加大地方财政对农业产业化的投入力度。5年来,县级财政投入农业产业化资金达35亿多元,引进华都、三元、三融、中盐集团等大企业,以撬动工商资本,起到了四两拨千斤的作用。以京承农业合作为重点的农业全方位多领域的对外开放硕果累累。全市共引进500万元以上的农业产业化项目128个,项目总投资160亿元。已到位资金80亿元。在引进的项目中属于京承合作项目105个,总投资123亿元,到位资金50多亿元。动员引导工商资本、民间资本投入农业产业化。5年来,全市工商资本、民间资本投入农业产业化项目累计完成投资达60多

[①] 资料来源于河北经济日报

第四章　农业结构与产业化政策

亿元。通过大力实施政企银助推产业化行动,全市有250家龙头企业获得了金融部门30多亿元贷款支持。

基地建设向规模化标准化方向发展。全市把扩大肉类、乳品、菌菜、果品、中药材五大产业基地规模作为重点,大力推进农业规模化、专业化、标准化种养基地建设。养殖业标准化规模化基地呈快速发展之势,特别是肉鸡规模迅速扩张,2010年底,全市肉鸡出栏是2005年的5倍。种植业单产总产实现双提高。高效蔬菜播种面积达到116.1万亩,增加18.1万亩。龙头企业数量、规模、核心竞争力明显增强。市级农业产业化龙头企业达到323家,国家级增加2家,省级增加12家。323家龙头企业实现销售收入150亿元,比2005年增长近3倍。绿色有机农产品已进入北京高端消费市场。通过开展农超、农餐对接等活动,绿色有机农产品已经进入北京高端市场。全年绿色有机农产品实现销售收入16亿元,占全部农产品加工龙头企业销售收入的19%。

第五章 农业土地政策与法规

第一节 农业土地政策目标

农业土地政策目标是指农业土地政策所要实现的一种理想结果,这种理想结果最终是要提高土地利用中农民与全社会的福利。由于各个国家不同时期的自然环境、经济环境和政治环境的不同,土地政策制定者的理论基础、价值取向及政策手段形式的差异,土地政策目标选择存在明显的差别,这种差别主要体现在土地所有、流转、使用中的公平与效率目标的具体安排上。

我国土地政策的目标是实现效率与公平的统一,具体包括以下内容。

第一,提高土地利用率。我国现有耕地约1.218亿公顷,农业发展受到严峻的土地资源约束。土地资源的充分利用,是我国土地政策一贯的目标。

第二,提高土地生产率。在我国人多地少、耕地短缺的情况下,通过土地资源的有效配置,鼓励农户对土地进行投入,采用先进的生产技术和管理方式提高单位土地面积上的产量,这是我国土地政策的重要目标。

第三,提高劳动生产率。土地利用过程中,劳动生产率水平的高低,很大程度上反映了土地经营规模的大小以及农业劳动力转移的状况。因此,这一目标在土地政策中具有重要意义。

第二节 农业用地法律制度

一、农业用地所有权制度

(一)农业用地所有权的概念

农业用地,是指直接或间接用于农业生产的土地。按照其用途,农业用地可以分为:耕地、园地、林地、草地、池塘、沟渠、田间道路和其他生产性建筑用地。其中,耕地、园地、林地、草地是农业用地中最主要的土地类型。

农业用地所有权是指农业用地的土地所有者为实现农业生产的目的,对土地所享有的占有、使用、收益和处分的权利。

(二)农业用地所有权的分类

我国的农业用地存在着两种土地所有制形式:全民所有制土地和劳动群众集体所有制土地。

1. 农业用地国家所有权 农业用地国家所有权是农业用地国家所有制在法律上的表现,其主体是具有法人资格的国家。《土地管理法》第2条第2款规定:"全民所有,即国家所有土地的所有权由国务院代表国家行使。"第5条规定:"国务院土地行政主管部门统一负责全国土地的管理和监督工作,县级以上地方人民政府土地行政主管部门的设置及其职责,由省、自治区、直辖市人民政府根据国务院有关规定确立。"按照我国法律,土地所有权禁止转让;国有土地既不能转归私人所有,也不能转归农民集体所有。国家只能通过划拨、出让、出租等方式将国有土地使用权授予公民、法人和其他组织。

根据《宪法》规定,我国农村国有土地主要包括:①除法律规定由集体所有的森林和山岭、草原、荒地、滩涂之外的全部矿藏、水流、森林、山岭、草原、荒地、滩涂等土地资源;②名胜古迹、自然保护区等特殊用地(不包括区内属集体所有的土地);③国营农、林、牧、渔等农业企业、事业单位使用的土地;④国家拨给国家机关、部队、国防设施、国营公共交通(铁路、公路、码头、机场)、学校等非农业企业、事业单位使用的土地;⑤国家拨给农村集体和个人使用的国有土地;⑥法律规定属于集体所有以外的一切土地。

2. 农业用地集体所有权 农业用地集体所有权主体是村民小组和村、乡三级农民集体经济组织。《土地管理法》第 8 条第 2 款规定:"农村和城市郊区的土地,除由法律规定属于国家所有的以外,属于农民集体所有;宅基地和自留地、自留山,属于农民集体所有。"我国农村集体所有的土地,可分为 3 个层次,即乡(镇)农民集体所有的土地和村、村民小组农民集体所有的土地。

1995 年 3 月 31 日国家土地管理局颁布《关于确定土地所有权和使用权的若干规定》,对农业土地"集体所有"做了具体而又明确的规定:①土地改革时分给农民并颁发了土地所有证的土地,属于农民集体所有;实施《农业六十条》时确定为集体所有的土地,属于农民集体所有。②村农民集体所有的土地,按目前该村农民集体实际使用的本集体土地所有权界限确定所有权。③农民集体连续使用其他农民集体所有的土地已满 20 年的,应视为现使用者所有;连续使用不满 20 年的,或者虽然满 20 年但在 20 年期满之前所有者曾向现使用者或有关部门提出归还的,由县级以上人民政府根据具体情况确定土地所有权。④乡(镇)或村在集体所有的土地上修建并管理的道路、水利设施用地,分别属于乡(镇)或村农民集体所有。⑤乡(镇)或村办企事业单位使用集体土地,《农业六十条》公布以前使用的,分别属于该乡(镇)或村农民集体所有。《农业六十条》公布时起至 1982 年国务院《村镇建房用地管理条例》发布时止,有下列情况之一的,分别属于乡(镇)或村农民集体所有:a. 签订过用地协议的(不含租借);b. 经县、乡(公社)、村(大队)批准或同意,并进行了适当的土地调整或者经过一定补偿的;c. 通过购买房屋取得的;d.原集体企事业单位体制经批准变更的。1982年国务院《村镇建房用地管理条例》发布时起至1987年《土地管理法》开始施行止,乡(镇)、村办企事业单位继续使用的,可确定为该乡(镇)或村农民所有。乡(镇)、村办企事业单位采用上述以外占用的集体土地,或虽采用上述方式,但目前土地利用不合理的,应将其全部或部分退回原集体,或按有关规定处理。1987年《土地管理法》施行后非法占用的土地,须依法处理后再确定所有权。⑥乡(镇)企业使用本乡(镇)或村集体所有的土地,依照有关规定进行补偿和安置的,土地所有权转为乡(镇)农民集体所有。经依法批准的乡(镇)、村公共设施、公益事业使用的农民集体土地,分别属于乡(镇)、村农民集体所有。⑦农民集体经依法批准以土地使用权作为联营条件与其他单位或个人举办联营企业的,或者农民集体经依法批准以集体所有的土地的使用权作价入股,举办外商投资企业或乡镇企业的,集体土地所有权不变。⑧部分与某些国有土地相邻的边界地也认定为农民集体所有。例如,a.土地改革时已分配给农民所有的原铁路用地和新建铁路两侧未经征用的农民集体所有土地;b.公路两侧保护用地和公路其他用地未经征用的农民集体所有土地;c.国有电力杆塔占用农民所有的土地,未经办理征用手续的;d.河道堤防内的土地和堤防外的护堤地,无堤防河道历史最高洪水位或者设计洪水位以下的土地,土改时已将所有权分配给农民而国家又未征用,且迄今仍归农民集体使用的;e.国家建设进行移民安置后,原集体仍继续使用的集体所有土地,国家建设进行移民安置后,原集体仍继续使用的集体所有土地,国家未进行征用的,其所有权不变。

二、农业用地使用权制度

农业用地使用权是指集体或者个人通过承包、转包等形式依法取得的使用农民集体或者国家所有土地从事广义农业生产的权利。

《农村土地承包法》具体规定了农业用地承包经营权流转制度和乡镇企业有偿用地制度。凡占用集体所有土地的乡镇办企业、村办企业、联营企业和个体企业均按规定交纳土地使用费。土地使用费由土地管理部门负责逐年收取。

三、农业用地保护制度

根据《土地管理法》,国务院于 1998 年 12 月 27 日发布了《基本农田保护条例》,确立了基本农田保护制度。基本农田,是指按照一定时期人口和社会经济发展对农产品的需求,依据土地利用总体规划确定的不得占用的耕地。基本农田保护区,是指为对基本农田实行特殊保护而依据土地利用总体规划和依照法定程序确定的特定保护区域。

(一)土地用途管制制度

土地用途管制是指国家为实现土地资源的合理利用,通过编制土地利用总体规划,划定土地用途区域,确定土地使用限制条件,要求土地的所有者、使用者严格按照国家确定的用途利用土地的制度。土地用途管制的主要内容按土地主导用途可以分为农用地、建设用地和未利用地 3 大类。在这里,我们重点讨论一下农用地的土地用途管制。农用地中包括耕地、林地、园地、水产用地、牧地等。对于农业用地的土地用途管制主要如下:

1. 耕地管制 耕地可分为基本农田和一般农田。实现耕地总量的动态平衡的耕地保护措施,主要是划定基本农田保护区。耕地区对土地利用的主要限制有:本区的耕地在规划期内不得擅自占用和转用;鼓励划入本区内的非耕地资源向耕地转化,严禁占用基本农田进行非农建设;一般农田在规划期内视为基本农田,保护国家重点建设项目确需占用耕地区的,应经法定程序修改规划后办理耕地转用手续;除生态保护需要外,限制占用本区的耕地发展园、林、牧业,严禁用于发展水产养殖业和建窑、建房、建坟以及堆放固体废弃物等。

一般农田是指包括规划确定为农业使用的耕地后备资源和其他零星非耕地、坡度大于 25°但未列入生态退耕范围的耕地、泄洪区内的耕地和其他劣质耕地。其主要管制规则是：一般农田中的耕地禁止被建设占用，确需占用的，批准转用后修改规划，调整分区，再视为占用建设规划区内的耕地管制；确需占用一般农田中非耕地的，修改规划后视为占用非耕地办理许可。鼓励一般农田中的耕地后备资源和其他零星非耕地转为宜农耕地；保留现状用途的地类不得扩大面积，需撤并的村庄不得翻建。鼓励实施土地整理，通过对田、水、路、林的综合整治，搞好土地建设，提高土地质量，改造中低产田等。

2. 耕地以外的农用地管制　各类土地不得擅自改变用途，农业内部结构调整应符合规划；划入本区的耕地转用应与本区外的非耕地转为耕地建立相应的置换关系，否则不得改变耕地用途；严禁非农建设占用名、特、优、新种植园地和水土保持林、防风固沙林等防护林用地及优良草场；鼓励通过水土综合整治，治理水土流失、荒漠化。

(二) 耕地保护制度

1. 基本农田保护制度　依照《基本农田保护条例》第 10 条规定，下列耕地应当划入基本农田保护区：①经国务院有关主管部门或者县级以上地方人民政府批准确定的粮、棉、油生产基地内的耕地；②有良好的水利与水土保持设施的耕地，正在实施改造计划以及可以改造的中、低产田；③蔬菜生产基地；④农业科研、教学试验田；⑤国务院规定应当划入基本农田保护区的其他耕地。

《土地管理法》第 34 条明确规定"国家实行基本农田保护制度……各省、自治区、直辖市划定的基本农田应当占本行政区域内耕地的 80%以上"。《基本农田保护条例》规定："基本农田保护区经依法划定后，任何单位和个人不得改变或占用。国家重点建设项目选址确实无法避开基本农田保护区,需要占用基本农田,涉及农用地转用或者征用土地的,必须经国务院批准"。还规定了3项禁止性条款:一是禁止任何单位和个人在基本农田内建窑、建房、建坟、挖沙、采石、取土或者进行其他破坏基本农田的活动;二是禁止占用基本农田发展林果业和挖塘养鱼;三是禁止任何单位和个人闲置、荒芜基本农田。

2. 耕地占补平衡制度　虽然国家严禁耕地占用,但有的时候为了公益目的,难免需要对耕地进行征用或者提前收回等。根据《土地管理法》第31条规定:"非农业建设经批准占用耕地的,按照'占多少,垦多少'的原则,由占用耕地的单位负责开垦与所占用耕地的数量和质量相当的耕地;没有条件开垦或者开垦的耕地不符合要求的,应当按照省、自治区、直辖市的规定缴纳耕地开垦费,专款用于开垦新的耕地。"在实际工作中,称其为耕地占补平衡制度。

3. 保护耕地实现质上的平衡　提高耕地质量的主要措施有:①减少人工化肥的投入,对耕地施用有机肥,改善地力肥度;②合理利用间套作、轮作等方法,提高耕地的产出率;③防止耕地土壤的污染,要合理施肥,提倡使用低残留农药、可降解的塑料薄膜,提倡生物治虫,不使用不符合环保标准的灌溉水源等。

(三)土地整理和复垦制度

《土地管理法》第38条规定:"国家鼓励单位和个人按照土地利用总体规划,在保护和改善生态环境、防止水土流失和土地荒漠化的前提下,开发未利用土地。适宜开发为农用地的,应当优先开发成农用地"。第41条规定:"国家鼓励土地整理。县、乡(镇)人民政府应当组织农村集体经济组织,按照土地利用总体规划,对田、水、路、林、村综合整治,提高耕地质量,增加有效耕地面积,改善农业生产条件和生态环境。地方各级人民政府应当采取措施,改造中、低产田,整治闲散地和废弃地"。第42条规定:"因挖损、塌陷、压占等造成土地破坏,用地单位和个人应当按照国家有关规定负责复垦;没有条件复垦或者复垦不符合要求的,应当缴纳土地复垦费,专项用于土地复垦。复垦的土地应当优先用于农业。"

第三节 农村土地承包法律制度

2002年8月29日通过、2003年3月1日起实施的《农村土地承包法》,是为稳定和完善以家庭承包经营为基础、统分结合的双层经营体制,赋予农民长期而有保障的土地使用权,维护农村土地承包当事人的合法权益,促进农业、农村经济发展和农村社会稳定,根据《宪法》,制定的法规。

一、农村土地承包法概述

(一)农村土地承包法的适用范围

《农村土地承包法》规范和调整的是依法属于农民集体所有和国家所有依法由农民集体使用的土地承包经营关系。这些土地的用途是耕地、林地、草地,以及其他依法用于农业的土地。其中也包括荒山、荒沟、荒丘、荒滩。

(二)农村土地承包的形式

农村土地承包关系可分为家庭承包关系和通过招标、拍卖和公开协商等其他方式承包的承包关系。

1. 家庭承包经营 家庭承包经营是我国农村经营体制的基础,是指以本集体经济组织内的农户家庭为单位,人人有份的土地承包。实行家庭承包经营的土地是集体所有和国家所有依法由农民集体使用的耕地。在家庭承包的经营体制下,作为承包方的农户家庭与作为发包方的集体经济组织签订土地承包合同,确认农户的土地承包经营权。

2. 其他方式的承包 其他方式的承包是指不宜采取家庭承包方式的荒山、荒沟、荒丘、荒滩等农村土地,通过招标、拍卖、公开协商等方式承包的情形。与家庭承包不同,这种承包方式的承包方不限于本集体经济组织的成员,当事人的权利和义务、承包期限等,都是由发包方和承包方在自愿的基础上协商确定的。

二、家庭承包中对农民承包土地权利的保护

(一)按户承包、按人分地原则

家庭承包的承包地主要是耕地、林地和草地,承包实行公平为主、兼顾效率的原则。在集体经济组织发包土地时,除非本集体经济组织成员自愿放弃承包,任何组织和个人都不能以任何方式,剥夺或者变相剥夺集体经济组织成员承包土地的权利,也不能以任何方式阻挠、干扰、限制、集体经济组织成员承包土地权利的实现。

农村土地家庭承包的承包方是本集体经济组织的农户,其他集体经济组织的农户、集体经济组织以外的单位和个人都不能作为承包方,只能通过依法流转取得土地经营权。农村土地家庭承包不是以农民个人为单位进行承包的,但是在计算每个农户应当承包的土地面积时,通常要考虑农户家庭的人口数量和年龄结构、劳动力数量等因素,即"按户承包、按人分地"。

(二)公开、公平、公正的原则

公开是指土地承包过程中,必须保护集体经济组织成员的知情权,防止暗箱操作。公平是指凡本集体经济组织成员,不分年龄、性别、民族、信仰等条件的差异,在农村土地统一组织承包时,都依法平等地享有并可以行使承包土地的权利,任何组织和个人都不能剥夺和限制这个权利。公正是指必须严格依法定的承包程序组织承包土地,不能随意简化发包程序,在承包过程中,平等地对待每一个本集体经济组织的成员,任何组织和个人都不能有法外特权,也不允许任何人以不正当的手段获取非法利益。

(三)男女平等的原则

《农村土地承包法》明确规定,农村土地承包,妇女与男子享有

平等的权利。承包中应当保护妇女的合法权益,任何组织和个人不得剥夺、侵害妇女应当享有的土地承包经营权。

【案例 5-1】 农村妇女土地承包权纠纷案

案情简介:武汉市黄陂区某村王某夫妇与村委会签订土地承包合同,取得该村5分田的承包权。后其丈夫王某死亡,李某改嫁他村,在新居住地未取得承包地,村委会拟将其承包土地另行发包给同村村民黄某。李某知晓后,以承包未到期为由要求村委会继续履行合同,遭拒绝后向黄陂区人民法院起诉。

问:村委会将李某的承包地发包给同村村民黄某的行为是否合法?

分析:村委会将李某的承包地发包给同村村民黄某的行为不合法。农村土地承包,妇女与男子享有平等的权利。承包中应当保护妇女的合法权益,任何组织和个人不得剥夺、侵害妇女应当享有的土地承包经营权。为保护出嫁、离婚、丧偶妇女的土地承包经营权,《农村土地承包法》第30条规定,承包期内,妇女结婚,在新居住地未取得承包地的,发包方不得收回其原承包地;妇女离婚或者丧偶,仍在原居住地生活或者不在原居住地生活但在新居住地未取得承包地的,发包方不得收回其原承包地。由于李某丧偶后,在新居住地未取得承包地,因此按照上述法律规定,发包方不得收回其原承包地。

(四)坚持土地的社会主义劳动群众集体所有制不变的原则

农村土地承包后,土地的所有权性质不变,承包地不得买卖。《农村土地承包法》第12条对此做了明确规定,"农民集体所有的土地依法属于村民集体所有的,由村集体经济组织或者村民委员会发包;已经分别属于村内两个以上农村集体经济组织的农民集体所有的,由村内各该农村集体经济组织或者村民小组发包。村集体经济组织或者村民委员会发包的,不得改变村内各集体经济组织农民集体所有的土地的所有权。国家所有依法由农民集体使用的农村土地,由使用该土地的农村集体经济组织、村民委员会或者村民小组发包。"

三、承包程序与承包合同

(一)承包程序

①本集体经济组织成员的村民会议选举产生承包工作小组。

②承包工作小组依照法律、法规的规定拟订并公布承包方案。

③依法召开本集体经济组织成员的村民会议,讨论通过承包方案。该方案经本集体经济组织成员的村民会议2/3以上成员或者2/3以上村民代表的同意方能通过。

④公开组织实施承包方案。

⑤签订承包合同。

(二)承包合同

发包方应当与承包方签订书面承包合同。承包合同的内容一般包括以下条款:①发包方、承包方的名称,发包方负责人和承包方代表的姓名、住所;②承包土地的名称、坐落、面积、质量等级;③承包期限和起止日期;④承包土地的用途;⑤发包方和承包方的权利和义务;⑥违约责任。

承包合同自成立之日起生效。承包方自承包合同生效时取得土地承包经营权。县级以上地方人民政府应当向承包方颁发土地承包经营权证或者林权证等证书,并登记造册,确认土地承包经营权。

【案例5-2】 村委会私签合同案

案情简介:2005年12月末,西庙村委会召开二组村民代表会议,专门讨论该组果园发包一事。但会议未能就果园承包期限、竞标底价等问题达成一致意见,代表们也未在会议记录上签字。2006年1月初,村委会张贴招标广告,明示将二组果园发包,并确定发包底价及期限。1月8日村委会又召开二组村民会议,发包方案经村民会议1/2通过。村委会于1月19日与他人签订了4份承包合同,将果园全部发包。部分村民不服,集体向法院提出起诉。

问:西庙村委会于1月19日与他人签订的4份承包合同是否有效?

村委会与他人签订的果树承包合同无效,因为村委会既未在村民代表会议上就果园承包期限、竞标底价等问题与村民代表形成一致意见,又未在全体村民集体会议上由2/3以上成员通过村委会公告的发包方案,因此发包程序不符合法律规定。

四、保证农村土地承包关系长期稳定的具体制度

(一)农村土地承包经营权的期限

耕地的承包期限为30年,草地的承包期为30~50年,林地的承包期为30~70年;特殊林木的林地承包期,经国务院林业行政主管部门批准可以延长。《农村土地承包法》规定的承包期限,是法律明确要求家庭承包应当达到的期限。第二轮承包过程中,有的地方签订的承包合同约定的承包期达不到法律规定的期限的,应当按照法律规定修改承包期限。有的地方按照当地人民政府的有关规定签订的承包合同,约定的承包期比该法规定的期限更长的,其承包期限继续有效,不必修改,也不得重新承包。

(二)承包期内不得收回承包地的规定

1. **承包期内不得收回承包地** 承包期内,发包方不得收回承包地。但是,承包期内,承包方全家迁入设区的市,转为非农业户口的,应当将承包的耕地和草地交回发包方。承包方不交回的,发包方可以收回承包的耕地和草地。需要指出的是,由于林地的生产周期长,为保护植树造林的积极性,《农村土地承包法》规定不得收回承包的林地,承包林地的农民全家迁入设区的城市后,可以进行土地承包经营权流转,也可以继续承包经营。

承包期内,承包方交回承包地或者发包方依法收回承包地时,承包方对其在承包地上投入而提高土地生产能力的,有权获得相应的补偿。

2. 农民全家迁入小城镇后承包土地的处理 目前,我国小城镇的社会保障制度尚不健全,农民在小城镇一旦遇到工作困难,还是要回到农村从事农业生产,作为基本的社会保障。因此,《农村土地承包法》规定,承包期内,承包方全家迁入小城镇落户的,应当按照承包方的意愿,保留其土地承包经营权或者允许其依法进行土地承包经营权流转。

(三)承包期内不得调整承包地的规定

1. 承包期内不得调整承包地 为了稳定农村土地承包关系,《农村土地承包法》规定,承包期内,发包方不得调整承包地。在《农村土地承包法》实施以后,出现人地矛盾,主要采取3种途径解决:一是利用承包时依法预留的机动地、承包期内依法开垦增加的土地、承包方交回的土地等,发包给新增人口;二是依法进行土地承包经营权流转,通过转包、出租、转让等方式,在稳定家庭承包经营的基础上,将土地承包经营权流转到需要的人手中;三是通过发展乡镇企业和第二、第三产业,转移农村富余劳动力,从根本上减轻人口对土地的压力。

2. 允许进行个别调整的情形及程序 承包期内,因自然灾害严重毁损承包地等特殊情形对个别农户之间承包的耕地和草地需要适当调整的,必须经本集体经济组织成员的村民会议2/3以上成员或者2/3以上村民代表的同意,并报乡(镇)人民政府和县级人民政府农业等行政主管部门批准。承包合同中约定不得调整的,按照其约定。

3. 可用于调整的土地 下列土地应当用于调整承包土地或者承包给新增人口。

(1)集体经济组织依法预留的机动地 机动地本来是一些地

方在实施第一轮土地承包过程中,为解决人地矛盾、减少承包地调整次数,或者为解决集体经济组织开支问题,保留一些土地不实行家庭承包,而由集体经济组织统一组织经营或者实行招标承包经营的土地。第二轮承包过程中,中办发[1997]16号文件要求,对预留机动地必须严格控制。《农村土地承包法》规定,本法实施前已经预留机动地的,机动地面积不得超过本集体经济组织耕地总面积的5%。不足5%的,不得再增加机动地。本法实施前未留机动地的,本法实施后不得再留机动地。

(2)通过依法开垦等方式增加的土地 开垦土地必须经过科学论证和评估,在土地利用总体规划划定的可开垦区域内,经依法批准后才能进行开垦。未经批准不得擅自开垦。

(3)承包方依法、自愿交回的土地

(四)承包方可以自愿放弃承包土地

承包期内,承包方可以自愿将承包地交回发包方。承包方自愿交回承包地的,要满足两项要求:一是提前半年以书面形式通知发包方。二是承包方在承包期内交回承包地的,在承包期内不得再要求承包土地。但是,承包方自愿交回承包地的,并不影响将来在新一轮承包时,他们所享有的承包土地的权利。

(五)家庭承包的继承

《农村土地承包法》第31条区分3种不同的情况,对继承问题做出了规定。

1. 家庭承包的土地承包经营权不发生继承问题 通过家庭承包形式取得的土地承包经营权,家庭的某个或者部分成员死亡的,土地承包经营权不发生继承问题。家庭成员全部死亡的,土地承包经营权消灭,由发包方收回承包地。

2. 承包人应得的收益可以依法继承 在承包期内,承包人死亡的,其依法应当获得的承包收益,按照《继承法》的规定继承。这里的承包人应当理解为承包户的家庭成员。

3. 林地的承包经营权的继承　林地承包的承包人死亡,其继承人可以在承包期内继续承包。这里主要是指,家庭承包的林地,在家庭成员全部死亡的,最后1个死亡的家庭成员的继承人(可以是本集体经济组织成员,也可以是集体经济组织以外的继承人),在承包期内均可以继续承包,直到承包期满。

五、发包方和承包方的权利和义务

(一)承包方的权利和义务

1. 承包方的权利　①依法享有承包地使用、收益和土地承包经营权流转的权利,有权自主组织生产经营和处置产品;②承包地被依法征用、占用的,有权依法获得相应的补偿;③法律、行政法规规定的其他权利。

2. 承包方的义务　①维持土地的农业用途,不得用于非农建设;②依法保护和合理利用土地,不得给土地造成永久性损害;③法律、行政法规规定的其他义务。

(二)发包方的权利和义务

1. 发包方的权利　①发包本集体所有的或者国家所有依法由本集体使用的农村土地;②监督承包方依照承包合同约定的用途合理利用和保护土地;③制止承包方损害承包地和农业资源的行为;④法律、行政法规规定的其他权利。

2. 发包方的义务　①维护承包方的土地承包经营权,不得非法变更、解除承包合同。承包合同生效后,发包方不得因承办人或者负责人的变动而变更或者解除,也不得因集体经济组织的分立或者合并而变更或者解除。承包期内,发包方不得单方面解除承包合同,不得假借少数服从多数强迫承包方放弃或者变更土地承包经营权,不得以划分"口粮田"和"责任田"等为由收回承包地搞招标承包,不得将承包地收回抵顶欠款。②尊重承包方的生产经营自主权,不得干涉承包方依法进行正常的生产经营活动。③依照承包合同约定为承包方提供生产、技术、信息等服务。④执行县、乡(镇)土地利用总体规划,组织本集体经济组织内的农业基础设施建设。⑤法律、行政法规规定的其他义务。

六、土地承包经营权的流转

土地承包经营权的流转是指取得农村土地承包经营权的承包方将其所享有的承包经营权的部分或者全部依法自愿、有偿流转于第三人的行为。土地承包经营权的顺利流转可以解决目前地块细碎与规模经营之间的矛盾,也可以解决农民兼业化与生产专业化之间的冲突,实现资源的优化配置。为了保障土地承包经营权的顺利流转,2013年中央一号文件强调,建立健全土地承包经营权流转市场和信息化管理平台,逐步健全县乡村三级服务网络。

(一)土地承包经营权流转的原则

1. 平等协商、自愿、有偿原则 2013年中央一号文件指出:坚持依法自愿有偿原则,引导农村土地承包经营权有序流转,鼓励和支持承包土地向专业大户、家庭农场、农民合作社流转,发展多种形式的适度规模经营。由此可见,平等协商是基础,自愿有偿是前提,流转方向是规模化经营主体。

2. 受让方须有农业经营能力,不得改变土地所有权和农业用途,不破坏农业综合生产能力 近些年,随着社会资本纷纷流入农业领域,一些"非粮化"和"非农化"行为不断出现。例如,部分投资农业的工商资本对耕地实施大规模的租赁,租赁后改为从事收益更高的"非粮化"产业,逐渐显露出其逐利本质。为了加强对企业租赁经营农户承包地的规范和管理,2013年中央一号文件指出:探索建立严格的工商企业租赁农户承包耕地(林地、草原)准入和监管制度。具体有3条措施:一是探索建立租赁农户承包地准入制度。严格农业经营能力审查,着重审查企业资信、技术力量、产业规划、风险防范等情况,规范流转行为,从源头上抑制"非粮化"、

"非农化"行为。二是建立土地流转风险防范机制。通过推广使用土地流转示范合同,鼓励建立和完善土地租金预付制度。在土地流转面积较大地区,通过政府补助、流入方缴纳等方式,鼓励建立土地流转风险保障金制度。对经营规模超过一定面积的规模经营主体,制定专门的农业保险补贴政策,以降低因经营规模扩大可能导致的自然、市场风险。三是强化土地流转用途监管,纠正农村土地流转后的"非农化"经营问题。

3. 流转的期限不得超过承包期的剩余期限　对流转后用于普通农作物种植等投入较小的土地,流转期限不宜过长;对流转后用于发展林果业和设施农业等投入较大的土地,流转期限可适当延长。流转期限超过5年的,应建立价格调整机制,明确约定调整时限和幅度,分时段确定流转价格。采取出租方式流转的,租赁合同期限要遵照《合同法》的规定,不得超过20年。

4. 在同等条件下,本集体经济组织成员享有优先权　在流入土地方面赋予了本集体经济组织成员在提供的价格等条件同等的情况下,可以优先流入土地,坚持农地农民用,确保农民充分就业和农村社会和谐稳定。

(二)土地承包经营权的流转方式

通过家庭承包取得的土地承包经营权可以依法采取转包、出租、互换、转让或者其他方式流转。

1. 土地承包经营权的转包、出租　按照《农村土地承包法》第39条的规定,转包、出租就是承包方在一定期限内将部分或者全部土地承包经营权转包或者出租给第三方,承包方与发包方的承包关系不变。转包和出租在实践中主要有3点区别:其一,转包是承包方将土地承包经营权部分或者全部让与本集体经济组织内部的其他成员;出租则是指,承包方将土地承包经营权租赁给本集体经济组织以外的第三人。其二,出租更接近市场配置资源的方式,租金更接近市场交易形成的价格,一般高于转包费。其三,从流转期限来看,转包的期限一般比较短,出租的期限则有长有短。

2. 土地承包经营权的互换 互换是承包方之间为方便耕种或者各自需要,对属于同一集体经济组织的土地承包经营权进行互换。关于土地承包经营权的互换,需要注意3点:其一,作为土地承包经营权流转的一种形式,互换必须坚持双方自愿、协商一致。其二,土地承包经营权互换限于同一集体经济组织的承包地,即双方当事人都应是本集体经济组织的农户。其三,土地承包经营权互换后,当事人要求登记的,可以向县级人民政府申请登记,分别将互换后的土地承包经营权登记到双方当事人名下。未经登记的,不能对抗善意第三人。

3. 土地承包经营权的转让 土地承包经营权的转让是指,承包方将全部或者部分土地承包经营权转让给其他从事农业生产经营的农户,由该农户同发包方确立新的承包关系,原承包方与发包方在该土地上的承包关系即行终止。为了防止土地承包经营权转让带来一些不必要的经济和社会问题,《农村土地承包法》对土地承包经营权转让施加了多项限制条件:①承包方有稳定的非农职业或稳定的收入来源;②必须经发包方同意;③受让方应当是从事农业生产经营的农户。

土地承包经营权依法转让后,当事人要求登记的,可以向县级人民政府申请登记,将土地承包经营权登记到受让方名下。未经登记的,不能对抗善意第三人。

4. 土地承包经营权的入股 入股是指承包方之间为了发展农业经济,自愿联合起来,将土地承包经营权入股,从事农业合作生产。这种方式的土地承包经营权入股,主要从事合作性农业生产,以入股的股份作为分红的依据,但各承包户的承包关系不变。

(三)土地承包经营权的流转程序

1. 土地承包经营权流转的主体 土地承包经营权流转的主体是承包方。承包方有权依法自主决定土地承包经营权是否流转和流转的方式。

2. 土地承包经营权流转合同　土地承包经营权采取转包、出租、互换、转让或者其他方式流转，当事人双方应当签订书面合同。但是，承包方将土地交由他人代耕不超过1年的，可以不签订书面合同。

土地承包经营权流转合同一般包括以下条款：双方当事人的姓名、住所；流转土地的名称、坐落、面积、质量等级；流转的期限和起止日期；流转土地的用途；双方当事人的权利和义务；流转价款及支付方式；违约责任。

3. 土地承包经营权流转的登记　土地承包经营权采取互换、转让方式流转，当事人要求登记的，应当向县级以上地方人民政府申请登记。未经登记，不得对抗善意第三人。采取转让方式流转的，应当经发包方同意；采取转包、出租或者其他方式流转的，应当报发包方备案。这说明，土地承包经营权流转登记的范围，只限于土地承包经营权采取互换、转让的方式流转，采取其他方式流转的，不必登记。依法进行土地承包经营权互换、转让的，是否登记，应当尊重当事人的意愿，当事人要求进行登记的，才予以登记。

七、其他方式的承包

不宜采取家庭承包方式的荒山、荒沟、荒丘、荒滩等农村土地，通过招标、拍卖、公开协商等方式承包的，属于其他方式的承包。

(一) 其他方式承包的特点

1. 承包方可以是集体经济组织成员，也可以是集体经济组织以外的成员　在同等条件下，本集体经济组织成员享有优先承包权。如果发包方将农村土地发包给本集体经济组织以外的单位或者个人承包，应当事先经本集体经济组织成员的村民会议2/3以上成员或者2/3以上村民代表的同意，并报乡（镇）人民政府批准。由本集体经济组织以外的单位或者个人承包的，应当对承包方的资信情况和经营能力进行审查后,再签订承包合同。

2. 承包方法的公开性 承包方法是实行招标、拍卖或者公开协商,发包方按照"效率优先、兼顾公平"的原则确定承包人。

3. 承包土地的特殊性 承包的土地主要是"四荒地"。

(二)其他方式承包的合同

荒山、荒沟、荒丘、荒滩等可以直接通过招标、拍卖、公开协商等方式实行承包经营,也可以将土地承包经营权折股分给本集体经济组织成员后,再实行承包经营或者股份合作经营。承包荒山、荒沟、荒丘、荒滩的,应当遵守有关法律、行政法规的规定,防止水土流失,保护生态环境。

以其他方式承包农村土地的,应当签订承包合同。当事人的权利和义务、承包期限等,由双方协商确定。以招标、拍卖方式承包的,承包费通过公开竞标、竞价确定;以公开协商等方式承包的,承包费由双方议定。

(三)其他方式承包的土地承包经营权流转

通过招标、拍卖、公开协商等方式承包农村土地,经依法登记取得土地承包经营权证或者林权证等证书的,其土地承包经营权可以依法采取转让、出租、入股、抵押或者其他方式流转。在流转方式上,与家庭承包取得的土地承包经营权存在3个主要区别:**没有转包的流转方式;增加规定了抵押的流转方式;入股的方式可以更多。**

第四节 农村宅基地政策与法规

一、宅基地使用权

(一)宅基地使用权的概念

宅基地,顾名思义,就是盖住宅用的地。宅基地使用权是经依法审批由农村集体经济组织分配给其成员用于建造住宅的没有使用期限限制的集体土地使用权。宅基地使用权具有以下特点。

1. 依法取得 农村村民获得宅基地的使用权,必须履行完备的申请手续,经有关部门批准后才能取得。

2. 永久使用 拥有宅基地使用权的公民,使用权没有期限,由公民长期使用。可在宅基地上建造房屋、厕所等建筑物,并享有所有权;在房前屋后种植花草、树木,发展庭院经济,并对其收益享有所有权。

3. 随房屋产权转移 宅基地的使用权依房屋的合法存在而存在,并随房屋所有权的转移而转移。房屋因继承、赠与、买卖等方式转让时,其使用范围内的宅基地使用权也随之转移。在买卖房屋时,宅基地使用权须经过申请批准后才能随房屋转移。

4. 受法律保护 依法取得的宅基地使用权受国家法律保护,任何单位或者个人不得侵犯。否则,宅基地使用权人可以请求侵权人停止侵害、排除妨碍、返还占有、赔偿损失。

(二)农村宅基地的法律规范

目前,我国尚没有规范农村宅基地的专门法规,有关宅基地的法律规定,在《土地管理法》、《中华人民共和国民法通则》(以下简称《民法通则》)、《中华人民共和国物权法》(以下简称《物权法》)中均有涉及,各省的《农村宅基地管理办法》在实践中,发挥了巨大的作用。为进一步加强农村宅基地管理,正确引导农村村民住宅建设合理、节约使用土地、切实保护耕地,国土资源部2004年下发了《关于加强农村宅基地管理的意见》。

二、宅基地的申请

农村村民一般是在原有的宅基地上拆旧建新或者是申请新的宅基地,独立建造自家的房屋。

第五章　农业土地政策与法规

(一)"一户一宅"原则

"一户一宅"是一户农民只能拥有一处宅基地的简称。我国《土地管理法》第 62 条规定:"农村村民一户只能拥有一处宅基地。"国土资源部《关于加强农村宅基地管理的意见》第 5 项规定:"严格宅基地申请条件。坚决贯彻'一户一宅'的法律规定。农村村民一户只能拥有一处宅基地,面积不得超过省(区、市)规定的标准。各地应结合本地实际,制定统一的农村宅基地面积标准和宅基地申请条件。不符合申请条件的不得批准宅基地。"由此可见,"一户一宅"是我国宅基地制度的一项基本原则。

各省都在各自实施《中华人民共和国土地管理法》办法中对宅基地的大小做出了限制性规定。例如,《河北省农村宅基地管理办法》第 13 条规定,农村宅基地的面积按照下列标准执行:人均耕地不足 1 000 平方米的平原或者山区县(市),每处宅基地不得超过 200 平方米;人均耕地 1 000 平方米以上的平原或者山区县(市),每处宅基地不得超过 233 平方米;坝上地区,每处宅基地不得超过 467 平方米。县(市)人民政府可以根据当地实际情况,在前款规定的限额内规定农村宅基地的具体标准。

(二)申请宅基地的条件

可以申请农村宅基地的人通常情况下只能为农村村民,而且专指本村集体经济组织的成员。例如,《河北省农村宅基地管理办法》第 7 条规定,农村村民符合下列条件之一的,可以申请宅基地:①因子女结婚等原因确需分户,缺少宅基地的;②外来人口落户,成为本集体经济组织成员,没有宅基地的;③因发生或者防御自然灾害、实施村庄和集镇规划以及进行乡(镇)村公共设施和公益事业建设,需要搬迁的。

非本村集体经济组织成员或者是城镇居民一般不允许申请宅基地。当然也存在特殊情况,有些地方,如果经过村民大会同意以及经过相关政府的严格批准后,某些特殊的、非本村村民的其他人也可以申请获得宅基地。例如,《山西省实施〈中华人民共和国土地管理法〉办法》规定,集体经济组织招聘的技术人员在本村落户的可以申请使用宅基地。

(三)申请宅基地的程序

村民申请宅基地要依照下列程序办理申请用地手续:①申请宅基地的村民先向所在地村农业集体经济组织或村民委员会提出建房申请;②村民大会或者村民委员会对申请进行讨论,在表决通过后,上报乡(镇)人民政府审核或者按规定办理批准手续;③政府办理批准手续:占用原有宅基地、村内空闲地等非耕地的一般报乡镇人民政府审核批准;占用耕地的,由乡镇人民政府审核,经县人民政府土地管理部门审查同意,报县人民政府批准;④由乡镇土地管理所按村镇规划定点划线,准许施工;⑤房屋竣工后,经有关部门检查验收符合用地要求的,发给集体土地使用证。

在申请宅基地的问题上,有两点需要明确:一是农村村民将原有住房出卖、出租或赠与他人后,不可以再申请宅基地。二是城镇居民不能购买农村宅基地。

三、宅基地及宅基地使用权的流转

《宪法》第10条和《土地管理法》第2条都规定,任何组织或者个人不得侵占、买卖或者以其他形式非法转让土地。但是土地的使用权是可以依照法律的规定转让的。农村的土地都归集体所有,分配给村民的宅基地,村民只有使用权,而没有所有权,不准买卖和擅自转让,但随房屋一起转让的除外。宅基地使用权的流转指宅基地使用权人将其享有的宅基地使用权转让给他人使用,受让人支付价款的法律行为。

宅基地流转方式有以下几种。

(一)交换宅基地使用权

交换宅基地使用权,在法律上即享有宅基地使用权的当事人之间以交换意思表示为特征,将相互享有使用权的宅基地进行交换,双方之间互找差价或者不找差价的合同行为。交换宅基地使用权,根据法律规定,应当在交换后办理宅基地使用权的变更登记手续。

(二)转让宅基地使用权

转让宅基地使用权,是指宅基地使用权人将所享有的宅基地使用权转让给他人,由他人支付价款的法律行为。转让宅基地使用权,在原宅基地使用权人与新的受让人之间形成了类似于买卖合同的法律关系,即受让人必须依照合同之约定支付价款,转让人必须依照法律的规定将宅基地使用权交付给受让人。

根据《土地管理法》的规定,土地使用权可以依照法律规定转让,具体转让的程序由国务院规定。由于我国没有制定集体土地使用权转让的法律,所以地方人民政府对这一问题的规定各不相同。有的准许宅基地使用权转让,有的不准许宅基地使用权转让。因此,实践中应该遵守地方规章。

(三)租赁宅基地使用权

租赁宅基地使用权是指宅基地使用权人将所享有的宅基地使用权以租赁方式提供给他人使用,由承租人支付租金的法律行为。

在我国,准许宅基地使用权租赁,也准许宅基地使用权人将建设在宅基地上的房屋以租赁方式提供给他人并收取租金。

这里需要注意的是,租赁宅基地使用权,同样必须依照法律规定办理相关的租赁手续;而且租赁宅基地使用权的,未经批准不得改变原宅基地的用途。

(四)入股方式转让宅基地使用权

以入股的方式转让宅基地使用权,是指宅基地使用权人将享有的宅基地使用权作价入股并获得股息的行为。

入股必然导致宅基地使用权的变更,因此被入股的企业在宅基地使用权人入股后,应当依照法律规定及时办理宅基地使用权的变更登记手续。

(五) 赠 与

赠与是指宅基地使用权人将享有的宅基地使用权以赠与方式转让给他人,他人无偿取得宅基地使用权的法律行为。宅基地使用权人可以以赠与的方式处分其享有的宅基地使用权。在实践中,以赠与的方式转让宅基地使用权的情况多发生在农村公民的亲属之间。

在宅基地使用权的流转方式中,应当注意到,宅基地的使用权是不能抵押的。

根据《物权法》第155条的规定:"已经登记的宅基地使用权转让或者消灭的,应当及时办理变更登记或者注销登记。"

四、宅基地的继承和收回问题

(一) 宅基地的继承问题

关于宅基地使用权的继承问题,由于公民对宅基地只有使用权没有所有权,所以不可以作为遗产继承。但建造在宅基地上的房屋产权属于公民自有,可以继承,按照我国法规规定的"地随房走"原则,可以根据房屋所有权的变更而继续使用宅基地,村集体经济组织是不会强行要求村民拆除房屋将宅基地腾退出来的。但不能够据此认为是宅基地的继承。

(二) 宅基地的收回问题

农民依法取得的宅基地使用权受法律保护,集体经济组织不得随意或者擅自收回农民的宅基地。但在下列情况下,集体经济组织是可以收回农民宅基地的:①为乡(镇)村公共设施和公益事业建设,需要使用农民宅基地;②不按照批准的用途使用宅基地;③因住宅迁移等原因而停止使用宅基地。属于第一种情况收回农民宅基地的,对土地使用权人应当给予适当的补偿。

另外,1995年国家土地管理局公布的《确定土地所有权和使

第五章 农业土地政策与法规

用权的若干规定》第 52 条规定:"空闲或房屋坍塌、拆除 2 年以上未恢复使用的宅基地,不确定土地使用权。已经确定使用权的,由集体报经县级人民政府批准,注销其土地登记,土地由集体收回。"

【案例 5-3】 宅基地继承纠纷案

案情简介:1980 年 2 月,杨某的父亲以一家四口人(杨某父母、杨某与其妹)名义,向当地村委会申请宅基地建房。1992 年杨某高中毕业,考上省城的一所大学,户口随之迁出,后分配到距离家乡不远的一座城市的机关工作,婚后在市里居住。1996 年 6 月,杨某的妹妹出嫁,户口也随之迁出,老家的住宅一直由杨某的父母居住。2001 年 1 月和 2003 年 2 月,杨某的父母先后去世,老宅已无人居住。2003 年 8 月,当地村委会通知杨某,因其父母已经过世,村里按规定将其老宅的宅基地使用权收回,要求杨某在规定时间里将宅基地上的附着物拆除清理,或者按规定将该处住宅卖给本村有宅基地使用权的村民,遭到杨某的拒绝。杨某认为其父母的房屋连同土地应作为遗产由其继承,双方争执不下,最后村委会将杨某告上了法庭,要求法院判决杨某向村委会返还其老宅的土地使用权。杨某认为,宅基地是其父母合法所得,完全应该作为遗产由杨某继承,要求法院驳回村委会的诉讼请求。

问:杨某是否应该将宅基地返还给村委会?

案例分析:宅基地使用权作为一项特殊的物权,与农民个人的集体组织成员资格紧密相关,尽管申请宅基地建房时杨某户口没有迁出,而随着杨某户口的迁出,其宅基地使用权资格也随之消灭,而其父母的土地使用权也因其死亡而消灭,因此无论是杨某还是其父母,都不再是宅基地使用权的主体。我国现行法律规定,基于身份关系无偿从村集体经济组织获得的宅基地使用权,应作为一种特殊物权,不能作为遗产继承,因此法院判决杨某将该宅基地使用权返还给村委会。

五、宅基地纠纷的解决

宅基地的纠纷主要有两大类：一类是宅基地使用权确权纠纷，另一类是宅基地使用权的侵权纠纷。所谓确权纠纷，也就是确认宅基地使用权权属的纠纷，比如因宅基地地界不清引发的纠纷、宅基地手续不合法引发的纠纷等；而侵权纠纷，也就是在权属明确的情况下，一方侵犯了另一方宅基地合法的使用权引发的纠纷，比如邻居占用了自己的宅基地等。

(一)宅基地使用权确权纠纷的解决

《土地管理法》第 16 条规定："土地所有权和使用权争议，由当事人协商解决；协商不成的，由人民政府处理。单位之间的争议，由县级以上人民政府处理；个人之间、个人与单位之间的争议，由乡级人民政府或者县级以上人民政府处理。当事人对有关人民政府的处理决定不服的，可以自接到处理决定通知之日起 30 日内，向人民法院起诉。"这一法条规定了宅基地使用权确权纠纷的解决方式和程序。

这里应当注意的是，因宅基地使用权引发的争议是不能直接向人民法院提起诉讼的，而应当先提交行政机关处理。

(二)宅基地使用权侵权纠纷的解决

宅基地使用权侵权纠纷，也就是在权属明确的情况下，一方侵犯了另一方宅基地合法的使用权引发的纠纷，这类纠纷可以直接向人民法院提起诉讼，也可以通过和解、调解的方式解决。

第六章　农民专业合作社政策与法规

第一节　农民专业合作社概述

一、什么是农民专业合作社

(一)农民专业合作社的概念

《农民专业合作社法》规定合作社是："在农村家庭承包经营基础上,同类农产品的生产经营者或者同类农业生产经营服务的提供者、利用者,自愿联合、民主管理的互助性经济组织"。此概念中同类是指以《国民经济行业分类》规定的种类以下的分类标准为基础,提供该类农产品的销售、加工、运输、贮藏、农业生产资料的购买等服务。

(二)农民专业合作社的基本原则

1. **成员以农民为主体**　《农民专业合作社法》规定,农民专业合作社的成员中,农民至少应当占成员总数的80%,并对合作社中企业、事业单位、社会团体成员的数量进行了限制。这样规定的主要原因为防止合作社被少数人控制。

2. **以服务成员为宗旨,谋求全体成员的共同利益**　农民专业合作社的互助性特点决定了它必须以其成员为主要服务对象,以服务成员为宗旨。农民专业合作社的目的是通过合作互助提高规模效益,完成单个农民办不了、办不好、办了不合算的事,这就是合作社"人人为我,我为人人"的基本价值观念。因此,合作社在对成员提供服务的过程中不以营利为目的。

3. **入社自愿、退社自由**　入社自愿,就是农民参加合作社是出于自己内在的需求,是自愿的,任何组织(包括政府部门、村委会)或个人可以鼓励和引导农民入社,但不能强迫也不能禁止农民参加某个合作社。农民有权利选择加入或者不加入合作社,也可以加入多个合作社。农民入社不改变家庭承包经营的性质。退社自由,就是成员对合作社提供的服务或者其他方面感到不满意,就可以选择离开。

4. 成员地位平等,实行民主管理 这就是通常所说的"民管"原则。成员地位平等,包括平等享有一人一票的表决权、平等获得服务权、平等获得收益权等,防止少数出资额或者交易量(额)较大的成员对合作社的操纵。

5. 盈余主要按照成员与农民专业合作社的交易量(额)比例返还 这是合作社与其他经济组织的重要区别。《农民专业合作社法》规定,按照成员与合作社的交易量(额)比例返还额占可分配盈余的比例不得低于60%,其目的是鼓励成员多通过专业合作社对外销售产品,以形成规模优势,获取更高的利益。

(三)农民专业合作社的法律地位

1. 法人属性 《农民专业合作社法》第4条规定,农民专业合作社依照本法登记,取得法人资格。农民专业合作社取得法人资格后,即获得了法律认可的独立的民商事主体地位,从而具备法人的权利能力和行为能力,可以在日常运行中,依法以自己的名义登记财产(如申请自己的名号、商标或者专利)、从事经济活动(与其他市场主体订立合同)、参加诉讼和仲裁活动,并且可以依法享受国家对合作社的财政、金融、税收等方面的扶持政策。

2. 责任制度 农民专业合作社以合作社的名义对外承担责任,也就是说,合作社的债权人不能直接追究合作社成员的责任。农民专业合作社成员以其账户内记载的出资额和公积金份额为限,对农民专业合作社承担责任。

二、农民专业合作社与公司的联系和区别

(一)农民专业合作社与公司的联系

第一,两者都具有营利性和独立性等企业的一般属性。两者都直接从事商品生产、流通或服务等经济活动,都以营利为目的,这也是它们与国家机关、事业单位和社会团体的显著区别;都具有经营管理的自主权,实行独立核算、自负盈亏。

第二,两者都是法人,都在工商部门登记。

第三,两者都有相似的权力机构、执行机构、监督机构和经营管理者等相互制衡的组织机构。

第四,在发展农业产业化经营中,农民专业合作社与公司有着紧密的合作。例如,有的实行"公司+合作社+农民"的模式,有的公司吸收农民专业合作社及其成员参股等。

(二)农民专业合作社与公司的区别

1. 目标的差异 公司以营利为目的,是纯粹营利性组织,获得利润并为股东创造价值是公司的根本目的。而农民专业合作社对成员主要是提供服务,是一种互助性的经济组织。农民专业合作社与公司的其他区别都是由此而派生出来的。

2. 决策方式的差异 公司股东在决定公司重大事务时按出资比例行使表决权,出资越多,表决权越大。农民专业合作社的成员在合作社的选举和表决中实行一人一票的民主管理模式,成员无论出资多少,各享有一票的表决权。

3. 利润分配方式的差异 公司股东按出资比例分配利润,农民专业合作社的盈余主要按成员与其的交易量(额)比例返还和进行二次分红。

4. 公司股东出资不能抽回,农民专业合作社实行"退社自由"的原则 《中华人民共和国公司法》(以下简称《公司法》)不允许股东在公司成立后抽回出资,股东如果想与公司脱离关系,只能向其

他人转让公司的股份。但农民专业合作社实行"退社自由"的原则。

5. 办合作社的门槛比办公司要低得多　《农民专业合作社法》对于合作社的出资问题有非常宽松的规定,农民入合作社可以出资也可以不出资。但是公司则有最低注册资本的要求,比如一人有限责任公司的注册资本最低限额为人民币10万元,一般的有限责任公司最低要求有3万元注册资金。

6. 对于成员(股东)的要求不同　合作社的成员中,农民至少应当占成员总数的80%。公司只对公司股东的数目做出了要求,比如一人有限责任公司,要求有一个自然人股东或者一个法人股东,一般有限责任公司由50个以下股东出资设立,股份有限公司有2人以上200人以下为发起人,其中须有半数以上的发起人在中国境内有住所,而没有对股东成分做出限制。

第二节　如何成立农民专业合作社

一、如何发起成立农民专业合作社

(一)确定可行的发展目标

从世界合作社的发展历程来看,合作社的价值是:合作社建立在自助、自主、民主、平等、公平和团结的基础上,合作社成员坚持诚实、开放、关心社会、照顾他人的道德价值观。因此,合作社有两个发展目标:经济目标和社会目标。经济目标是提高成员的经济收入和经济地位。在此基础上,追求合作社的理念和价值,实现合作社的社会公正、成员的全面发展和共同致富,并带动当地的文化建设,这是合作社的可贵特质。

(二)确定生产经营业务

合作社生产经营业务的范围不仅要写入章程,而且也要由工

第六章 农民专业合作社政策与法规

商部门登记予以确认。从国内外合作社发展的经验看,农民专业合作社经营业务的确定也有一定的规律可循。

一是要符合国家产业政策和当地政府的发展规划。国家的产业导向往往与政策支持相联系,如果合作社的经营业务与国家产业导向、县域农产品优势区域布局、农业开发项目、科技开发项目结合起来,可以得到政府技术部门的支持。

二是根据当地资源条件和农民的种植习惯确定经营服务的内容。

三是合作社的经营业务要有一个适度的规模。规模过大可能出现服务能力跟不上的情况,规模过小则难以取得经济效益。

【案例6-1】 北京新特新葡萄产供销合作社

北京新特新葡萄产供销合作社,于2000年初由大孙各庄镇林业公司牵头,当地二十几个红提大户共同发起,为了解决红提种植、销售等问题,以"民办、民管、民受益"为原则组建了北京新特新葡萄产供销合作社。合作社共吸纳农民入资106万元,拥有社员397户,红提种植面积7 100亩,葡萄保鲜库30座。2001年销售红提100余万千克,实现销售收入1 000余万元,社员亩均效益1 000元左右,最高每亩达到4 000元。合作社着重抓了以下5个方面工作。

一、建章立制,全方位服务

首先,由所有的社员每人一票选举产生了董事会、理事会、监事会和社长。其次,制定了《合作社章程》。《章程》中明确规定了社员资格,社员的权利、义务和入资的资金使用办法及合作社利润的返还办法。再次,合作社下设二部一院,即技术部、销售部和植物医院。合作社对社员的具体服务内容如下。

1. 提供生产资料 合作社为了降低农户生产成本,以批发价向其提供水泥杆、铁丝、农药、肥料等生产资料,农户只需一个电话,合作社便送货上门。通过核算,每亩可为农户节约成本50元。

2. 提供技术服务 合作社聘请了北京农科院 3 名葡萄种植专家为常年顾问,举办了数十次技术培训,其中 500 人以上的大规模培训就达到 8 次,发放资料近万份。同时,合作社还成立了专门的技术服务队,到红提种植户田间地头进行巡回指导。

3. 典型示范带动 为了保证种苗的纯度和降低农户的生产成本,合作社建立了一个 1000 亩的实验示范基地,种植的品种主要有:黑提、红提、奥山红宝石、无核白鸡心等 20 多个市场畅销的世界名优品种。合作社出售给内部社员每株种苗的价格为 3.5 元,对外每株 4 元;2008 年,基地共销售种苗 100 万株,创利润 150 万元。

4. 提供销售服务 首先,合作社通过市场调查,确立了社员红提收购保护价格。其次,确定农民自行销售指导价格,避免了农民相互降低销售价格和小商、小贩的压级、压价。再次,合作社组织了 3 批收购队,出车、出人到农户田间地头收购。2001 年,由合作社直接收购 20 万千克,中间商收购 15 万千克,农民在合作社指导价下自行销售 60 余万千克。10 月 12 日,合作社在红提收购兑现大会上已将全部收购款返还给了农民,并且按社员的交易量,合作社扣除公积金、公益金后,每千克返还给社员 1.3 元,实现了合作社零利润经营。

二、强化品牌意识,以优质产品占领市场

合作社成立之初便意识到,如果要占领广阔的市场,必须打出自己的品牌,于是在 2001 年春季便向区工商管理局注册了"口头福"牌商标,聘请了美院专业人员设计包装箱,在销售前订购了 10 万个包装礼盒。为了避免以次充好现象的发生,规定包装盒一律不得私自发放,由合作社统一分级包装,保质保级。

三、重视科技投入,提高产品科技含量

为了提高红提的科技含量,合作社把发展无虫害食品作为主攻方向,2001 年初取得了北京市安全食品体系认证。其具体做法

第六章 农民专业合作社政策与法规

是:选择优质、纯度高的种苗,大量使用农家有机肥,使用低残留农药和进口套装技术。通过一系列措施,北京新特新合作社的红提在全国红提六项指标评比中,着色度、含糖度、糖酸化三项获得第一名,提高了产品在北京乃至全国市场的知名度,提高了红提的销售价格和档次。

四、利用自身优势,发展旅游观光农业

合作社划出1 000亩的观光采摘区,供广大游客采摘,在中秋、国庆两节期间共接待游客15 000余人,采摘红提5万千克,采摘价格每千克16～20元。2002年开始,合作社对采摘活动实行"一卡通",游客持卡在全镇范围内可任意采摘。

五、重视开拓市场,建立多种销售渠道

北京新特新葡萄产供销合作社在红提大量上市前期就开展了各种市场营销活动。一是成立了由副镇长牵头的5人市场销售队伍。二是邀请大钟寺、四道口、大型超市等果品经销商400余人到实地考察。三是合作社利用电视广告、网络、报刊等手段开辟外埠市场,仅深圳一个经销商就订购10个货柜的红提。通过各种促销活动,在红提销售旺期,一天收购红提的车辆就达到400多辆。合作社的红提销售不仅在北京市场占有一定的比重,还销往了广西、河北、广东、山东等十几个省市。

二、发起人发动农民入社

(一)发起人

筹建合作社需要有人领头干。发起人就是发起并从事创办农民专业合作社的人。在农民专业合作社的设立准备阶段,发起人对外代表设立中的组织。发起人的行为,经成立后的农民专业合作社的确认,其效果归属于本合作社。发起人可以是自然人,也可以是法人,包括龙头企业、社区合作经济组织、各级政府及其他经济组织;可以是本地能人,也可以是村干部、乡镇农技人员等。自然人作为发起人的,必须具备以下条件:坚持党的路线、方针、政策,政治素质好;在业务领域内有较大的影响力;未受剥夺政治权利和刑事处罚的;具有完全民事行为能力。发起人的职责主要是:①草拟章程;②讨论筹建合作社的各项事宜;③发动农民及有关方面入社;④向主管部门申请合作社成立;⑤筹备合作社成立大会;⑥向合作社成立大会报告前期工作情况。

发起人在筹建合作社的过程中相互负有连带责任。合作社成立后,发起人筹建合作社的费用应由合作社承担,因种种原因合作社不能成立时,费用由发起人均摊。合作社成立后,发起人不享有任何特权,合作社章程中另有规定的除外。

(二)农民专业合作社成员的条件

①具有民事行为能力的公民。即首先是中国公民;其次要年龄在18岁以上或者以自己劳动收入为主要生活来源的16岁以上,精神正常的公民。

②从事与农民专业合作社业务直接有关的生产经营活动的企业、事业单位或者社会团体。如公司、企业、科研院所、科技协会等单位可以以一个组织的身份加入合作社,目的是增强合作社的经济实力,实现双赢。

③能够利用农民专业合作社提供的服务。即成员参加购买合作社的生产资料、将初级农产品销售给合作社等活动;只有成员都与自己的合作社进行交易才能保证合作社正常运行。

④承认并遵守农民专业合作社章程,履行章程规定的入社手续。

农民专业合作社可以根据实际情况,在符合法律规定的前提下,对成员的资格做出更为明确具体的规定。具有管理公共事务职能的单位不得加入农民专业合作社。农民专业合作社的成员中,农民至少应当占成员总数的80%。成员总数20人以下的,可以有一个企业、事业单位或者社会团体成员;成员总数超过20人的,企业、事业单位和社会团体成员不得超过成员总数的5%。

(三)成员的权利

农民专业合作社成员享有以下权利:①参加成员大会,并享有表决权、选举权和被选举权,按照章程规定对本社实行民主管理。这是民主管理("民管")的重要形式。②利用合作社提供的服务和生产经营设施。这是"民享"的重要形式。③按照章程规定或者成员大会决议分享盈余。这是"民受益"的重要形式。④成员有权查阅合作社相关的资料这也是民主管理的具体体现。⑤成员有自由退社的权利。⑥章程规定的其他权利。合作社可以在符合法律、法规的前提下,根据实际情况在章程中规定成员享有的其他权利。

(四)成员的义务

农民专业合作社成员承担以下义务:①执行成员大会、成员代表大会和理事会的决议;②按照章程规定向合作社出资;③按照章程规定与合作社进行交易;④按照章程规定承担亏损;⑤章程规定的其他义务。

三、农民专业合作社章程的制定

农民专业合作社章程是在遵循国家法律法规、政策规定的条件下,由全体成员根据合作社的特点和发展目标制定的,并由全体成员共同遵守的行为准则。

(一)农民专业合作社章程的主要内容

农民专业合作社章程至少应当载明下列事项:①名称和住所;②业务范围;③成员资格及入社、退社和除名;④成员的权利和义务;⑤组织机构及其产生办法、职权、任期、议事规则;⑥成员的出资方式、出资额;⑦财务管理和盈余分配、亏损处理;⑧章程修改程序;⑨解散事由和清算办法;⑩公告事项及发布方式;⑪需要规定的其他事项。

(二)农民专业合作社章程制定中需要注意的问题

首先,章程的制定要遵守法律法规。如果合作社章程所规定的内容与《农民专业合作社法》及其他相关法律、法规矛盾,这样的章程是无效的。

其次,章程的制定必须充分发扬民主,由全体成员共同讨论形成。把章程制定的过程当成对合作社理念和制度知识普及和教育的过程,培养锻炼成员形成民主管理意识的过程。

第三,章程的制定一定要从实际出发,不能照抄照搬示范章程。

第四,章程的制定和修改必须按法定程序进行。每个设立人应当在章程上签名、盖章。章程在合作社的存续期间可以逐步完善。修改章程的步骤是,经由成员大会表决权总数的2/3以上通过才能形成决议,然后要到工商行政管理机关进行变更登记。

四、农民专业合作社设立大会的召开

召开设立大会是《农民专业合作社法》规定设立合作社必需的一个步骤。

(一)确定农民专业合作社的名称和住所

农民专业合作社的名称是指合作社用以相互区别的固定称呼,是合作社人格特定化的标志,是合作社设立、登记并开展经营活动的必要条件。《农民专业合作社法》规定,其名称可以由地域、字号、产品、"专业合作社"字样依次组成。如"北京新特新葡萄专业合作社"。名称中必须包含"专业合作社"字样,这是农民专业合作社作为一类独立的法人与企业法人的显著区别。

农民专业合作社的住所是指法律上确认的农民专业合作社的主要经营场所。住所是农民专业合作社注册登记的事项之一,合作社变更住所也必须办理变更登记手续。在工商行政管理机关登记的合作社住所只能有1个,住所可以是专门的场所,也可以是某个成员的家庭住址。合作社的住所是确立法律事实、法律关系和法律行为发生地的重要依据。住所地的确定需要由合作社的全体成员通过章程自己决定。

(二)召开设立大会

设立农民专业合作社应当召开由全体设立人参加的设立大会。设立时自愿成为该社成员的人为设立人,合作社正式注册后他们就是合作社成员。设立大会是合作社成立前的议事机构。设立大会召开前,需要做好发动成员的工作和起草章程的工作。设立大会要进行以下几方面的工作:通过合作社章程;选举产生合作社负责人,包括理事长、理事、监事会成员;确立合作社的名称和住所;审议其他重大事项。

五、农民专业合作社的登记

《农民专业合作社法》第10条规定,设立农民专业合作社应当具备下列条件:①有5名以上符合规定的成员;②有符合本法规定的章程;③有符合本法规定的组织机构;④有符合法律、行政法规规定的名称和章程确定的住所;⑤有符合章程规定的成员出资。

符合上述条件的合作社,由发起人向工商行政管理部门提交合作社设立的相应文件,经工商行政管理部门批准后,合作社就正式成立了。登记机关应当自受理登记申请之日起20日内办理完毕,向符合登记条件的申请者颁发营业执照。登记不得收取费用。

农民专业合作社法定登记事项变更的,应当申请变更登记。如经成员大会法定人数表决对合作社章程进行了修改的;成员及成员出资情况发生变动的;理事长人选变动的;合作社住所变更的;合作社经营范围发生重大变化等都要进行变更登记。变更登记也要按照前面讲过的法律程序,经过申请、受理、审核、发证、公告等步骤,逐步依法完成。

注销登记就是申请取消原来登记过的农民专业合作社名称及

其相关法律文件等的登记,注销登记一般发生在农民专业合作社解散时,也要依照法定程序进行。

第三节 农民专业合作社的管理

一、农民专业合作社的组织机构与民主管理制度

(一)农民专业合作社的组织机构

农民专业合作社通常可以有以下机构:成员大会(权利机关)、成员代表大会(代表机关)、理事会(执行机构)、执行监事或者监事会(监督机关)、经理等。这些机构的设置不是强制性规定,而是由章程决定。

1. 成员大会和成员代表大会 成员大会是合作社的最高权力机关,由全体成员组成。所有成员都可以通过成员大会投票等表决方式,集体行使权力,就合作社的重大事项做成决议。

成员(代表)大会的职权主要有:①讨论、修改、通过章程;②选举和罢免理事长、理事、执行监事或者监事会成员;③决定重大财产处置、对外投资、对外担保和生产经营活动中的其他重大事项;④批准年度业务报告、盈余分配方案、亏损处理方案;⑤对合并、分立、解散、清算做出决议;⑥决定聘用经营管理人员和专业技术人员的数量、资格和任期;⑦听取理事长或者理事会关于成员变动情况的报告;⑧章程规定的其他职权,如决定增加或减少股本金以及批准年终分配方案和弥补亏损办法。

成员大会行使自己权力的形式就是召开会议。会议分为定期会议和临时会议。按照章程规定定期召开的成员大会称为定期会议,成员大会每年至少召开 1 次,每个合作社可以根据自身情况,尤其在合作社成立初期,应适当增加召开会议的次数,会议召开的

第六章　农民专业合作社政策与法规

时间和召集的方法应当写入章程。合作社根据需要可以召开临时会议。农民专业合作社有下列情形之一的,应当在 20 日内召开临时成员大会:①30%以上的成员提议;②执行监事或者监事会提议;③章程规定的其他情形。

成员代表大会是代表机关,由农民专业合作社全体成员代表组成。当合作社成员人数超过 150 人时,可以划分成员小组,以小组为单位选举成员代表,按照章程要求召开成员代表大会,行使成员大会职权。成员代表必须超过成员人数的 1/5,代表任期为 3 年。成员代表的产生办法、任期、代表比例、成员代表大会的职权、会议召集等事项,应当由章程规定。一般而言,由于一些规模较大的合作社难以保证所有成员都到会,成员代表大会出席人数超过成员总数的 2/3 以上时可以开会。成员因故不能出席代表大会时,可委托自己的直系亲属出席,也可委托其他成员代表,委托人要对被委托人出具书面委托书,被委托人只能接受一个成员的委托。《农民专业合作社法》规定,成员代表大会不属于权利机构,只是代表机构,不具有成员大会的权利,只能依据章程行使成员大会的部分或者全部职权。

2. 理事会　理事会是农民专业合作社的执行机构,根据成员(代表)大会的授权负责合作社的日常工作。理事会成员由成员(代表)大会选举产生。理事会一般设理事长 1 人,设副理事长 1～3 人,理事若干人,必要时也可以从理事会中选举产生常务理事会。理事会每届任期 3 年。是否设理事会、理事会的人数是多少、其产生办法、职权等都由合作社章程规定。规模较小、成员人数较少的合作社也必须设理事长。理事长为本社的法定代表人。

理事会的职责有:组织召开成员(代表)大会或临时成员(代表)大会,执行成员(代表)大会的决议,负责管理合作社,确保合作社工作的正常开展;提出、审议合作社的年度计划、财务决算及年度工作报告;代表合作社开展工作,依照合作社章程审议和决定重大事项;依法管理和经营社有资产,确保社有资产保值增值;负责建立章程以外的各项规章制度。

理事长的职权是:召集、主持成员(代表)大会和理事会,检查理事会决议实施情况;代表理事会行使权利,有权对外签署经营及有关合同,对内签署成员证、股金证、购物证和产品销售证;代表合作社承担民事和经济等方面的法律责任;行使职权时,不得变更成员(代表)大会和理事会决议。理事会会议的表决,实行一人一票。

农民专业合作社的理事长或者理事会可以按照成员大会的决定聘任经理和财务会计人员,理事长或者理事可以兼任经理。经理按照章程规定或者理事会的授权,可以聘任其他人员,负责具体生产经营活动。

3. 监事会 监事会是合作社的监督机构。监事会由成员(代表)大会选举产生,监事会主任、副主任由监事会推选产生,每届任期3年,可连选连任。监事会成员不得由理事会成员及其直系亲属或其他高级管理人员担任。监事会议由监事会主任召集,监事会会议须有全体监事2/3以上出席方可召开,会议决议须有出席监事的半数以上通过方可生效。会议决议须通知理事会,监事会对理事会的重大决定有不同意见或建议未被采纳时,有权向成员(代表)大会反映,并有权召开临时成员(代表)大会。监事会会议的表决实行一人一票。

监事会的职权主要是:监督检查理事会对合作社章程和成员(代表)大会决议的执行情况;审查合作社的账目、现金、票据,以及资产负债的合法性和真实性,监督理事会对社有资产的运营状况;有权派代表列席理事会议,向理事会提出改进工作建议,并提请召开理事会议和召开成员(代表)大会;向成员(代表)大会报告监事会工作情况。

监事会的职责主要是:建立监事制度;根据监事会建立并由成员(代表)大会通过的监事制度,对本社的各项业务工作、财经工作进行定期监督检查;代表成员向理事会提出批评、建议;向成员(代表)大会做出工作报告。

人数较少的合作社可以设立执行监事或者监事会,负责对本社的财务进行内部审计。在实践中,许多监事不懂会计和审计,监事岗位形同虚设。为了解决这一问题,应在合作社章程中规定监事履行职责的方法,如多长时间查一次账,监事会可以聘请会计师事务所查账,费用由合作社承担。

4. 管理和工作人员 合作社可以根据生产经营的需要确定设立必要的工作机构,选配经理、会计等管理和工作人员。经理是合作社的雇员,是理事会的业务辅助执行机构,对理事会负责,负责合作社的日常生产经营管理工作,在授权范围内对外代表合作社,对内享有管理合作社事务的权力。理事长或者理事可以兼任经理。合作社的管理人员可以是成员,也可以不是成员。不管其身份如何,理事会都要与受聘者签订聘任合同,合同中对受聘者的权限范围要有所界定,被聘任的管理人员应当在合作社授权范围内履行职务。被聘者交一部分经营抵押金。

(二)农民专业合作社的民主管理制度

我国《农民专业合作社法》从表决权和决议方法两个方面对成员如何行使决策权做了具体规定。

1. 表决权 表决权是指在成员大会上,成员享有的对有关决议事项做出赞成或反对意见的权利。表决权分为基本表决权和附加表决权。基本表决权是每个成员在成员大会选举和表决时,都有一票表示赞成或反对的权利。附加表决权是合作社出资较大的成员或者与合作社交易量较大的成员享有的除基本表决权之外的表决权,其目的是鼓励成员对合作社多投资多交易,提高合作社的实力。但附加表决权总票数不得超过合作社成员基本表决权总票数的20%。章程可以限制附加表决权行使的范围。

2. 如何形成决议 成员大会选举或者做出一般决议,应当由本社成员表决权总数过半数通过；做出重大决议（包括修改章程或者合并、分立、解散的决议）应当由本社成员表决权总数的 2/3 以上通过。章程也可以规定提高重大决议的表决权数，但是自己规定的比例不能低于 2/3。成员（代表）大会的决议应当符合法律规定，凡与国家法律、法规冲突者一律无效。

农民专业合作社的成员大会、理事会、监事会，应当将所议事项的决定做成会议记录，出席会议的成员、理事、监事应当在会议记录上签名。

3. 重大事项公开制度 为了保证成员的知情权和监督权，合作社章程应当根据本社的业务特点和成员、债权人分布等情况，对有关情况的公告事项和发布方式做出规定。

(三)对农民专业合作社的领导人和管理人员的从业限制

农民专业合作社的理事长、理事和管理人员不得有下列行为：侵占、挪用或者私分本社资产；违反章程规定或者未经成员大会同意，将本社资金借贷给他人或者以本社资产为他人提供担保；接受他人与本社交易的佣金归为己有；从事损害本社经济利益的其他活动。

理事长、理事和管理人员违反前款规定所得的收入，应当归本社所有；给本社造成损失的，应当用个人财产承担赔偿责任。《农民专业合作社法》第 30 条规定，农民专业合作社的理事长、理事、经理不得兼任业务性质相同的其他农民专业合作社的理事长、理事、监事、经理。执行与农民专业合作社业务有关公务的人员，不得担任农民专业合作社的理事长、理事、监事、经理或者财务会计人员。

二、农民专业合作社的产权制度

产权是财产所有权的简称，通俗地讲，产权就是某个组织或个人在财产上的权利，产权可以分解为占有权、使用权、收益权和处分权。产权制度是指以产权为依托，对财产关系进行合理有效的

第六章 农民专业合作社政策与法规

组合、调节的制度安排。农民专业合作社的互助性,使得它的产权制度与其他经济组织的产权制度有重大差异。其中,建立成员账户、公积金按交易量量化到成员、合作社接受国家财政直接补助和他人捐赠形成的财产需平均量化到成员等一系列制度规定,可以有效地保障成员的私人财产权。

(一)合作社的资金筹措

合作社的资金来源包括成员出资、合作社公共积累资金、国家财政补助资金及其他合法收益。

1. 成员出资 成员出资是成员参与合作社活动、为自己取得民生权利、设立民事义务的前提条件。《农民专业合作社法》把成员是否出资、如何出资、出多少资、出资如何参与盈余分配等问题交由合作社章程决定。根据成员资金实力和出资意愿不同,成员的出资可以分为资格股和投资股。资格股是取得合作社成员资格的条件,一般都是一人一份,金额平均。投资股则是成员对合作社的投资,可以参加股金分红。入股方式可以是现金,也可以是合作社经营中所需的其他资产或投入品,但折价必须合理。合作社要给成员发股金证,作为成员出资的凭证,也是成员在合作社中的财产权的凭证。

2. 从合作社盈余中提取的公共积累资金 合作社年终盈余分配时,按章程规定并经成员大会批准,可以从合作社盈余中提取一部分作为公积金。除了公积金以外,合作社还可以根据需要提取公益金和发展基金。公益金用于成员的福利,如医疗、教育和养老;发展基金用于合作社风险的承担。具体提取比例由成员大会决定。

3. 政府财政扶持资金、他人捐赠资金 政府财政扶持资金不属于可分配资本,只能用于合作社经营业务。这笔资金所创造的收益归合作社所有,但应单独设立账户,在合作社清算时应按照补助的性质分别处置,或由政府收回,或可进行分配等,具体分配方法则由合作社决定。

4. 其他合法收益 合作社在经营期间获得的其他合法收益,应属于合作社的公共积累基金。例如,房屋设备出租金、对外举债取得的资金等。

(二)农民专业合作社的财产权利

《农民专业合作社法》第4条规定,农民专业合作社对由成员出资、公积金、国家财政直接补助、他人捐赠以及合法取得的其他资产所形成的财产,享有占有、使用和处分的权利,并以上述财产对债务承担责任。这一规定包含了以下几方面的内容。

1. 合作社拥有能够独立支配的财产 合作社作为法人组织,拥有独立的财产并对其财产拥有法人财产权,因此合作社要确保公共产权的完整性和合作社的合作性质。合作社的财产应由合作社占有、使用和处分,但这种处分应以合作社章程的规定和成员大会的授权为依据。

2. 合作社对所拥有的财产只有支配权而没有收益权 合作社的本质是对外盈利、对内非盈利。首先,合作社作为一个经济组织,对外要盈利,要保持一定的经济实力才能在激烈的市场竞争中生存;其次,在合作社内部,不能赚合作社成员的钱,要把盈利返还给成员。

3. 农民专业合作社对其财产的支配以合作社章程为依据 合作社对其财产可以以合作社的名义独立行使财产权,但由于合作社的互助性和民办原则,决定了成员还要参与对合作社的财产管理,合作社行使财产权利必须以合作社章程的规定和成员大会的授权为依据。

(三)成员的财产权利

1. 按照章程规定或者成员大会决议分享盈余 成员按照自己对合作社的出资份额对合作社的财产享有完全的所有权,即占用、使用、收益和处分权,因此年终合作社盈利时成员可以获得股金分红,当然合作社亏损时成员也要承担风险。

2. 成员退社时有权带走属于自己的财产　成员资格终止时,可以得到以下属于自己的财产:①记载在该成员账户内的出资额和公积金份额,合作社要按照章程规定的方式和期限退还;②成员资格终止前的可分配盈余,以成员账户中记载的出资额和公积金份额形成的财产平均量化到成员的份额比例分给该成员。如果合作社亏损了,资格终止的成员应当按照章程规定分摊资格终止前本社的亏损及债务。

3. 成员对国家财政直接补助和他人捐赠形成的财产享有受益权　合作社接受国家财政直接补助和他人捐赠形成的财产平均量化到成员的份额,按比例分配给本社成员。国家补助项目是国家政策性的补助项目,是合作社执行国家政策的具体表现,在这个过程中形成的资产应该归合作社管理,这样可以保证项目不受损坏,延长项目的生命周期。在项目资产的具体处理上,应该平均量化到每一个成员的账户上。国家财政补助形成的财产,在解散、破产清算时,不得作为可分配剩余资产分配给成员,处置办法由国务院规定。成员退社时不能带走这部分资金形成的财产。

4. 成员对合作社的财产具有管理权　民主管理原则是合作社的基本原则。那么,有的成员就说了,我既然有对合作社的民主管理权,那我就应该有权利直接支配或者参与管理合作社的财产。这个观点是不对的,因为合作社要实行财产委托管理,全体成员通过成员大会选举理事会,就是把财产的管理权交给了理事会去行使,普通成员没有管理权,要想行使自己的管理权利就要参加成员大会,积极参与对合作社的大计方针的制定,对具体的管理上的意见可以及时与理事会成员沟通,也可以通过监事会对合作社提出建议和监督。

(四)农民专业合作社成员账户制度

成员账户是指农民专业合作社对每位成员进行分别核算而设

立的明细账目。实行成员账户制度,是国外合作社的成功做法,其原因有:①可以为合作社盈余分配提供依据;②可以分别核算成员出资额和公积金变化情况,为成员承担责任提供依据;③可以为附加表决权的确定提供依据;④可以为处理成员退社时的财务问题提供依据。

成员账户主要记录以下3方面的内容。

1. 该成员的出资额 包括入社时的原始出资额,加入后对合作社增加的投资,也包括公积金转化的出资。

2. 量化为该成员的公积金份额 《农民专业合作社法》规定:每年提取的公积金,按照章程规定量化为每个成员的份额。至于公积金的量化标准,法律并没有明确的规定。把提取的公积金量化为每个成员的份额,是为了明晰合作社与成员的财产关系,保护成员的合法权益。下面这个案例反映了合作社成员的公积金因为交易额不同而存在较大差异。

【案例6-2】 交易额不同导致公积金的数额不同

假设有张、王、李、赵、陈5人分别出资20 000元组建农民专业合作社,这样在组建时5人对合作社财产的占有比例都是20%。假设当年5位成员分别通过合作社销售农产品400千克、300千克、200千克、50千克和50千克。合作社对外的销售价格是12元/千克,扣除运输、贮藏等环节的费用后,合作社以10元/千克的价格向成员收购,即每千克合作社留下了2元钱。这样,由于共同销售1 000千克,合作社就获得了2 000元的购销差价。如果年终核算时各种费用合计为1 000元,当年就会产生1 000元的盈余。由于5位成员的出资是相同的,与合作社交易量大的成员,在分配盈余时就要获得更多的盈余返还比例。例如,成员张获得的盈余分配比例就应当是40%。如果同样按照与合作社交易额的比例,从盈余中提取100元的公积金,成员张也应该占有40%的份额,就为40元,明显多于其他人。这样,经过合作社1年的运

第六章　农民专业合作社政策与法规

转后,由于成员交易份额的不同,使得他们的出资比例,就由最初的等额变成了不等额了,成员张在出资额中所占比例最高,而成员陈则最低。

由于成员与合作社的交易量(额)、出资比例每年都可能发生变化,每年的盈余分配比例也会发生相应变化,因此应当每年都对公积金进行量化。

3. 该成员与本社的交易量(额)　交易量(额)的大小体现了成员对农民专业合作社贡献的大小,成为盈余返还的一项重要标准。

4. 对成员交易与非成员交易要进行分别核算　《农民专业合作社法》第34条规定,农民专业合作社与其成员的交易,与利用其提供的服务的非成员的交易,应当分别核算。

(五)农民专业合作社盈余的分配方式

《农民专业合作社法》第3条规定,盈余分配的原则是主要按照成员与农民专业合作社的交易量(额)比例返还。按照该原则,合作社的盈余主要分为积累和剩余利润两部分,剩余利润部分才是可分配盈余。农民专业合作社的盈余分配顺序如下。

1. 扣除当年开支和负担　合作社的开支和负担是合作社运行的成本,包括:上交的各项税费、支付的贷款利息、设备折旧、雇用人员工资、投资股金利息、经营管理人员工资等。

2. 提取合作社的积累　合作社扣除当年开支和负担之后的剩余利润称为合作社利润,应在合作社利润分配前优先提取合作社的公积金,有条件的还要提取公益金和发展基金。提取比率参考如下:公积金为税后利润的5%～10%;公益金5%～10%;发展基金为税后利润的10%～20%。合作社的管理费用也要从合作社利润中提取,提取比例由成员大会决定。

公积金是盈余公积金,不属于资本公积金,因此每年提取的公积金按照章程规定量化为每个成员的份额。公积金的用途主要有:用于弥补亏损、扩大生产经营、转为成员出资。公益金用于成员的福利。发展基金主要用于亏损年度支付成员的股息,购买设备以及进行新产品开发等。

3. 合作社盈余分配 在弥补亏损、提取公积金后的当年盈余,为农民专业合作社的可分配盈余。合作社的本年盈余按照下列公式计算:

本年盈余＝经营收益＋其他收入－其他支出

合作社盈余分配的具体分配办法按照章程规定或者经成员大会决议确定。分配方法实行盈余返还制,一般包括按交易量返还和按股分红。

(1)按交易量返还 按交易量返还指以成员在合作社购买商品和卖给合作社的农产品的实物量或货币量为主要分配依据,以盈余返还为主要形式。具体操作时,用合作社确定按交易量返还的总量,除以成员利用合作社服务的总量,计算出每利用一次合作社服务(如买一袋种子、卖给合作社1千克农产品等)应返还的钱。《农民专业合作社法》规定,按成员与本社的交易量(额)比例返还,返还总额不得低于可分配盈余的60%。

(2)按股分红 按股分红指对合作社当年盈余的一部分,按照成员股金进行分配。其比例一般掌握在高于银行同期利率、低于按交易量返还之间,具体由成员大会决定。

第四节 农民专业合作社对成员的服务

一、农民专业合作社对成员的购销服务

农民专业合作社对成员的购销服务,主要包括提供农业生产资料的购买、农产品销售,以及与购销活动相关的加工、运输、贮藏等服务。

第六章　农民专业合作社政策与法规

(一)农民专业合作社成员联合购销

农民专业合作社成员的联合购销,就是农民联合起来组成合作社,由合作社统一采购成员所需要的生产资料、生活资料,统一销售成员生产的农产品。

1. 农民专业合作社开展联合购销业务的内容和作用　农民专业合作社在向成员提供的服务中,最重要的就是联合购销服务,联合购销可以降低交易采购成本、提高销售价格。联合购销服务的内容包括:①联合购买生产资料,如种子、种苗、化肥、农药等;②联合销售农产品,如农超对接等;③联合购买生活资料,如取暖用煤、家用电器等生活用品。

【案例6-3】　北京市密云县太师屯镇兴办合作社提高产品销售价格

太师屯镇引进了一家葡萄酒酿造企业,镇政府动员农民种植葡萄,并承诺3年内葡萄收购价不低于2元/千克。2001年,公司只以每千克1元的价格收购,还有每千克1元钱的差价只好由镇政府向农民进行补贴。2004年,农民自发组建了9个葡萄合作社,与加工企业进行谈判,厂家收购价就从2003年的1元/千克上升到3.2元/千克。2005年,葡萄合作社在市场调查的基础上,联合起来再次与厂家谈判,收购价提高到3.9元/千克,还争取到了加工企业的技术支持和肥料补贴。

2. 联合购销时合作社与成员之间的交易价格如何确定　合作社经营时遵循"对内非盈利、对外盈利"的原则。合作社对内与成员之间的交易价格,无论是生产资料的联合采购,还是产品的联合销售,一般都按成本价格结算。在实践中,合作社与成员之间的交易,除了联合采购生产资料实行按成本价格结算外,产品销售还遵循市场价格原则,有的合作社还实行最低保护价制度,以保障成员收入的最低期望值。在此基础上,合作社在收购成员产品时,价格随行就市,多数合作社还以高出市场价格一定幅度收购成员的产品。

合作社对外销售农产品则因形成了规模优势而比单个农户销售价格高,因此可以获得更多的盈利,合作社销售后的利润除去成本、提取公积金后还要对成员按交易量(额)二次返还,这样可以保障成员利益最大化的实现。但合作社与成员之间的交易价格仍涉及成员的眼前利益,因此一定要按照"先民主、后集中、再决策"的程序,充分民主协商,集中多数成员意见,在此基础上做出决策。

【案例 6-4】　北京市圣泽林果品专业合作社成员民主协商价格

2006 年秋季收购梨时,该合作社召集了理事和部分成员代表,讨论最低收购价问题。部分理事提出,收购价格应当维持在 2005 年水平,然后再进行二次返利;而成员代表提出,应当在 2005 年价格的基础上,上浮 10% 作为最低收购价,然后再视经营情况进行二次返利,这样可以体现合作社的生命力和成长性。经过充分讨论后,全体理事一致决定采取后者的意见。虽然这样做合作社增加了近 20 万元的收购成本,但增强了合作社的凝聚力,提高了成员办好合作社的信心,因而是可取的。

2007 年秋季收购梨时,面临着激烈的市场竞争,该合作社又召开了理事会和成员代表会议,讨论决定当年收购梨最低保护价问题。多数理事和成员代表主张当年合作社收购梨时,不定最低保护价,以避免有针对性的市场竞争对手的挑战。也有部分理事和成员代表认为,不确定最低保护价收购,很可能导致部分成员的产品流失,而完不成合作社全年销售计划。经过激烈讨论,最后达成一致意见,决定不确定最低保护价。在做出决定的时候,合作社理事会确实也在担心这个决定是否正确,以及成员是否会把他们的梨交给合作社。但到收购的季节,理事会的担心随即消除了,踊跃交售梨的车辆排成了长队,合作社完成梨的收购量比 2006 年增加了 20%。成员之所以能够踊跃把产品交给合作社,是因为年终还有按交易量(额)二次返还的收入。

第六章 农民专业合作社政策与法规

(二)农民专业合作社如何做好对外营销业务

1. 农民专业合作社产品营销的主要渠道

(1)订单销售 即合作社与有关连锁超市、批发市场、公司签订订单合同,按照合同规定的产品、数量、质量、价格和交货时间销售产品。现在,国家鼓励农超对接并出台了有关支持政策,合作社应利用这一政策直接销售农产品。

【案例 6-5】 北京市密云县冯家峪镇西白莲峪柴蛋鸡养殖合作社实行合同购销

该合作社有成员 360 户,柴蛋鸡养殖规模达到 4 万只。为了搞好产品营销服务,该合作社做了多方面的努力。一是联合创建品牌。合作社注册了"京香"牌商标,生产全过程实行四个统一,即"统一进雏鸡、统一防疫、统一收购、统一销售"。二是实施标准化生产。合作社建立了严格的柴蛋鸡饲喂标准,收购成员产品实行分户包装,信用卡入箱,逐户抽检,责任追究制度,确保产品质量。三是在销售环节,合作社与"密之水"物流配送中心、大发超市、景区宾馆签订了长期的购销合同,按保护价收购成员产品。合作社现有 80 米^2 的恒温保鲜库和 2 辆保鲜运输车。2007 年销售额 960 万元。每千克收购价比市场价高 1 元。合作社饲料厂供应饲料,每吨比市场价低 170 元。这一"高"一"低",使成员受益。

(2)委托代理商销售 农民专业合作社经过市场调研、洽谈,选择合适的代理商业机构,将自己的产品委托他们进行销售。这种方式的好处是销售流通成本较低,也比较省心;缺点是容易受代理商的控制,代理商往往分享销售环节利润较多,而风险又很少承担,合作社往往处于被动地位。

(3)合作社直接销售农产品 农民专业合作社采取直销方式,选择产品有市场的主要销地开设销售机构,如专营店、专柜或直销店,或者进行"农社"对接、"农校"、"农企"和"农市"等各种对接,形成稳定的供销关系。直销的优点是可以减少中间环节利润的流失,增加合作社销售收入;缺点是对合作社的要求较高,一般应具备一定的经济实力、较强的营销能力和数量较大的产品规模。

(4)农产品销售给批发市场　很多规模较小的农民专业合作社都采用这种形式。不足之处是由于产品是在批发市场卖给批发商,销售价格一般都低于直销价格。

(5)组建合作社联社　专业合作社为了规避单打独斗和规模小的弱点,应尽可能多地联合起来,探索建设专业合作社联合社(或者联合会),农民不单生产或零售初级产品,而是通过合作联合实现规模与品牌升级,实现较高的收益。例如,江苏省已组建73家销售合作联社,在城市社区开设62家直营店,直接带动1 300家合作社进城直销农产品。

(6)合作社电子商务营销　即合作社通过网络营销产品。目前主要两种形式:一种是合作社自办网站,通过网络与客商进行产销对接,将产品销到国内外;另一种是网上联合社营销模式。2008年北京市房山区依托"房山农合网"构建了"网上联合社",为每个自愿加入的合作社建立了个性化网店,对外展示合作社产品。已为全区50家合作社建立了网店,产品展示280余项,为合作社架起了产品推介营销的"金桥"。北京市大兴区建立电子商务交易体系营销模式,初步建立"网上交易,网下配送"架构。去年农副产品电子商务成交额达到1 000余万元,做出了创新性探索。

2. 做好市场营销需要把握的几个重点环节

①树立以市场为导向的现代营销观念。

②明确产品的目标市场。要了解市场的发展趋势,并根据市场消费的新趋势,准确判断自己产品的市场前景。特别是要对消费者进行市场细分,明确自己产品的目标市场,采取适当的营销策略和有针对性的促销手段,建立起自己产品的消费者群体。

③实施适当有效的促销策略。要把产品的长期营销计划和短期营销计划结合起来,通过举办或参加各种类型产品展销会、博览

第六章　农民专业合作社政策与法规

会,开设产品专营点、专卖店等多种形式,做好品牌推介和宣传活动,扩大产品的知名度和市场占有率。

④实施品牌战略。品牌是一个合作社的无形资产,也可以代表一个合作社的形象。通过创立品牌,可以提高产品知名度,增强市场竞争力,实现合作社增效增收。这是很多合作社的成功经验。积极开展农产品品牌宣传,利用广播、电视、书报、会议交流等,大力宣传合作社的农产品,提高产品的知名度。

⑤实施标准化生产提高产品质量。提高合作社产品质量的重要措施就是要实施标准化生产。如果合作社不组织成员实行标准化生产,质量难以保证将影响整个合作社产品的销售。

⑥做好产品质量认证。在食品消费已形成营养、绿色、健康等新的消费理念的条件下,我国相关机构开展了"无公害农产品"、"绿色食品"、"有机食品"的质量认证工作。

二、农民专业合作社对成员的技术服务

(一)农民专业合作社向成员提供技术服务的形式

1. 对成员实施技术培训项目　主要是针对新技术、新品种引进中的问题,以及成员生产中经常遇到的技术难题,开展技术培训。主要方式有,请技术专家给成员讲课,组织成员参观学习,并向成员印发技术资料,请专业技术人员在田间地头对成员进行指导。

2. 引进新品种、新技术　农产品有时效性,当一个新开发的农产品被市场认可后,很快就会被他人纷纷效仿,其结果是价格逐渐下降,该农产品进入周期性衰退。这是无法避免的现象,合作社只能不断地寻找新的生长点才能长期发展下去。因此,合作社应及时做好规划,规划应包括多角度多方面的配套计划,如品种安排、季节安排、现有产品的后续产业开发、品牌管理、市场营销方案、新产品的试种和示范等内容。

3. 实施与品牌建设结合的统一技术服务　在品牌建设过程中,

农民专业合作社组织成员进行标准化生产,并向成员提供若干项统一的技术服务。

4. 组建技术服务队伍及时帮助成员解决技术难题 合作社应组建技术服务队伍提供全程技术服务。有的合作社组建专家大篷车定期到村服务,有的合作社专门设置热线电话,技术服务人员必须在很短的时间内(比如2小时)到达现场。

(二)农民专业合作社如何提高技术服务的水平和能力

1. 吸引人才 吸收技术部门或专业技术人员参加合作社。

【案例6-6】 河北省望都县红果实蔬菜合作社
吸收技术部门参加合作社

该合作社是2004年4月由县农业局派专人领办的,成员涉及20多个村。该合作社充分发挥技术人员的服务功能。县农业局派专人负责技术指导,实行无公害生产,合作社申请注册了"庆都"牌蔬菜,因蔬菜质量好,保定市各大超市与合作社签订了农超对接合同,每天清晨合作社的蔬菜源源不断地运到保定市各大超市,成为市民信赖的农产品。由于产品供不应求,合作社积极联系信用社为社员贷款建立蔬菜大棚,近年来蔬菜生产规模稳步增长,成为望都县的支柱产业。

2. 承担农业科技应用项目 农民专业合作社作为农业科技项目的实施单位,承担农业科技应用项目,可以使先进的科技大面积、大范围推广、应用。在实践中,一些合作社通过直接与科研单位对接,承担政府的技术开发和推广项目,增加了产品的花色品种,改善了产品品质,创建了产品优势品牌。

3. 生产过程中加强监督 为了保证产品质量必须进行标准化生产,而进行标准化生产最有效的保障措施则是产中监督措施。产中监督措施主要有以下几个。

(1)示范户承担连带责任 每个村的示范户带动一部分农户,负责对这部分农户的技术指导和监督,对他们违反操作规程的行为负责。

(2)一人违约整村承担连带责任　该方法的原理是利用乡村社员之间的从众心理。一旦一人违反操作规程,合作社不收整个村的农产品,全体社员经济效益受到损失,使得违约的农户在村里承担巨大的道德上的压力和指责,这种压力迫使农户不愿冒如此大的风险去采取偷懒行为。因此,该方法对规模较大的合作社是非常有效的。

(3)事后检验法　在合作社回收农产品时对每家每户逐一抽检。这种方法成本较高,需专门的检验人员。

第五节　农民专业合作社的文化建设和成员教育

合作社的启动和成长发育需要农民的合作能力,合作经济组织的弱小实体之间的合作性质,要求有相应的意识形态。国际合作社联盟第 31 届大会明确合作社价值观念的基点是:自助、民主、平等、公平和团结。这些价值观念不是作为合作社成员的农民与生俱来的,合作社需要对成员进行合作精神的培养。

一、农民专业合作社文化建设的原则

(一)以改变传统农民、培育新农民为目的原则

国外合作社运动的历史表明:合作社的发展就是一场文化运动。它以改变农民传统的生活方式为己任、以提高农民的综合素质为发展的目的。在合作社文化建设中,不仅要提高农民的文化水平,还要提高农民成员家政、卫生、健康等多个方面的素质。因此,文化建设必须要遵循提高农民综合素质、改变传统农民、培育新型农民的原则。

(二)系统推进、综合治理原则

农民专业合作社的发展从纵向来看是一个历史过程,从横向来看是一个系统的、综合的改造过程。其文化建设要求完成3个方面的转变:一是政治上的转变,其目的是为农民提供广阔的政治自由空间;二是文化上的转变,其目的是使广大农民接受合作的文化和价值取向;三是意识上的转变,其目的是使农民克服小农意识,树立民主合作的意识,成为具有现代合作意识的新农民。每一个转变的实现又都受多因素的制约。所以,农民专业合作社的文化建设必须系统推进、综合治理,否则只会事倍功半。

二、农民专业合作社文化建设的对策

(一)合作社带头人的培养

德国学者指出,没有合作社企业家就不会有合作社,如果一个普通的企业家选择了合作社的组织形式,那就意味着他不能一个人独自控制企业,其决策权利要与其他成员分享;如果没有一定的奉献精神,企业家就难以被吸引到合作事业中来。据对合作社成员的调查,他们眼中合作社的带头人应该具备以下素质:有经济头脑、能带领大家发家致富,有一定的组织才能、大公无私、甘于奉献、作风正派、"一碗水端平"、道德水平高。成功的农民合作社带头人主要来自5个方面:专业经营大户、农村经纪人、专业技术人员、农民企业家和专业村干部。他们不仅懂经营、精技术、会管理,还富有市场开拓和乐于奉献的精神。

(二)提高合作社成员的合作能力

合作教育主要通过学习和培训来完成。

1. 培训内容 主要包括技术培训和合作教育。合作教育包括合作社的基本原则、基本制度和利润分配方法培训,成员的权利义务和行使民主权利的方法培训,成员的健康保健和卫生知识培训,交流发展合作社的工作经验和社区教育,农民专业合作社带头人和管理人员能力和素质的培训,基本文化知识的培训、基本技能的培训,对成员价值观、道德观的培训。对新入社的成员也要培训。例如,吉林省梨树县夏家农民合作社规定,入社必须写入社申请书,经过学习合作社理念和章程,考核合格,再有2个成员担保,半年以后才能加入到合作社。

2. 合作社的培训方法

(1)在实践中培训　利用农村夜校、农闲时间的农民集中教育活动对广大群众进行课堂培训,这是很重要的培训形式。

(2)合作社工作人员培训　包括合作社经营管理人员和政府有关职能部门工作人员都要接受合作社理念和法律的培训。

(3)以会代训　合作社定期召开会议,进行培训。

(4)建立专门的合作社培训机构　在合作社有了较大发展规模的地方,可以广泛吸纳社会各方面的力量,建立自己的培训机构。

(5)大中专院校培训　可以请农业院校的教师和研究部门的研究人员讲课,也可以把合作社骨干送到高等院校学习。

学习和培训的方法应该采用参与式。其核心是着眼于人的素质的培养和提高。组建协会的过程是一个交流、沟通、对话的过程,让农民把自己的意愿、心声、想做的、想得到的目标表达出来,然后从中筛选出有价值的内容或信息,做出正确判断后付诸实施。参与的过程是农民自我学习、自我提高、平等协商、集思广益的过程。

【案例6-7】　兰考县合作社文化以及村庄文艺队对村风村貌的影响

现在,留在农村的大多数农民,空闲时间里大都是干3个方面的事情:赌博(打麻将、打扑克)、信教、传闲话惹是非。兰考县各合作社内部着力进行学习型的文化建设,正在努力通过一种学习机制的建立提高成员的素质和能力。同时,他们还注重发挥道德的力量,在年底时通过评选"十佳儿媳"、"十佳成员"等活动,把已逐渐遗失的传统美德重新带给人们,进行道德习俗的恢复和重建工作。通过合作文化的系统工程建设，把"合作"两个字植根于成员心中，并努力地将这股强大的精神力量落实在改变家乡落后面貌的实际行动中。有合作社的村庄组织成立了文艺队，他们能把合作社成立发展的事迹作为原材料创作成为文艺节目，并非常自信地对来访者进行现场表演。这与未成立合作社时的状况有鲜明的对比。文艺队为村民们培养了健康的生活方式，身体得到了锻炼，精神得到了愉悦，也对社会良好风气的形成、农村平民文化氛围的营造等方面起到了突出的作用。2004年陈寨村文艺队在县城和乡村共演出40余场，闻名全县，并于2005年1月31日作为唯一一支农民的演出队伍登上了兰考县春节联欢会的舞台。目前，各文艺队都具有了一定的规模，并开始承担县、乡政府或者企事业单位组织的一些文艺活动。可见，伴随合作社而成立起来的农民文艺队，在走出农村文化困境、创造有利于村庄发展的农村公共舆论氛围方面、在建设良好的村风村貌方面，起到了重大的作用。正如贺村村党支部书记张树利同志所说："有助于农村的精神文明、道德文明建设，使村民的精神面貌焕然一新"。

第七章 农业可持续发展政策与法规

第一节 农业可持续发展政策目标

人口、资源、环境问题以及经济社会发展问题是当今世界人们日益关注的四大问题。可持续发展作为谋求解决人口、资源、环境与经济的持续协调发展问题的唯一途径,已经成为世界各国的共识。

一、农业可持续发展思想的由来

(一)可持续发展的内涵

1987年,以布伦特兰夫人为主席的联合国世界与环境发展委员会发表了一份报告《我们共同的未来》,正式提出可持续发展概念,把可持续发展定义为"既满足当代人的需要,又不对后代人满足其需要的能力构成危害的发展",受到世界各国政府组织和舆论的极大重视,并在1992年联合国环境与发展大会上得到与会者的共识与承认。根据这一定义,可持续发展的内涵如下。

第一,可持续发展不仅重视增长数量,更追求改善质量、提高效益、节约能源、减少废物,改变传统的生产和消费模式,实施清洁生产和文明消费。

第二,可持续发展要以保护自然为基础,与资源和环境的承载能力相协调。发展的同时必须保护环境,包括控制环境污染,改善环境质量,保护生命支持系统,保护生物多样性,保持地球生态的完整性,保证以持续的方式使用可再生资源,使人类的发展保持在地球承载能力之内。

第三,可持续发展要以改善和提高生活质量为目的,与社会进步相适应。可持续发展的内涵均应包括改善人类生活质量,提高人类健康水平,并创造一个保障人们享有平等、自由、教育、人权和免受暴力的社会环境。

可持续发展观包括3个要素:生态、经济与社会。生态持续是基础,经济持续是条件,社会持续是目的。人类共同追求的应该是自然、生态与社会复合系统的持续、稳定、健康发展。

(二)农业可持续发展战略的提出

农业可持续发展是可持续发展思想在农业与农村发展领域的体现。1991年4月由联合国粮农组织与荷兰政府于荷兰联合召开的"农业与环境"国际会议上,提出了可持续农业和乡村发展(SARD)的丹波宣言,呼吁"必须密切关注环境问题,必须重新研究农业与环境的关系"。随后在1992年6月在巴西召开的联合国"环境与发展"会议上,这一概念被与会的100多个国家的元首或政府首脑所接受。

根据丹波宣言,农业可持续发展是采用不会耗尽资源或危害环境的生产方式、技术变革和机制性改革,减少农业生产对环境的破坏,维护土地、水、生物、环境不退化、技术运用得当、经济上可行以及社会可接受的农业发展战略。"不造成环境退化",是指希望人类与自然之间、社会与自然环境之间达到和谐相处,建立一种非对抗性、破坏性关系;"技术上运用适当",是指生态经济系统的合理化并不主要依靠高新技术,而以最为适用、合理的技术为导向;"经济上可行",是指要控制投入成本,提高经济效益,避免国家财政难以维持和农民难以承受的局面;"能够被社会接受",则指生态环境变化、技术革新所引起的社会震荡,应当控制在可以接受的范围内。

在吸收了国际农业与农村发展的经验教训基础上,我国政府结合本国国情提出了农业可持续发展战略。1992年国家计委等

第七章 农业可持续发展政策与法规

部门联合参与编制了《中国 21 世纪人口环境与发展白皮书》。出于对世界未来发展走向的充分把握和对中国国情的深刻分析,在国内国际总体发展趋势的大背景下提出了农业可持续发展战略。1992 年 6 月中国政府在巴西里约热内卢世界首脑会议上庄严签署了环境与发展宣言,并在 1994 年 3 月通过了《中国 21 世纪议程》,从我国具体国情和人口、环境与发展总体联系出发,提出了人口、经济、社会、资源和环境相互协调、农业可持续发展的总体战略、对策和行动方案,并在"九五"计划和 2010 年发展纲要中做了具体的部署,表明我国发展战略思想的转变。这标志着我国农业可持续发展的研究和实践进入新的阶段。1996 年八届人大四次会议批准的《中华人民共和国国民经济和社会发展"九五"计划和 2010 年远景目标纲要》明确提出,要实施科教兴国和可持续发展战略。从此,农业可持续发展战略成为我国农业和农村经济发展的根本出发点之一。

二、农业可持续发展的政策目标

《中国 21 世纪议程》规定了我国农业可持续发展的目标是:保持农业生产率稳定增长,提高食物生产质量和保障食物安全,发展农村经济,增加农民收入,改变农村贫困落后状况,保护和改善农业生态环境,合理、永续地利用自然资源,特别是生物资源和可再生能源,以满足逐步增长的国民经济发展和人民生活的需要。

(一)农业可持续发展的目标特征

实现农业的可持续发展,应达到以下 3 个方面的要求。

1. 经济的可持续性 即可持续农业必须能在较长时间维持一个较高的产出水平。已经高产的,需要维持已有的水平;产出不高的,需要保持持续增长的速度。同时,可持续农业必须在经济上能获得赢利,可以自我维持、自我发展,保持持久的经济活力。

2. 社会的可持续性 即指维持农业生产、经济、生态可持续发展需要的农村社会环境的良性发展,主要包括人口数量控制在一定水平、人口素质的不断提高、农村社会财富的公平分配、农村劳动力以适当速度不断从农业领域转移出去。

3. 生态的可持续性 即指农业所依赖的自然资源的可持续利用和农业所影响的生态环境的良好维持。在资源方面,包括土壤肥力的稳定或提高,耕地总量的稳定或动态平衡,水资源的可持续利用以及生物资源的保护和生物多样化的保护。在环境方面,包括保持良好的农业场内与场外的土壤、大气、地表水和地下水环境,农民工作环境的健康卫生以及农产品的安全无毒。

(二)农业可持续发展的特定目标

从环境保护和资源有效合理利用方面考虑,农业可持续发展政策目标应是在不断满足当代人在各个时期不同的各种要求,并保证农业不断发展,又不妨碍将来发展的情况下着重解决农用土地资源数量的相对稳定及土地产出率的提高、农业生产方式和经营机制的改革、农业生产环境的改善等基本方面以及相关因素的配套协调,从而建立起农业可持续发展的良性循环的复合自然经济。

从推动农村经济发展的总体发展战略方面考虑,农业可持续发展政策目标应是围绕保障供给、富裕农民、环境改善的三大目标。一是主要农产品持续增长,达到保障供给,满足全国实现小康生活水平的需要;二是农村经济的持续增长,农民收入大幅度地提高,消灭贫困;三是资源得到保护、永续利用,生态环境良好,实现生产、经济、社会和生态环境的协调发展。

第二节 农业自然资源保护政策与法规

一、农业自然资源概述

根据联合国环境规划署的定义,自然资源是指"在一定条件下,

第七章 农业可持续发展政策与法规

能够产生经济价值以提高人类当前和未来福利的自然因素的总和。"通常所指的自然资源有：土地、水、森林、草地、湿地、海洋、野生动植物、微生物以及矿产等。农业自然资源是指人们从自然界直接获得的用以形成农业生产手段的物质要素，如土地、水、森林、草原、野生动植物等，它是农业发展的基础和农产品形成的源泉。

二、森林资源保护政策与法规

(一)森林资源与森林法

《森林法》所称森林是指森林资源，包括森林、林木、林地以及林区内野生的植物、动物和微生物。森林包括乔木林和竹林；林木包括树木和竹子；林地包括郁闭度 0.2 以上的乔木林地以及竹林地、灌木林地、疏林地、采伐迹地、火烧迹地、未成林造林地、苗圃地和县级以上人民政府规划的宜林地。根据《森林法》的规定，森林分为以下 5 种。

1. 防护林 以防护为主要目的的森林、林木和灌木丛，包括水源涵养林，水土保持林，防风固沙林，农田、牧场防护林，护岸林，护路林。

2. 用材林 以生产木材为主要目的的森林和林木，包括以生产竹材为主要目的的林木。

3. 经济林 以生产果品，食用油料、饮料、调料，工业原料和药材为主要目的的林木。

4. 薪炭林 以生产燃料为主要目的的林木。

5. 特种用途林 以国防、环境保护、科学实验等为主要目的的森林和林木，包括国防林、实验林、母树林、环境保护林、风景林、名胜古迹和革命纪念地的林木，自然保护区的森林。

1979 年 2 月全国人大常委会通过了《中华人民共和国森林法(试行)》，1984 年 9 月全国人大又通过了正式的《中华人民共和国森林法》，1998 年 4 月又进行了修正，2000 年 1 月国务院颁布了

《森林法实施条例》,1989年制定了《森林采伐更新管理办法》,1988年制定了《森林防火条例》,1989年制定了《森林病虫害防治条例》等,形成了我国比较完整的森林资源保护法律体系。

(二) 植树造林制度

《农业法》第60条规定:"国家实行全民义务植树制度。各级人民政府应当采取措施,组织群众植树造林,保护林地和林木,预防森林火灾,防治森林病虫害,制止滥伐、盗伐林木,提高森林覆盖率。"全民义务植树制度是指全体公民都有植树造林的义务,植树造林、保护森林资源是全体公民应尽的义务。各级人民政府应当按照《国务院关于开展全民义务植树运动的实施办法》的规定,组织全民义务植树。

(三) 护林防火制度

森林防火制度包括火灾预防和扑救。

1. 规定森林防火期和防火区 地方人民政府应当组织和划定森林防火责任区,确定森林防火责任单位,建立防火责任制和军民联防制。森林所在地县以上地方人民政府在当年高温、干旱和大风等高火险天气出现时,可宣布森林防火期开始并划定森林防火区,规定防火戒严期。防火期内禁止在林区野外用火;因特殊情况需要用火的必须经过特别批准,并严格遵守有关规则。在森林防火期内,对林区作业和进入林区的各种机动车辆规定必须安设防火装置,并采取各种有效措施严防火灾;对铁路沿线有引火危险地段要开设防火隔离带,在林区野外操作机械设备必须遵守防火安全规程。防火期内,禁止在林区使用枪械狩猎。进行实弹演习、爆破、勘察和施工等活动,必须经过特别批准,并采取防火措施,做好灭火准备。森林防火戒严期内,在林区严禁一切野外用火,并对可能引起火灾的机械和居民生活用火进行严格管理。

2. 加强森林防火设施建设 各级人民政府应当组织有关单位有计划地进行林区森林防火设施建设,设置火情瞭望台;在重点部位开设防火隔离带或营造防火林带;在重点林区,修筑防火道路,建立防火物资储备仓库;配备防火交通运输工具及探火、灭火器械、通信器材等。

3. 建立森林火险监测和预报系统 气象部门和林业主管部门,应当联合建立森林火险监测和预报站(点),气象部门应做好森林火险天气预报,特别是高火险天气预报。报纸、广播、电视部门应当及时发布森林火险天气预报和高火险天气警报。

4. 森林火灾扑救的法律规定 主要有:①任何单位和个人一旦发现森林火灾必须立即扑救,并应及时向当地人民政府或森林防火指挥部报告。②扑救森林火灾,由当地人民政府或者森林防火指挥部统一组织和指挥。接到扑火命令的单位或个人,必须迅速赶赴指定地点,投入扑救。③在扑救森林火灾时,气象部门、邮电部门、民政部门、公安部门、商业、供销、粮食、物资和卫生等部门,应当做好相应工作。

(四)森林资源合理采伐制度

森林资源合理采伐制度,主要包括森林采伐更新制度、森林采伐限额制度、森林采伐许可制度。构成这些制度的法规主要有林业部制定发布的《森林采伐更新管理办法》、《制定年森林采伐限额暂行规定》、《关于加强森林采伐许可证管理的通知》等。所谓森林采伐更新,是指在森林采伐后必须及时进行森林更新,并且根据树种的生态特性和不同土地条件采取相应的更新措施,以保证森林的合理采伐,及时更新采伐迹地,实现青山常在、永续利用。限额采伐,是国家根据合理经营、永续利用原则,对森林资源采伐或消耗的总量规定控制指标,作为年合理采伐量,按限定的采伐量进行采伐则为限额采伐。森林采伐许可证制度是指为了科学合理地采伐利用森林,采伐单位和个人都必须持有林业主管部门或其授权单位核发的采伐许可证,并在许可范围内采伐。

【案例 7-1】 滥伐森林被判刑[①]

河北省森林资源对京津地区的生态环境起着重要作用。近年来,河北省不断加快造林步伐,"十一五"期间,共完成造林2 280万亩,林地面积已经达到7 400万亩,森林覆盖率达到26%。与此同时,河北省加大了森林资源保护管理力度,促进依法行政,严厉查处各类破坏森林资源的违法、违纪行为。

河北省迁安市建昌营镇大郭庄村超伐林木748棵,折合立木蓄积170米^3,擅自更改林木采伐许可证规定采伐标准的村委会主任王金山被判处有期徒刑3年,并处罚金1万元。平泉县黄土梁子镇小庙村村委会主任林自富等村干部,在未办理林木采伐许可证的情况下,擅自决定将村内已死亡的杨树全部砍掉,共砍伐杨树1 741株,折合材积361.9米^3,林自富被判处有期徒刑3年。

三、草原资源保护政策与法规

(一)草原法

我国于1985年6月颁布、2002年修订了《中华人民共和国草原法》,1997年制定了《草原治虫灭鼠实施规定》,1993年制定了《草原防火条例》等保护草原的法律措施。

(二)合理利用草原

各级人民政府应当加强对草原保护、建设和利用的管理,将草原的保护、建设和利用纳入国民经济和社会发展计划。国家对草原实行以草定畜、草畜平衡制度。县级以上地方人民政府草原行政主管部门应当按照国务院草原行政主管部门制定的草原载畜量标准,结合当地实际情况,定期核定草原载畜量。各级人民政府应当采取有效措施,防止超载过牧。

---

① 资料来源:中国法院网,http://www.chinacourt.org/article/detail/2002/06/id/6308.shtml

第七章 农业可持续发展政策与法规

(三)草原植被保护

严格保护草原植被,禁止开垦和破坏。对水土流失严重、有沙化趋势、需要改善生态环境的已垦草原,应当有计划、有步骤地退耕还草;已造成沙化、盐碱化、石漠化的,应当限期治理。

在草原上从事采土、采沙、采石等作业活动,应当报县级人民政府草原行政主管部门批准,开采矿产资源的,并应当依法办理有关手续。禁止在荒漠、半荒漠和严重退化、沙化、盐碱化、石漠化、水土流失的草原以及生态脆弱区的草原上采挖植物和从事破坏草原植被的其他活动。

在草原上开展经营性旅游活动,应当符合有关草原保护、建设、利用规划,并事先征得县级以上地方人民政府草原行政主管部门的同意,方可办理有关手续。在草原上开展经营性旅游活动,不得侵犯草原所有者、使用者和承包经营者的合法权益,不得破坏草原植被。

(四)防治草原鼠虫害

县级以上地方人民政府应当做好草原鼠害、病虫害和毒害草防治的组织管理工作。县级以上地方人民政府草原行政主管部门应当采取措施,加强草原鼠害、病虫害和毒害草监测预警、调查以及防治工作,组织研究和推广综合防治的办法。

【案例7-2】 对草原植被进行开垦和破坏进行处罚[①]

2009年5月7日,乌审旗草原监理所收到举报材料,反映××××在自己通过流转经营的草场上用装载机推埋草原植被。乌审旗农牧业局立即进行立案调查,于5月8日派草原执法人员对当事人×××进行询问,实地勘验,并对草场进行了等级鉴定。根据《中华人民共和国草原法》第46条、《内蒙古自治区草原管理条例》

---

① 资料来源:鄂尔多斯农牧业信息网:http://www.ordosagri.gov.cn/jsdw/cyjdglj/cyjdgljdxal/201207/t20120731_659208.html

第29条之规定,认定当事人×××开垦草地40.2亩,违法事实清楚。根据上述事实,通过合议组评议,依据《中华人民共和国草原法》67条、《内蒙古自治区草原管理条例》第45条之规定乌审旗农牧业局作出了以下行政处罚决定:立即停止违法行为,并恢复植被,并处罚款3 000元。

四、渔业资源保护政策与法规

(一) 渔业资源与渔业法

渔业资源亦称水产资源,是指水域中蕴藏的具有经济、社会、美学价值,现在或将来可以通过渔业得以利用的生物资源。它不仅包括水域中蕴藏的各种鱼类和水生经济动植物的种类和数量,还包括所有与渔业生产和环境有关的水生野生动物、水生饵料生物等的种类和数量。20世纪70年代以来,世界上一些传统的渔业资源出现了衰退,渔业的可持续发展受到了严重的挑战。1986年1月20日通过、经2000年10月31日和2004年8月28日2次修正的《中华人民共和国渔业法》是渔业资源保护的主要法律依据。

(二) 渔业资源保护

渔业资源的发展和保护水、水域是密切相关的,但水、水域不是渔业的独占性资源,而是被多种行业、经济活动影响的具有多种功能的资源。《渔业法》为了保护渔业资源,对可能造成不利渔业资源的有关行业与经济活动进行了一定限制:在鱼、虾、蟹、贝幼苗的重点产区直接引水、用水的单位和个人,应当采取避开幼苗的密集期、密集区,或者设置网栅等保护措施。在鱼、虾、蟹洄游通道建闸、筑坝,对渔业资源有严重影响的,建设单位应当建造过鱼设施或者采取其他补救措施。用于渔业并兼有调蓄、灌溉等功能的水体,有关主管部门应当确定渔业生产所需的最低水位线。禁止围湖造田。沿海滩涂未经县级以上人民政府批准,不得围垦;重要的苗种基地和养殖场所不得围垦。进行水下爆破、勘探、施工作业,对渔业资源

第七章　农业可持续发展政策与法规

有严重影响的,作业单位应当事先同有关县级以上人民政府渔业主管部门协商,采取措施防止或减少对渔业资源的损害。

(三)渔业捕捞的禁止与限制

1. 禁渔事项　禁渔事项是指与保护渔业资源有关的禁渔区、禁渔期、禁用渔具、禁用渔法、禁捕苗种等事项。禁止在禁渔区、禁渔期进行捕捞;禁止利用炸鱼、毒鱼、电鱼等破坏渔业资源的方法进行捕捞;禁止制造、销售、使用禁用的渔具;禁止使用小于最小网目尺寸的网具进行捕捞;禁止捕捞有经济价值的水生苗种。

2. 特别捕捞　因养殖或者其他特殊需要使用禁止使用的渔法、渔具,在禁渔区、禁渔期进行捕捞,特别捕捞须经特别批准。《渔业法实施细则》规定了2种特殊捕捞及其批准权限。

一是特定的水域确有必要使用电力或者鱼鹰捕鱼时,必须经省、自治区、直辖市人民政府渔业行政主管部门批准。

二是因养殖或者其他特殊需要,捕捞有重要经济价值的水生动物苗种或者禁捕的怀卵亲体的,必须经国务院渔政主管部门或者省、自治区、直辖市人民政府渔政主管部门批准,并领取专项许可证,方可在指定区域和时间内,按照批准限额捕捞;捕捞其他有重要经济价值的水生动物苗种的批准权,由省、自治区、直辖市人民政府渔业主管部门规定。

3. 捕捞作业的特殊限制

(1)建造人工鱼礁的限制　在"机动渔船底拖网禁渔区线"外侧建造人工鱼礁,必须经国务院渔政主管部门批准;在其内侧建造人工鱼礁,必须经省、自治区、直辖市人民政府渔政主管部门或者其授权的单位批准;建造人工鱼礁,应当避开主要航道和重要锚地,并通知有关交通和海洋管理部门。

(2)定置渔业的限制　定置渔业一般不得跨县作业;县级以上人民政府渔政主管部门应当限制其网桩数量、作业场所,并规定禁渔期;海洋定置渔业,不得越出"机动渔船底拖网禁渔区线"。

【案例 7-3】 禁渔期内非法捕捞被处罚[①]

重庆市政府规定,每年的 2 月 1 日至 4 月 30 日为重庆市禁渔期,在整个江河流域禁止使用炸鱼、毒鱼、电鱼、光诱捕鱼等破坏渔业资源的方法进行捕捞。2012 年 3 月 26 日,为谋取非法利益,被告人彭某伙同被告人成某驾驶船只在长江大宁河七里桥江段并将一根连接有高压直流电的竹竿放入水中将鱼击晕,后在捕捞时被查获。

检察机关遂以非法捕捞水产品罪将被告人彭某、成某公诉至重庆市万州区人民法院。万州区法院审理后认为,实施长江禁渔制度,保护长江渔业资源,是国家维护生态、实施可持续发展战略的重要组成部分。被告人彭某、成某的行为构成非法捕捞水产品罪。考虑到 2 名被告人当庭认罪,并表示自愿出钱购买 1 万多尾鱼苗放养到长江,修复被自己破坏的水体生态,对其酌情从轻处罚。2012 年 7 月 4 日,万州区法院一审以非法捕捞水产品罪,分别判处被告人彭某有期徒刑 6 个月,并处罚金 5 000 元;判处被告人成某有期徒刑 6 个月,缓刑 1 年,并处罚金 5 000 元;扣押在案的超声波电捕鱼机、电瓶、电线、竹竿等予以没收销毁。

第三节 农业环境保护政策与法规

一、农业环境概述

农业环境是指以农作物、畜禽和鱼类等农业生物为中心的周围事物的总和,包括大气、水体、土地、光、热以及农业生产者劳动和生活的场所(农区、林区、牧区等)。农业环境是自然环境的一个重要组成部分,既包括一部分原始的自然环境,又包括一部分经过

---

① 资料来源:http://www.fabao365.com/xingshi/73937

改造的人工环境。据统计,我国每年因农业环境污染造成农作物减产损失150亿元,农畜产品污染损失160亿元,每年超过食品卫生标准的农畜产品总量达1535万吨。这些经济损失主要是指直接经济损失,如果再考虑到间接经济损失,农业环境污染已经对我国农业生产带来巨大影响。

农业环境保护是指通过制定政策、颁布法律等措施保护由水域、空气、土壤、气候、植被等构成的农业生态系统,维持农业环境的生态平衡,合理开发和利用农业资源,使之不受污染、破坏,保护和改善人类赖以生存的农业环境,以实现农业的可持续发展。

二、环境保护法律制度

所谓环境保护法律制度,是指为实现环境立法的目的,遵循环境保护的基本原则而制定于国家环境污染防治法律之中,以及由环境污染防治单项法规或规章所具体表现的对国家环境污染防治具有重大、普遍和指导意义,由环境行政主管部门来监督实施,并且对法律关系的参加者直接具有约束力的同类法律规范的总称。

(一) 环境标准制度

环境标准是为防治环境污染、维护生态平衡、保护人身健康,对需要统一的各项技术规范和技术要求做出的量值规定。环境标准制度则是关于环境标准的分类、分级、制定和实施的规定。根据1999年的《环境标准管理办法》,环境标准分为国家标准、地方标准和国家环境保护总局标准。国家环境标准包括国家环境质量标准、国家污染物排放标准(或控制标准)、国家环境监测方法标准等5类。地方环境标准只有环境质量标准和污染物排放标准(或控制标准)。

(二) 环境监测和报告制度

环境监测是运用化学、物理学、生物学和医学等方法,对环境中污染物的性质、数量、影响范围及其后果等,进行调查和测定的活动。其主要任务是：对环境中各项要素进行经常性监测，掌握和评价环境质量状况及发展趋势；对各单位排放污染物的情况进行监视性监测；为环境管理工作提供准确、可靠的监测数据和资料。环境监测实行日报、月报、年报和定期编报环境质量报告的制度。国家和省级环保部门每年6月都发布环境状况公报。此外，在自然资源和生态保护方面也实行监测制度，如水资源监测，水土保持监测，湿地水禽监测，草原生产、生态监测等。

(三)环境资源规划制度

环境资源规划，是国家和地方各级人民政府对一定时期内环境保护和资源合理利用的目标以及实现目标的措施和手段所做的总体安排。环境资源规划制度是关于这种规划的编制、内容、执行等事项的法律规定。国家制定的环境保护规划必须纳入国民经济和社会发展计划。国家还发布了《环境保护规划管理办法》。

(四)环境保护目标责任制度和城市环境综合整治定量考核制度

环境保护目标责任制度，是以签订责任书的形式具体落实地方各级人民政府及其有关部门和有污染的单位对环境保护负责的行政管理制度。责任者是地方各级政府的首长、各有关部门领导和企业的法人代表。上级政府确定环境保护目标，通过与下级政府、各有关部门和企业签订责任书，层层分解环境保护责任，明确各方职责、权利和义务，将环境保护任务落到实处。其法律依据是环境保护法关于地方各级政府对其辖区环境质量负责的规定和产生污染的单位应建立环境保护责任制度的规定。

(五)环境影响评价制度

环境影响评价，是指对规划和建设项目实施后可能造成的环境影响进行分析、预测和评估，提出预防或者减轻不良环境影响的对策和措施，进行跟踪监测的方法与制度。

(六)"三同时"制度

"三同时"制度,是指建设项目的环境保护设施必须与主体工程同时设计、同时施工、同时投产使用的制度。该制度适用于新建、扩建、改建项目,技术改造项目和一切可能对环境造成污染和破坏的建设项目。《建设项目环境保护管理条例》对这项制度的有关事项做了具体规定。

三、水土保持法律制度

水土保持法律制度就是关于预防和治理因自然因素和人为因素造成的水土流失,保护水土资源的法律制度。其主要法律、法规有1991年6月颁布的《水土保持法》,1993年公布的《水土保持法实施条例》和《农业法》关于水土保持的规定。《水土保持法》第4条规定了国家对水土保持工作实行预防为主、全面规划、综合防治、因地制宜、加强管理、注重效益的方针。

(一)人民政府水土保持基本职责

根据《水土保持法》、《农业法》的有关规定,国务院和地方人民政府应当将水土保持工作列为重要职责,采取措施做好水土流失的防治工作。其职责主要有:①批准水土保持规划;②将水土保持规划确定的任务,纳入国民经济和社会发展计划,安排专项资金,并组织实施;③划定水土流失重点防治区,进行重点防治;④加强水土保持的宣传教育工作,普及水土保持科学知识;⑤鼓励开展水土保持科学技术研究,提高水土保持科学技术水平,推广水土保持的先进技术,有计划地培养水土保持的科学技术人才;⑥对在水土保持工作中成绩显著的单位和个人给予奖励;⑦采取措施实施水土流失的预防和治理;⑧对水土保持进行监督管理,处理有关纠纷,制裁违法行为。

(二)单位和个人的权利及义务

一切单位和个人都有保护水土资源、防治水土流失的义务,并有权对破坏水土资源、造成水土流失的单位和个人进行检举。从事可能引起水土流失的生产建设活动的单位和个人,必须采取措施保护水土资源,并负责治理因生产建设活动造成的水土流失。遵守《水土保持法》关于水土流失预防和治理的各项规定。

(三)水土流失预防措施

《水土保持法》第2章对水土流失的预防措施做了专章规定,主要有:①植树造林扩大植被;②限定陡坡地开垦种植的坡度,规范开垦行为;③规范林木采伐行为;④规范与水土保持有关的各种建设施工行为;⑤加强对采矿、取土、挖沙、采石等生产活动的管理,防止水土流失。

(四)水土流失治理措施

《水土保持法》第3章对水土流失治理措施做了专章规定,主要措施有:县级以上人民政府应当组织有关行政主管部门和单位有计划地对水土流失进行治理;建立水土流失防治体系;国家鼓励水土流失地区的农业集体经济组织和农民对水土流失进行治理,并在资金、能源、粮食、税收等方面实行扶持政策;实行水土流失治理承包制;企业、事业单位在建设和生产过程中必须采取水土保持措施,对造成的水土流失负责治理;加强对水土流失地区建设的水土保持设施和种植的林草及其他治理成果的检查验收、管理和保护。

【案例7-4】 将水土保持与新农村建设有机结合[①]

辽宁调兵山市水土保持局在开展水土保持综合治理工作的过程中,不断探索和实践治理新模式,将水土保持综合治理与新农村建设有机结合在一起。

一是在以小流域为单元的综合治理中,把项目实施与发展农村经济相结合,大力发展果园。目前,开发经济林350公顷,栽上了南果梨、尖把梨等果树。小流域两侧退耕还林,在小流域两侧栽

---

① 资料来源:http://info.1688.com/detail/1078899391.html

第七章 农业可持续发展政策与法规

植了垂柳、榆树6 000多株。

二是实施坝系工程,建设沟道防护体系,大力改善新农村生产生活条件。锁龙沟小流域已连续治理7年,截至目前,共完成治理长度5 000米。河道两侧采用仰斜式挡土墙砌筑。沟道的治理,不但涵养了水源,防止了水土流失,也为牲畜饮水、灌溉农田提供了充足的水源,民房、道路也不再受洪水袭扰,两岸的30多公顷农田得到了保护。随着水源储备量的增加,小流域人居环境得到改善,粮食稳步增产,流域内的新农村建设明显加快。

三是将水土流失综合治理与村镇绿化、美化结合起来,通过实施生态清洁型小流域治理,疏浚河道沟渠,同时在道路两侧的裸地种植乔木、灌木,具有客家风情的建筑,辅以河流、林草的映衬,构建出"小桥流水人家"的别样新农村景象。

通过水土保持综合治理与新农村建设的有机结合,锁龙沟小流域的水土保持综合治理和新农村建设都取得了丰硕的成果,一方面改善了农村的生产条件,有效地调整了农业生产结构,在发挥水保效益的同时,促进了农民增收;另一方面,改善了生态环境,减少了自然灾害的发生,优化了人居环境,促进了人与自然协调发展。

第八章 农业生产安全法律制度

第一节 农产品质量安全法律制度

一、农产品质量安全的概念

农产品是指来源于农业的初级产品,即在农业活动中获得的植物、动物、微生物及其产品。可以从下面几个方面来具体界定和理解:①农产品的范围包括在农业活动中直接获得的未经加工以及经过分拣、去皮、剥壳、清洗、切割、冷冻、打蜡、分级、包装等粗加工但未改变基本自然形状和化学性质的加工品。如蔬菜、加工前的鲜奶、捕捞船上的渔获物等。②农业活动包括传统的种植、养殖、捕捞、采摘,也包括现代农业中的设施农业、生物工程、基因工程等方式。③农产品主要指食用农产品,也包括非食用农产品。

农产品质量安全,是指农产品的生产、包装、贮藏、运输、销售的全过程实现标准化,并且对人类无危险,对产品和环境无危害。

农产品质量安全标准,是指依照有关法律、行政法规的规定制定和发布的农产品质量安全的强制性的技术规范。它是政府履行农产品质量安全监督管理职能的基础,是农产品生产经营者自控的准绳,是判断农产品质量安全的依据,是开展农产品产地认证和产品认证的依据,更是各级政府部门开展例行监测和市场监督抽查的依据。农产品质量安全标准一经发布,就具有法律效力。根据适用范围,农产品质量安全标准可分为国家标准、行业标准、地方标准和企业标准4类。

二、农产品质量安全法的概念及其适用范围

农产品质量安全法是指调整农产品质量安全的法律、法规的总称。狭义的农产品质量安全法指第十届全国人大常委会第21次会议于2006年4月29日通过,自2006年11月1日起施行的《农产品质量安全法》。广义的农产品质量安全法指《农产品质量安全法》和与此相关的法律、法规,包括已经颁布实施的《农产品卫生法》、《标准化法》、《产品质量法》、《计量法》、《农业法》、《种子法》、《渔业法》、《农药管理条例》、《兽药管理条例》、《饲料管理条例》等法律、法规。

(一)《农产品质量安全法》的调整范围

1. 行为主体 包括农产品的生产者、销售者、农产品质量安全管理者及相应的检测技术机构和人员。

2. 管理环节 涉及了农产品质量安全管理中"从农田到餐桌"的全过程,包括对农产品产地、农业生产过程、包装标识、监督检查和法律责任等5个主要环节的规范并明确了各方主体所承担的法律责任。

(二)《农产品质量安全法》的基本原则

1. 全程监控与突出源头治理相结合 在遵循全程监管的基础上,重点对农产品生产源头、产地环境、农业投入品和生产过程加强管理,建立市场准入制度。

2. 从严要求与区别对待相结合 农产品生产、加工和销售涉及不同行为主体,根据实际情况,对广大农户重在引导、教育和技术指导;对农民专业合作经济组织、生产企业、批发市场等组织化程度较高的主体则重在健全制度,规范行为。

3. 统一管理与分工负责相结合 在明确农业行政主管部门主体监管作用的同时,充分尊重我国现行体制,发挥各相关职能部门的作用。

4. 借鉴国际惯例与尊重国情农情相结合 借鉴国际惯例,设计我国的农产品质量安全管理制度,同时考虑我国的实际情况,增强管理制度的针对性和可行性。

5. 政府部门监管和行业协会自律相结合 在加强政府监管的同时,充分发挥农民专业合作经济组织、农产品行业协会和消费者团体的服务、自律和监督作用。

三、农产品质量安全法的主要内容

(一)农产品产地

1. 管理部门 县级以上地方政府具有监管主体地位。

县级以上地方人民政府农业行政主管部门按照保障农产品质量安全的要求,根据农产品品种特性和生产区域大气、土壤、水体中有毒有害物质状况等因素,认为不适宜特定农产品生产的,提出禁止生产的区域,报本级人民政府批准后公布。

县级以上人民政府应当采取措施,加强农产品基地建设,改善农产品的生产条件。

2. 农产品产地的禁止性规定 主要有以下3项。

①禁止在有毒有害物质超过规定标准的区域生产、捕捞、采集食用农产品和建立农产品生产基地。

②禁止违反法律、法规的规定向农产品产地排放或者倾倒废水、废气、固体废物或者其他有毒有害物质。农业生产用水和用作肥料的固体废物,应当符合国家规定的标准。

③农产品生产者应当合理使用化肥、农药、兽药、农用薄膜等化工产品,防止对农产品产地造成污染。

(二)农产品生产

1. 农业投入品的生产许可与监督抽查 对可能影响农产品质量安全的农药、兽药、饲料和饲料添加剂、肥料、兽医器械,依照有关法律、行政法规的规定实行许可制度。各级政府农业行政主管部门应当定期对农业投入品进行监督抽查,并公布抽查结果,建立健全农业投入品的安全使用制度。

2. 农产品生产档案记录 农产品生产企业和农民专业合作经济组织应当建立农产品生产记录,记载事项包括:①使用农业投入品的名称、来源、用法、用量和使用、停用的日期;②动物疫病、植物病虫草害的发生和防治情况;③收获、屠宰或者捕捞的日期。农产品生产记录应当保存 2 年。禁止伪造农产品生产记录。

3. 农产品质量安全控制体系

(1)农产品生产者自检 农产品生产者应当按照法律、行政法规和国务院农业行政主管部门的规定,合理使用农业投入品,严格执行农业投入品使用安全间隔期或者休药期的规定,防止危及农产品质量安全。

(2)农产品行业协会自律 农产品生产企业和农民专业合作经济组织,应当自行或者委托检测机构对农产品质量安全状况进行检测。农民专业合作经济组织和农产品行业协会对其成员应当及时提供生产技术服务,建立农产品质量安全管理制度,健全农产品质量安全控制体系,加强自律管理。

(三)农产品包装和标识

1. 农产品包装与标识的要求 包装上市的农产品,应当在包装上标注或者附加标识,标明品名、产地、生产者或者销售者名称、生产日期。有分级标准或者使用添加剂的,还应当标明产品质量等级或者添加剂名称。不能包装的农产品,应当采取附加标签、标识牌、标识带、说明书等形式标明农产品的品名、生产地、生产者或者销售者名称等内容。其目的是逐步建立农产品质量安全追溯制度。

2. 对于特定农产品的要求 ①国务院农业主管部门规定在销售时应当包装和附加标识的农产品,应当按照规定包装或者附加标识后方可销售;②属于农业转基因生物的农产品,应当按照农业转基因生物安全管理的规定进行标识;③依法需要实施检疫的动植物及其产品,应当附具检疫合格的标志、证明;农产品在包装、保鲜、贮存、运输中使用的保鲜剂、防腐剂和添加剂等材料,应当符合国家有关强制性的技术规范;④销售的农产品符合农产品质量安全标准的,生产者可以申请使用无公害农产品标识;⑤农产品质量符合国家规定的有关优质农产品标准的,生产者可以申请使用相应的农产品质量标志。

以上法规既保护了消费者的对农产品基本情况的知情权,也改变了农产品市场由于信息不对称引起的逆向选择,为安全优质农产品的生产者得到应有收益提供了基本保障。

(四)监督检查

农产品上市将实施严格的市场准入和监督抽查制度。

1. 农产品不得上市销售的情形 ①含有国家禁止使用的农药、兽药或者其他化学物质的;②农药、兽药等化学物质残留或者含有的重金属等有毒有害物质不符合农产品质量安全标准的;③含有的致病性寄生虫、微生物或者生物毒素不符合农产品质量安全标准的;④使用的保鲜剂、防腐剂、添加剂等材料不符合国家有关强制性的技术规范的;⑤其他不符合农产品质量安全标准的。

2. 农产品质量安全监测制度 县级以上人民政府农业行政主管部门对生产中或者市场上销售的农产品进行监督抽查。监督抽查结果由省级以上人民政府农业行政主管部门按照权限予以公布,以保障公众对农产品质量安全状况的知情权。

监督抽查检测应当委托具有相应的检测条件和能力的检测机构承担,并不得向被抽查人收取费用,被抽查人对监督抽查结果有异议的,可以申请复检。

县级以上农业主管部门可以对生产、销售的农产品进行现场检查,查阅、复制与农产品质量安全有关的记录和其他资料,调查了解相关情况,对经检测不符合农产品质量安全标准的农产品,有权查封、扣押;对检查发现的不符合农产品质量安全标准的产品,责令停止销售,并进行无害化处理或者予以监督销毁。

《农产品质量安全法》对各种违法行为的处理、处罚做出了详细的规定。

【案例 8-1】　广东劣质大米案件①

案情简介:2001 年 7 月 28 日,根据新闻记者暗访提供的线索,广东省卫生监督所对广州天平架牛利岗真实惠货仓商场出售的大米进行了监督检查,发现其销售的部分大米存在卫生问题。经检测,黄曲霉毒素 B_1 超标。7 月 29 日,广东省卫生厅立即组织了广州市和白云区卫生、公安、粮食等部门对白云区江夏生活小区的"永康精米厂"、"港兴精米厂"、"泰京精业"等 3 家劣质大米生产加工窝点进行了突击检查,当场查封了劣质大米 300 多吨。执法人员检查发现,"永康精米厂"等 3 家大米生产加工点,没有卫生许可证,不具备大米生产加工的条件,现场堆放的"原料米"来源不明,已经发霉、生虫并有异味。这些发霉变质的"原料米"经过去皮、漂白、抛光和添加矿物油等工序,被加工成 40 多种假冒的优质品牌大米,由粮油批发市场销往各地,牟取暴利。经广东省卫生检验中心检验,这些劣质米黄曲霉毒素 B_1 超标。

分析:本案中的农产品生产企业"永康精米厂"等 3 家大米生产加工企业违反《农产品质量安全法》中第 4 章第 24 的规定,未如实建立农产品生产记录,同时违反了第 5 章第 23 条的规定,冒用其他优质农产品质量标识。此外,农产品销售者"广州天平架牛利岗真实惠货仓商场"也违反了第 5 章第 33 条的规定,违法销售不符合农产品质量安全标准(如黄曲霉毒素 B_1 超标)的劣质大米。因此,按照《农产品质量安全法》第 49～51 条的规定,对本案中的农产品生产者和销售者均应进行相应处罚。

---

① 摘自 www.CCTV.com/news

四、农产品和食品市场准入制度

(一)农产品市场准入制度

农产品市场准入制度是新形势下推进"无公害食品行动计划"、切实强化农产品质量安全监管的有效途径。农产品市场准入制度,是指按照法律、法规、规章的规定,对经认证的无公害农产品、绿色食品、有机食品和符合国家质量安全标准要求的农产品准予销售,对未经认证或者经检测不符合国家质量安全标准的农产品禁止销售的管理制度。对于准予进入市场销售的农产品,要依法实行标识、标牌销售管理,必须注明品名、产地、生产者、生产日期、保质期。

关于农产品市场准入制度还没有全国统一的法律法规,许多地方颁布了有关的地方行政法规或规章,如自 2008 年 5 月 1 日起河北省施行《河北省农产品市场准入办法》,该类规章适用范围为本省行政区域内的批发市场、农贸市场等各类市场和超市、配送中心等各类市场主体销售农产品的经营活动。

(二)食品市场准入制度

2004 年国家质检总局以确保产品质量为目标,深入开展质量振兴活动,探索建立和完善产品质量监管的长效机制,食品市场准入工作全面推进,28 大类食品纳入监管,米、面、油、酱油、醋 5 类食品率先完成市场准入工作。随后肉制品、乳制品、饮料、调味品、方便面、饼干、罐头、冷冻饮品、速冻米面食品、膨化食品等 10 类食品 2005 年底基本完成准入制度。2006 年底剩余的 13 类产品(咖啡、糖果、啤酒、黄酒、葡萄酒和果酒、蜜饯、可可制品、淀粉和淀粉制品、炒货、水产品、蛋制品、茶叶、酱腌菜)完成市场准入制度。不符合市场准入条件的企业被淘汰。

食品市场准入制度包括 3 个方面的内容。

1. 食品生产许可证制度　生产食品企业必须获得国家颁发

的食品生产许可证,否则不得生产食品。

2. 强制检验制度 生产食品的企业对其产品必须自检,检验合格方可出厂,质监部门对获证企业产品实行定期监督检验,对检验不合格的产品实行加严检验。

3. QS 标志制度 获得食品生产许可证的企业,在产品包装上使用 QS(qiyeshipin shengchanxuke)标志。有 QS 标志的产品就代表着经过国家的批准所有的食品生产企业必须经过强制性的检验,合格且在最小销售单元的食品包装上标注食品生产许可证编号并加印食品质量安全市场准入标志(QS 标志)后才能出厂销售。

QS 标志由中文"生产许可"和英文字母蓝白色"QS"图案组成(图1),QS 标志下必须有食品生产许可证号。食品生产许可证号由12位阿拉伯数字组成,前4位为受理机关编号,具体按行政区划代码区分;接下来4位为食品类别生产许可,如"0101"为小麦粉,"0102"为大米,"0201"为食用植物油,"0301"为酱油,"0302"为食醋;后4位为获证企业序号,由发证机关按发证顺序给出。

图 1　QS 标志图形

第二节　有关安全食品的法律制度

所谓安全食品,是指食品的种植、养殖、加工、包装、贮藏、运输、销售、消费等活动符合国家强制标准和要求,不存在可能损害或威胁人体健康的有毒有害物质以导致消费者病亡或者危及消费者及其后代的隐患。安全食品按认证标准分为3类:无公害食品、绿色食品、有机食品。

一、无公害食品及其标准要求

无公害是指对环境和人的健康无损害,即要求生产无污染、无农残、无药残的农产品、畜产品和水产品及其制品,以及生产加工的任何环节均不对环境造成任何污染与危害。

(一)无公害农产品

无公害农产品是指生产基地水质、土壤、环境质量达到国家规定的无公害标准,按照特定的生产技术规程生产,将有毒有害物质含量控制在规定标准内,并由授权部门审定批准,允许使用无公害农产品标志的安全、优质、面向大众消费的初级农产品及其加工品。

图2 无公害农产品标志

无公害农产品标志主体由麦穗、对钩"√"和"无公害农产品"字样组成(图2),色调由绿色和橙色组成。麦穗代表农产品,对钩"√"表示合格,橙色寓意成熟和丰收,绿色象征环保和安全。标志的色调与搭配,表达了农产品是绿色的产物,是环境和谐的产物,是具有生命活力的产物。整个无公害农产品标志,反映了人们追求生态平衡,向往人与自然协调发展的愿望,是一种源于农产品生产者和消费者的内心需求、潜在动力。

(二)无公害畜产品

无公害畜产品是指产地环境、生产过程和产品质量符合国家有关标准和规范的要求,经认证合格获得认证证书并允许使用无公害农产品标志的未经加工或者初加工的畜产品。该概念有以下几个层次的内涵。

第一,产地环境、生产过程和产品质量符合国家有关标准和规范的要求。如无公害食品猪肉,产地环境需符合"GB/T18407.3—2001农产品安全质量 无公害畜禽肉产地环境要求"、"NY 5027—2001无公害食品 畜禽饮用水水质";生产过程需符合"NY 5030—2006无公害食品 畜禽饲养兽药使用准则"、"NY 5031—2001无公害食品 生猪饲养兽医防疫准则"、"NY 5032—2006无公害食品 畜禽饲料和饲料添加剂使用准则"、"NY/T 5033—2001无公害食品 生猪饲养管理准则";产品质量需符合"GB 18406.3—2001农产品安全质量 无公害畜禽肉产品安全要求",并符合农业部2013年4月8日公布的《茄果类蔬菜等55类无公害农产品检测目录》中三十七·猪肉中检测项目规定。

第二,经认证合格获得产品认证证书。例如,无公害食品猪肉,经过认证机构认证合格,获得无公害农产品认证证书。

第三,允许使用无公害农产品标志。无公害种植业产品、渔业产品和畜产品使用同一个标志,即无公害农产品标志。

第四,未经加工或者初加工的畜产品。初加工是不能使畜产品的性质发生变化或添加其他成分。

(三)无公害食品

无公害食品是指产地环境、生产过程和最终产品符合无公害食品的标准和规范。这类产品中允许限量、限品种、限时间地使用人工合成化学农药、兽药、鱼药、肥料、饲料添加剂等。

1. 无公害食品标准的分类 无公害食品标准主要包括无公害食品行业标准和农产品安全质量国家标准,另外还有各省、自治区、直辖市制定的地方标准和企事业单位自己制定的企业标准。行业标准由农业部制定,是无公害农产品认证的主要依据;国家标准的依据是国家质量技术监督检验检疫总局发布,2001年10月1日开始实施的 GB 18406 和 GB/T 18407 两项标准,它分为两部分:无公害农产品产地环境要求和产品安全要求,现在已制定了蔬菜、水果、畜禽肉、水产品 4 类农产品的安全质量国家标准(表1)。

表1　农产品安全质量国家标准

标准的代号	标准的名称	标准的性质
GB 18406.1—2001	《农产品安全质量无公害蔬菜安全要求》	强制性
GB/T 18407.1—2001	《农产品安全质量无公害蔬菜产地环境要求》	推荐性
GB 18406.2—2001	《农产品安全质量无公害水果安全要求》	强制性
GB/T 18407.2—2001	《农产品安全质量无公害水果产地环境要求》	推荐性
GB 18406.3—2001	《农产品安全质量无公害畜禽肉产品安全要求》	强制性
GB/T 18407.3—2001	《农产品安全质量无公害畜禽肉产地环境要求》	推荐性
GB 18406.4—2001	《农产品安全质量无公害水产品安全要求》	强制性
GB/T 18407.4—2001	《农产品安全质量无公害水产品产地环境要求》	推荐性

2. 无公害食品标准的内容　无公害食品标准内容包括产地环境标准、产品质量标准、生产技术规范和检验检测方法等。

(1)产地环境质量标准　该标准对产地的空气、农田灌溉水质、渔业水质、畜禽养殖用水和土壤等的各项指标以及浓度限值做出规定。

(2)生产技术标准　包括农产品种植、畜禽饲养、水产养殖和食品加工等技术操作规程。

(3)无公害食品产品标准　食品的外观品质和卫生品质等内容跟普通食品的国家标准一样,但其卫生指标不高于国家标准,重点突出了安全指标。

(4)无公害食品(农产品)的认证　认证机构设在农业部农产品质量安全中心。只有通过法定机构认证后,才可冠以"无公害食品＊＊＊"的称谓。

二、绿色食品及其标准要求

(一)绿色食品的概念

绿色食品特指遵循可持续发展原则,按照特定的生产方式生产,经专门机构认定,许可使用绿色食品标志的无污染的安全、优质、营养类食品的总称。其中,"遵循可持续发展的原则"是要从保护、改善生态环境入手,以开发无污染食品为突破口,将保护环境、发展经济、增进人们健康紧密地结合起来,促进环境、资源、经济、社会发展的良性循环。"特定的生产方式"是指按照标准生产、加工,对产品实施全程质量控制,依法对产品实行标志管理。"无污染"是指在绿色食品生产、加工过程中,通过严密监测、控制,防止农药残留、放射性物质、重金属、有害细菌等对食品生产各个环节的污染,以确保绿色食品产品的洁净。无污染、安全、优质、营养是绿色食品的特征。绿色食品把产量、质量、效益和环境结合起来,认为在不破坏资源与环境、不损害后代人利益的前提下,允许合理的化学投入。绿色食品优质特性不仅包括产品的外表包装水平高,而且还包括内在质量水准高;产品内在质量又包括2个方面:其一是内在品质优良,其二是营养价值和卫生安全指标高。"安全和优质"双重质量保证,"环境与经济"双重效益。强调"产品出自最佳的生态环境"和"从土地到餐桌全程的质量控制"。绿色食品在突出其出自良好生态环境的前提下融入了环境保护与资源可持续利用的意识,融入对产品实施全过程质量控制的意识和依法对产品实行标志管理的知识产权保护意识。因此,绿色食品的内涵明显区别于普通食品的概念。

绿色食品标志图形(图3)由3个部分构成:上方的太阳、下方的叶片和蓓蕾,象征自然生态。标志图形为正圆形,意为保护、安全。整个图形描绘了一幅明媚阳光照耀下的和谐生机,告诉人们绿色食品是出自纯净、良好生态环境的安全、无污染食品,能给人们带来蓬勃的生命力。绿色食品标志还提醒人们要保护环境和防止污染,通过改善人与环境的关系,创造自然界新的和谐。

绿色食品标志使用证书是申请人合法使用绿色食品标志的凭证,应当载明准许使用的产品名称、商标名称、获证单位及其信息编码、核准产量、产品编号、标志使用有效期、颁证机构等内容。

(二)绿色食品的标准

图3 绿色食品标志图形

为了保证绿色食品产品无污染、安全、优质、营养的特性,开发绿色食品有一套较为完整的质量标准体系绿色食品标准由农业部发布,它包括产地环境质量标准、生产操作规程、产品质量和卫生标准、包装标准、贮藏和运输标准以及其他相关标准,它们构成了绿色食品产前、产中和产后全过程质量控制标准体系。

1. 绿色食品产地环境质量标准 即 NY/T 391—2000《绿色食品 产地环境质量标准》。适用于绿色食品(AA级和A级)生产的农田、菜地、果园、牧场、养殖场和加工厂。该标准规定了产地的空气质量标准、农田灌溉水质标准、渔业水质标准、畜禽养殖用水标准和土壤环境质量标准的各项指标以及浓度限值、监测和评价方法,提出了绿色食品产地土壤肥力分级和土壤质量综合评价方法。

2. 绿色食品生产技术标准 这是绿色食品标准体系的核心,包括生产资料使用准则和生产技术操作规程两部分。绿色食品生产资料使用准则是对生产绿色食品过程中物质投入的一个原则性规定,它包括生产绿色食品的农药、肥料、食品添加剂、饲料添加剂、兽药和水产养殖药的使用准则,对允许、限制和禁止使用的生产资料及其使用方法、使用剂量、使用次数和休药期等做出了明确规定。绿色食品生产技术操作规程是以上述准则为依据,按作物种类、畜牧种类和不同农业区域的生产特性分别制定的,用于指导绿色食品生产活动,规范绿色食品生产技术的技术规定,包括农产品种植、畜禽饲养、水产养殖和食品加工等技术操作规程。

3. 绿色食品产品标准 绿色食品产品标准是衡量绿色食品最终产品质量的指标尺度。该标准反映了绿色食品生产、管理和质量控制的先进水平,突出了绿色食品产品无污染、安全的卫生品质。其卫生品质要求高于国家现行标准,主要表现在对农药残留和重金属的检测项目种类多、指标严;而且,使用的主要原料必须是来自绿色食品产地的、按绿色食品生产技术操作规程生产出来的产品。

4. 绿色食品包装标签标准 该标准规定了进行绿色食品产品包装时应遵循的原则,包装材料选用的范围、种类,包装上的标识内容等。要求产品包装从原料、产品制造、使用、回收和废弃的整个过程都应有利于食品安全和环境保护,包括包装材料的安全、牢固性,节省资源、能源,减少或避免废弃物产生,易回收循环利用,可降解等具体要求和内容。除要求符合国家《食品标签通用标准》外,还要求符合《中国绿色食品商标标志设计使用规范手册》规定。该《手册》对绿色食品的标准图形、标准字形、图形和字体的规范组合、标准色、广告用语以及在产品包装标签上的规范应用均做了具体规定。

5. 绿色食品贮藏、运输标准 该项标准对绿色食品贮运的条件、方法、时间做出规定。以保证绿色食品在贮运过程中不遭受污染、不改变品质,并有利于环保、节能。

6. 绿色食品其他相关标准 包括"绿色食品生产资料"认定标准、"绿色食品生产基地"认定标准等。

以上6项标准对绿色食品产前、产中和产后全过程质量控制技术和指标做了全面的规定,构成了一个科学、完整的标准体系。

(三)绿色食品分级

从1996年开始,绿色食品分为AA级和A级2级。

1. AA级绿色食品标准要求 生产地的环境质量符合《绿色食品产地环境质量标准》,生产过程中不使用化学合成的农药、肥料、食品添加剂、饲料添加剂、兽药及有害于环境和人体健康的生产资料,而是通过使用有机肥、种植绿肥、作物轮作、生物或物理方法等技术,培肥土壤控制病虫草害、保护或提高产品品质,从而保证产品质量符合绿色食品产品AA级标准要求。AA级绿色食品完全达到或严于国际同类食品标准,AA级标准等效采用欧盟和国际有机农业运动联盟(IFOAM)的有关原则。

2. A级绿色食品标准要求 生产地的环境质量符合《绿色食品产地环境质量标准》,生产过程中严格按照绿色食品生产资料使用准则和生产操作规程要求,限量使用规定的化学合成生产资料,并积极采用生物学技术和物理方法,保证产品质量符合绿色食品产品A级标准要求。A级标准参照联合国粮农组织和世界卫生食品法典委员会(CAC)标准、欧盟质量安全标准。

(四)绿色食品的标志管理

根据《中国绿色食品商标标志设计使用规范手册》的规定,绿色食品的标志由四部分组成:即绿色食品标志图形、中文"绿色食品"文字、英文"Green Food"编号及防伪标签,须全部体现在产品包装上。绿色食品商标标志是中国绿色食品发展中心在国家工商行政管理总局注册的质量证明商标,凡标志图形出现时,必须附注册商标符号"R"(图4)。在产品编号正后方或正下方须注明"经中国绿色食品发展中心许可使用绿色食品标志"的文字字样。

图4　绿色食品商标标志图形

(五)绿色食品的编号

LB—××—××—××—××—××××—A(AA),分别代表:绿标—产品类别—认证年份—认证月份—省份(国别)—产品序号—产品级别。例如,河北省海晶食盐的绿色食品编号(图5)为:LB—54—1305031274A,代表:LB 为绿色食品,54 为食盐,2013 年 5 月通过认证,03 为河北省产品,1274 为产品序号,A 为 A 级产品。

按农业部统一规定,从 2009 年 8 月 1 日起绿色食品产品将实行新的编号制度,以进一步完善绿色食品产品编号制度。新编码区别于现行编码 3 年一换的方式,将实行终身制,这将方便企业使用绿色食品标志,同时也利于加强监管。此后,所有获证产品包装上统一使用企业信息码。

企业信息码的编码形式为 GF××××××××××××

图5 绿色食品的标志

(图6)。GF是绿色食品英文"GREEN FOOD"1首个字母的缩写组合,后面为12位阿拉伯数字,其中1~6位为地区代码(按行政区划编制到县级),7~8位为企业获证年份,9~12位为当年获证企业序号。

企业信息码含义:

GF　　XXXXXX　XX　XXXX

绿色食品英文"GREEN FOOD"缩写　　地区代码　获证年份　企业序号

图6 绿色食品的企业信息编码图

例如,GF130103081151 表示:GF—绿色食品缩写,130103—河北省,08—获证年份,1151—中盐河北盐业专营有限公司企业代码。

从2003年11月30日起,由国际标准化组织制订、指导公众绿色消费的"绿色标志"《ISO 14020 系列标准》开始实施。在该标准中,有8种被绝对禁止使用的术语不能在产品包装和说明书中使用,分别是:对环境安全、对环境友善、对地球无害、没有污染、绿色、自然之友、不会破坏臭氧层以及所谓的"可持续性"。消费者如在市场上看到产品使用这些说法,可将其作为绿色欺诈行为向工商部门举报。

【案例8-3】

看图7,绿色标志不规范,食品乱戴"绿帽"骗人现象时有出现,食用油、米面等市民日常食品不少存在自戴"绿帽"现象。

图7 禁用的绿色食品广告语

三、有机食品及其标准要求

有机农业是一种环境要求最为严格的持续农业系统。中国国家环境保护总局有机食品发展中心(OFDC)对有机农业的定义是:遵照一定的有机农业生产标准,在生产中不采用基因工程获得的生物及其产物,不使用化学合成的农药、化肥、生长调节剂、饲料添加剂等物质,遵循自然规律和生态学原理,协调种植业和养殖业的平衡,采用一系列可持续发展的农业技术以维持持续稳定的农业生产体系的一种农业生产方式。

(一)有机食品的概念

有机食品(ORGANIC FOOD)或称有机农业产品、生态食品、生物食品或自然食品等,是指来自有机农业生产体系的食品,根据国际有机农业生产要求和有机食品标准规定的生产管理过程进行生产加工的,并通过独立的有机食品认证机构认证的可食用农副产品及其加工品。这里所说的"有机"不是化学上的概念,而是指采取一种有机的耕作和加工方式。

有机食品标志采用人手和叶片为创意元素(图8)。可以感觉到2种景象,其一是一只手向上持着一片绿叶,寓意人类对自然和生命的渴望;其二是两只手一上一下握在一起,将绿叶拟人化为自然的手,寓意人类的生存离不开大自然的呵护,人与自然需要和谐美好的生存关系。

图8 有机食品和有机产品标志

(二)有机食品的标准

有机农产品执行的是国际有机农业运动联盟(IFOAM)的"有机农业和产品加工基本标准"。

1. 有机食品的条件 ①原料必须来自于已建立的有机农业生产体系,或采用有机方式采集的野生天然产品。②产品在整个生产过程中严格遵循有机食品的采集、加工、包装、贮藏、运输标准,禁止使用化学合成的农药、化肥、生长调节剂、抗生素、食品添加剂等,禁止使用基因工程技术及该技术的产物及其衍生物。③生产者在有机食品生产和流通过程中,必须建立严格的质量管理体系、生产过程控制体系和追踪体系,因此一般需要有转换期;有完整的生产和销售纪录档案。④必须通过独立的、合法的有机食品认证机构认证。

2. 有机食品生产的基本要求 ①生产基地在最近3年内未使用过农药、化肥等违禁物质;②种子或种苗来自于自然界,未经基因工程技术改造过;③生产基地应建立长期的土地培肥、植物保护、作物轮作和畜禽养殖计划;④生产基地无水土流失、风蚀及其他环境问题;⑤作物在收获、清洁、干燥、贮存和运输过程中应避免污染;⑥从常规生产系统向有机生产转换通常需要2年以上的时间,新开荒地、撂荒地需至少经12个月的转换期才有可能获得颁证;⑦在生产和流通过程中,必须有完善的质量控制和跟踪审查体系,并有完整的生产和销售记录档案。

四、无公害农产品、绿色食品和有机食品的关系

有机食品、绿色食品、无公害食品是一组与食品安全和生态环境相关的概念,都是安全食品,它们从种植、收获、加工生产、贮藏及运输过程中都采用了无污染的工艺技术,实行了从土地到餐桌的全程质量控制,保证了食品的安全性。它们构成了金字塔结构体系,有机食品是顶级的,完全与国际标准接轨;中间是绿色食品,基本要求是无害、安全;无公害食品则是安全的底线标准。具体比较见表2。

表2 无公害农产品、绿色食品和有机食品的比较

	认证机构	认证方法	主管单位
无公害食品	农业部农产品质量安全中心	检查认证和检测认证并重 在环境技术条件的评价方法上采用调查评价与检测认证相结合的方式。	农业部
绿色食品	中国绿色食品发展中心	A级绿色食品和无公害食品的认证相同 AA级绿色食品与有机食品的认证相同	农业部 国家绿色食品发展中心
有机食品	国家环境保护总局有机食品发展中心 中国农科院茶叶研究所 国外有机食品认证机构	实地检查认证为主,检测认证为辅;重点是农事操作的真实记录和生产资料购买及应用记录等	国家认证认可监督管理委员会

第三节 种子法律制度

一、种子及种子法的概念

(一)种子的概念

《中华人民共和国种子法》第2条规定,本法所称种子,是指农作物和林木的种植材料或者繁殖材料,包括籽粒、果实和根、茎、苗、芽、叶等。

(二)种子法的概念

国家为管理农作物品种的审定和种子的鉴定、检验、检疫、生产、加工、贮藏和经营等而制定的法规。狭义的种子法专指2000

第八章 农业生产安全法律制度

年7月8日第九届全国人民代表大会常务委员会第16次会议通过,并于同年12月1日起实施的《种子法》。广义的种子法除《种子法》外,还包括国务院、农业部及各省、自治区、直辖市为贯彻执行《种子法》所制定的行政法规、部门规章、地方性法规、地方政府规章等一系列规范性文件。主要有《植物新品种保护条例》,农业部发布的《农作物种子生产经营许可证管理办法》、《农作物种子标签管理办法》、《种子加工包装规定》和《农业植物新品种权侵权案件处理规定》等。

《种子法》立法目的是:三个保护——保护种质资源、育种者利益、使用者利益;三个规范——规范生产行为、经营行为、管理行为;三个促进——促进种子质量、种子产业化、种植业和林业发展。

二、种子法确立的主要制度

(一)种质资源保护制度

国家依法保护种质资源,任何单位和个人不得侵占和破坏种质资源。禁止采集或者采伐国家重点保护的天然种质资源。因科研等特殊情况需要采集或者采伐的,应当经国务院或者省、自治区、直辖市人民政府的农业、林业行政主管部门批准。国家有计划地收集、整理、鉴定、登记、保存、交流和利用种质资源,定期公布可供利用的种质资源目录。国家对种质资源享有主权,任何单位和个人向境外提供种质资源的,应当经国务院农业、林业行政主管部门批准;从境外引进种质资源的,依照国务院农业、林业行政主管部门的有关规定办理。

【案例8-2】

1974年9月17日,中美关系解冻后第一个植物学家访问团访问中国时,团里一位著名的育种专家在上海的一个电机厂的院子里收集了一棵野生大豆。1979年1月,这棵野生大豆的标本送进了美国农业部的野生大豆种质资源库并有了一个编号

PI407305。1995—1998年,孟山都公司从伊利诺伊州大学 USDA 种质库里获得野生大豆品种 PI407305,并运用分子生物技术进行检测和分析。1998年10月1日,孟山都公司向美国专利局提交了一项名为"高产大豆及其栽培和检测方法"的专利申请。根据2000年《种子法》第10条的规定,国家对种质资源享有主权,任何单位和个人向境外提供种质资源的,应当经国务院农业、林业行政主管部门批准。这意味着任何外国人对于从中国取得的种质资源,必须有国务院农业、林业行政主管部门的批准证明;否则,即可认定为非法。(摘自"中国法学网")

(二)品种审定制度和转基因植物品种安全评价制度

1. 品种审定制度 主要农作物品种和主要林木品种在推广应用前应当通过国家级或者省级审定,申请者可以直接申请省级审定或者国家级审定。由省、自治区、直辖市人民政府农业、林业行政主管部门确定的主要农作物品种和主要林木品种实行省级审定。主要农作物品种和主要林木品种的审定办法应当体现公正、公开、科学、效率的原则,而属于非主要农作物品种和非主要林木品种的,不需要通过审定即可推广、利用。通过国家级审定的主要农作物品种和主要林木良种由国务院农业、林业行政主管部门公告,可以在全国适宜的生态区域推广。通过省级审定的主要农作物品种和主要林木良种由省、自治区、直辖市人民政府农业、林业行政主管部门公告,可以在本行政区域内适宜的生态区域推广;相邻省、自治区、直辖市属于同一适宜生态区的地域,经所在省、自治区、直辖市人民政府农业、林业行政主管部门同意后可以引种。

应当审定的农作物品种未经审定通过的,不得发布广告,不得经营、推广。应当审定的林木品种未经审定通过的,不得作为良种经营、推广,但生产确需使用的,应当经林木品种审定委员会认定。国家确定的主要农作物为:水稻、玉米、小麦、棉花、大豆、油菜和马铃薯,各省还确定了1~2种主要农作物,目前我国大面积种植的转基因作物是抗虫棉花。

【案例 8-3】

北京市平谷区金海湖镇满伯生等 8 户农民消费者于 2004 年 10 月先后从经营者郭维旺处购入"京 46 号"小麦种子播种。到 2005 年收割时,发现麦穗上部多为空穗,认为是种子有问题,于是找到郭维旺要求赔偿损失。郭维旺以空穗是因气候原因造成而拒绝赔偿。于是 8 农户投诉到区消协。平谷区消协经过调查,了解到该种子未经过国家有关部门的审定,依据《种子法》规定,未经审定的种子不得销售,郭维旺出售未经审定的种子的行为违反了《种子法》,并且给农户造成了损失,应当赔偿。经过消协多次调解,经营者郭维旺最后同意赔偿 8 户农户的经济损失共 8 640 元。(摘自"广东新闻网")

2. 转基因植物品种安全评价制度　转基因植物品种的选育、试验、审定和推广应当进行安全性评价,并采取严格的安全控制措施。

【案例 8-4】

2005 年 4 月 13 日,绿色和平组织在北京宣布,该组织在湖北地区发现转基因水稻已经进行销售和种植。"种植的转基因水稻并没有通过农业部的安全试验,这将污染大米市场,很可能已经流入到湖北以外的省(市)"。为此,绿色和平组织呼吁政府立即回收及销毁非法种子和受到污染的大米,并且进行调查,向生产和销售非法种子的公司和机构追讨责任。(摘自"新浪网财经纵横")

(三)新品种保护制度

国家实行植物新品种保护制度,对经过人工培育的或者发现的野生植物加以开发的植物品种,具备新颖性、特异性、一致性和稳定性的,授予植物新品种权,保护植物新品种权所有人的合法权益。具体办法按照国家有关规定执行。选育的品种得到推广应用的,育种者依法获得相应的经济利益。

【案例 8-5】

玉米新品种"金海5号"于2003年1月1日取得植物新品种权,品种权号:CAN20010074.2,品种权人:莱州市金海种业有限公司。2011年8月,原告发现被告张掖市富凯公司未经原告许可擅自在甘州区沙井镇古城村八社、十一社生产"金海5号"1000余亩。现原告请求责令被告立即停止侵权,不得销售生产的"金海5号"杂交玉米制种,对被告已经生产的"金海5号"杂交种子予以转商或做其他灭活性处理;原告起诉时请求赔偿损失10 000元,2011年10月8日原告追加赔偿额为500 000元。

根据北京玉米种子检测中心的检验报告可以证明被告生产的种子与受保护品种"金海5号"属于同一品种。故原告主张被告富凯公司擅自生产"金海5号"侵犯其植物新品种权的诉请本院依法予以支持,依据《民法通则》第134条、《植物新品种保护条例》第6条、《最高人民法院关于审理侵犯植物新品种权纠纷案件具体应用法律问题的若干规定》第1条、第2条、第6条,判决如下:①被告张掖市富凯农业科技有限责任公司不得销售生产的"金海5号"杂交玉米种子,对已生产的侵权种子做转商或灭活性处理;②被告张掖市富凯农业科技有限责任公司赔偿原告莱州市金海种业有限公司损失450 000元,于本判决生效后15日内付清。(摘自"中国知识产权裁判文书网")

(四)种子生产许可制度

1. 主要农作物和主要林木的商品种子生产实行许可制度 主要农作物杂交种子及其亲本种子、常规种原种种子、主要林木良种的种子生产许可证,由生产所在地县级人民政府农业、林业行政主管部门审核,省、自治区、直辖市人民政府农业、林业行政主管部门核发;其他种子的生产许可证,由生产所在地县级以上地方人民政府农业、林业行政主管部门核发。

第八章　农业生产安全法律制度

2. 申请领取种子生产许可证的单位和个人应当具备的条件

①具有繁殖种子的隔离和培育条件;②具有无检疫性病虫害的种子生产地点或者县级以上人民政府林业行政主管部门确定的采种林;③具有与种子生产相适应的资金和生产、检验设施;④具有相应的专业种子生产和检验技术人员;⑤法律、法规规定的其他条件。

【案例 8-6】

2005 年"绿剑"春季行动暗访检查发现,金华市翔宇农作物研究所存在无证生产杂交玉米种子违法行为嫌疑,5 月 10 日,省农业厅决定立案调查。经查实,当事人以永康种子公司门市部名义擅自在北京密云县组织生产科糯 986、浙糯玉 1 号、超甜 3 号、密玉八号等 4 个品种杂交玉米种子,属于无证生产。截至 2005 年 5 月 11 日,当事人已生产销售杂交玉米种子 5 686.8 千克,共获违法所得 66 844.32 元。其行为违反了《中华人民共和国种子法》第 22 条之规定,根据《中华人民共和国种子法》第 60 条和《中华人民共和国行政处罚法》第 27 条之规定,省农业厅做出责令改正,没收违法所得人民币 66 844.32 元的行政处罚。(摘自"新华网浙江频道")

(五)种子经营许可制度

1. 种子经营实行许可制度　种子经营者必须先取得种子经营许可证后,方可凭种子经营许可证向工商行政管理机关申请办理或者变更营业执照。

2. 申请领取种子经营许可证的单位和个人应当具备的条件

①具有与经营种子种类和数量相适应的资金及独立承担民事责任的能力;②具有能够正确识别所经营的种子、检验种子质量、掌握种子贮藏、保管技术的人员;③具有与经营种子的种类、数量相适应的营业场所及加工、包装、贮藏保管设施和检验种子质量的仪器设备;④法律、法规规定的其他条件。

种子经营者专门经营不再分装的包装种子的,或者受具有种子经营许可证的种子经营者以书面委托代销其种子的,可以不办理种子经营许可证,但应办理营业执照。农民个人自繁、自用的常规种子有剩余的,可以在集贸市场上出售、串换,不需要办理种子经营许可证,由省、自治区、直辖市人民政府制定管理办法。

【案例8-7】

2012年10月,陈某,陕西白河县人,在得知今年椿树种子市场走俏后,刚入秋就到椿树资源丰富的南化、白桑等乡镇收购椿树果子。因其收购价格高,群众抢采掠青,甚至不惜毁坏树木,造成了森林资源严重破坏。由于李某经营种子未办理种子经营许可证,运输种子未办理种子检疫证,根据《种子法》的相关规定,我局依法没收李某非法经营运输的椿树果子,并给予椿树果子价值1倍以上3倍以下的罚款。(摘自"西北苗木网")

(六)种子质量监督制度

1. 种子质量管理机关 农业、林业行政主管部门负责对种子质量的监督;种子检验机构和种子检验员要具备一定的条件,经省级以上农业行政主管部门考核合格;实行最低种用标准基础上的真实标签制度。

2. 禁止生产及经营假、劣种子 《种子法》第46条第1款规定,下列种子为假种子:①以非种子冒充种子或者以此种品种种子冒充他种品种种子的;②种子种类、品种、产地与标签标注的内容不符的。

《种子法》第46条第2款规定下列种子为劣种子:①质量低于国家规定的种用标准的;②质量低于标签标注指标的;③因变质不能作种子使用的;④杂草种子的比率超过规定的;⑤带有国家规定检疫对象的有害生物的。

【案例8-8】

2006年11月28日,重庆市农业局接举报称,当事人四川某种业有限责任公司销往重庆境内的"成单19"和"科恩939"杂交玉米种子涉嫌为假种子。2006年12月25日,执法人员依照法定程序,对当事人销至重庆境内的"成单19"和"科恩939"杂交玉米种子抽样取证,样品送北京市农林科学院玉米研究中心进行真实性鉴定,经鉴定送检样品均与"潞玉13"之间没有差异,属于同一品种;之后,执法人员依法对当事人销往重庆境内的"成单19"和"科恩939"杂交玉米种子数量、下家及种子去向进行了调查核实,从收集的证据表明:当事人于2005年4月25日,与重庆商人张某签订协议,约定张某在重庆境内总代理当事人的"成单19"杂交玉米种子,按照约定,2006年11月2~4日,当事人分别租用重庆恩威快运有限公司渝B 39941、渝A 15033牌号货车,将"成单19"杂交玉米种子14 000千克,从成都运至重庆境内九龙坡区石桥铺张某指定的仓库,张某购进当事人种子后,于2006年11月16日至12月8日期间,先后批发给了重庆境内的璧山县、垫江县、丰都县等区县经销商,12月11日,当事人向张某发出了停止销售"成单19"杂交玉米种子的紧急通知,并主动招回销往重庆境内的该批种子共11 313千克,未招回的1 487千克,先后被重庆市有关区县农业行政主管部门依法没收;当事人2006年6月30日,与重庆种子商人杨某签订协议,约定杨某在重庆境内总代理当事人的"科恩939"杂交玉米种子,按照约定,2006年11月2~3日,当事人租用重庆恩威快运有限公司渝B 60785、渝B 200241牌号货车,将"科恩939"杂交玉米种子14 960千克,运至重庆境内的九龙坡区石桥铺杨某指定的仓库,杨某购进当事人种子后,于2006年11月9日至20日期间,分别批发给了渝北区、江津区、梁平县等区县经销商,12月11日,当事人向杨某发出了停止销售"科恩939"杂交玉米种子紧急通知,主动招回销往重庆境内"科恩939"杂交玉米种子共11 137千克,未招回的3 823千克,先后被区(县)农业行政主管部门依法没收。

处罚机关认为,经营以此种品种种子冒充他种品种种子的行为,属经营假种子行为,系法律禁止行为。当事人在重庆境内销售"成单19"和"科恩939"杂交玉米种子的行为,违反了《种子法》第46条第2款第1项的规定,依照《种子法》第59条规定,做出如下处罚决定:①责令停止经营"成单19"和"科恩939"杂交玉米种子的行为;②处罚款50 000元(伍万元)。(摘自"重庆农业农村信息网")

(七)种子标签真实性制度

销售的种子应当附有标签。标签应当标注种子类别、品种名称、产地、质量指标、检疫证明编号、种子生产及经营许可证编号或者进口审批文号等事项。标签标注的内容应当与销售的种子相符。销售进口种子的,应当附有中文标签。销售转基因植物品种种子的,必须用明显的文字标注,并应当提示使用时的安全控制措施。

【案例8-9】

农业部第136号公告的审定编号为国审棉20000002的棉花杂交种的品种名称是中棉所39(原名中抗杂4号)。北京某种子公司将其标注为"审定编号国审棉20000002 中抗 $39F_1$"推广经营。种子使用者于某某未因此种子质量问题遭受损失,而以该公司将"中棉所39(原名中抗杂4号)"标注为"中抗$39F_1$"属欺诈为由诉诸法院,要求该公司返还购种价款21 000元和增加赔偿购种价款1倍的损失21 000元。作物种类和品种名称与种子标签标注不符,属于种子标签质量标注不真实,依据《种子法》第41条规定承担赔偿责任,法院支持了原告的请求,判决被告赔偿原告损失42 000元。(摘自"泉州林业信息网")

此外,《种子法》还规定了外商投资种子企业审批管理制度、种子生产经营档案制度、种子检疫制度和种子储备制度等。这些基本制度体现了国家对种业的宏观调控与市场调节相结合的基本原则,体现了社会主义市场经济的客观要求。

第四节 农药管理法律制度

农药是指用于防治危害农林作物及农林产品的害虫、螨类、病菌、杂草、线虫、鼠类和对植物生长具有调节作用的化学物质。世界各国对农药的生产、销售、使用等各环节都有严格的管理措施，并制定和实施了相应的农药管理法规和条例。同样，我国对农药的管理也有相应的法律制度；同时，我国根据农药的发展动态，对一些相关的法规和条例不断进行修改和补充，以使农药的管理更加科学化和法制化。

农药管理是一种依法行政的行为，对农药管理部门和农药执法人员来说，在从事农药管理过程中，不仅要严格执行国务院颁布的《农药管理条例》及农业部和原化工部分别颁布的《农药管理条例实施办法》，还必须遵守、执行我国现行的其他相关法律。

一、农药经营许可证和经营上岗证制度

我国对农药的经营实行许可证和上岗证制度，以杜绝假冒伪劣农药产品进入流通领域，使我国的农业和农村经济健康有序地持续发展。

（一）农药经营许可证

1. 农药经营许可单位 根据《农药管理条例》第4章第18条规定，以下单位可以经营农药：供销合作社的农业生产资料经营单位，植物保护站，土壤肥料站，农业、林业技术推广机构，森林病虫害防治机构，农药生产企业和国务院规定的其他经营单位。

2. 农药经营单位的基本条件 《农药管理条例》第4章第19条规定，农药经营单位应当具备下列条件和有关法律、行政法规规定的条件，并依法向工商行政管理机关申请领取营业执照后，方可经营农药：①有与其经营的农药相适应的技术人员；②有与其经营

的农药相适应的营业场所、设备、仓储设施、安全防护措施和环境污染防治设施、措施;③有与其经营的农药相适应的规章制度;④有与其经营的农药相适应的质量管理制度和管理手段。

3. 申领《农药经营许可证》的条件 具备经营农药资格的部门和单位,还应申领《农药经营许可证》,其条件为:①有2名以上具备一定技术水平的技术人员,要求具有中专以上学历、国家认可的专业技术职称资格并经市级以上农业行政主管部门培训合格取得上岗证的人员;②有单独的门市部,面积不少于10米^2,库房面积不少于10米^2(剧毒、高毒、烟剂类农药应具备单独存放条件),库房应具通风设施;③具有完善的仓储、安全防护、环境污染防治等规章制度;④具有完善的进货检查、检验制度、质量事故报告制度、农药购销记录制度。

农药经营许可制度的实施是为了最大限度地保障农药在流通环节的安全性,但实际生活中,这方面还存在较大差距,有的经营者甚至将农药与日用百货混合经营,这是严重错误的。

【案例8-10】

在河北省威县的某村陈某将农药与食品在同一店铺中经营,虽然他将农药与食品进行了分离,但他的6岁孩子不慎误服了杀虫剂"蟓象绝",主要原因是这个药剂的包装非常好,孩子以为是喝的饮料,而且他很轻易地拿到了农药并喝了下去,幸亏发现和抢救及时,没有造成大的事故。

(二)农药经营许可证的管理

农药经营许可证管理部门是各省、市的农业行政主管部门。取得农药经营许可证的单位,有下列情况之一,将由发证机关收缴或注销其农药经营许可证:①经复查不符合发证条件的;②将经营许可证转借、租赁给其他单位使用的;③农药经营过程中,安全防护、环境污染治理等措施存在重大隐患,需立即停止营业整顿的;④农药经营过程中,1年内被农药执法机关警告过3次以上,或销售假冒伪劣农药2次以上的。

(三)农药经营上岗证制度

农药经营是一项专业技术程度要求较高的工作,经营人员的专业水平、法律素养、道德观念如何,直接关系广大农民的切身利益。实行上岗证制度,其目的是要把农药经营人员的身份展示给广大消费者,使经营者接受社会监督。

1. 上岗证制度 农药经营单位的人员,需具有一定的农药、植物保护知识,并达到一定水平,在通过参加农业行政主管部门的法律、法规和技术知识培训后,成绩合格者,颁发上岗证和上岗证胸卡。

2. 上岗证管理 上岗证有效期3年。每年随同经营许可证年检,中途离开农药经营岗位,可保留上岗证,但必须交回上岗证胸卡,报所在地农药管理站注销后备案;重新上岗后,向所在地农药管理部门重新申请胸卡。上岗证不能多人共用。

3. 上岗证使用 取得上岗证的人员,面向群众服务时,必须将上岗证胸卡佩戴于左胸前,以便群众和执法人员监督检查。

农药经营上岗证制度是提高农药经销单位人员业务水平,正确指导农民科学使用农药的一种强有力的手段,同时也对加快农药、植保新技术的普及和农药新品种的推广应用有好处。

(四)农药经营单位不得经营的农药

农药经营单位不得经营以下几类农药。

①无农药登记证或农药临时登记证、无农药生产许可证或者生产批准文件、无产品质量标准的国产农药;

②无农药登记证或农药临时登记证的进口农药;

③无产品质量合格证和检验不合格的农药;

④过期而无使用效能的农药;

⑤没有标签或者标签残缺不清的农药;

⑥属危险化学品且未办理危险化学品经营许可的农药;

⑦撤销登记的农药。

目前,我国对农药的生产实行严格的登记制度,农药经营者有权向生产企业索要农药"三证",但很多的农药经营者没有这方面的意识,致使出现问题后自己处于被动地位。

(五)农药经营企业的职责

农药经营是一种特殊的商业行为,经营者不能以获取利润作为第一目标,而是首先要树立服务于农业和农民,保证农业的稳产、高产的意识。农药经营企业必须认真执行国家规定的各项政策,在农药经营中遵守以下职责。

①认真贯彻"预防为主,综合防治"的植保工作方针,根据农业植保部门病虫草害预测的情报,及时组织货源,做好农药供应工作。同时,农业生产季节性强,农药的供应应严格掌握季节,不违农时。

②必须经营有"三证"的农药。对售出农药的质量应负责任,不能出售失效变质的农药。

③售出的农药必须有完整的包装和标志,对于高毒农药还必须有详细的使用说明书和使用注意事项,不能随意扩大应用范围。

④对已失效的农药要及时上报业务部门处理。过期农药须送达国家委托的质量检验部门化验,符合标准的方可出售使用。为防止农药久贮失效,销售时应遵循"先进先销"的原则。

⑤农药销售人员要做好农药使用的宣传工作,使农民了解农药的性质、防治对象、使用方法、安全保护,达到经济、安全、有效的目的。同时,要因地制宜,讲求实效。

⑥坚持管卖、管用、管效果的原则,开展系列化服务。"三管"原则是社会主义商业经营农药的原则,农药的使用技术性强,经营部门必须指导农民正确、合理使用,达到安全、经济、有效的目的。

⑦坚持低价薄利政策。国家对农业生产资料价格历来实行低价薄利政策,以利于扶持农业生产的发展。

⑧积极推广应用农药新品种。目前我国农药产业结构正处于品种结构调整期,有许多高效、低毒、低残留的农药新品种不断推向市场,以适应国际和国内农业发展的需要。

二、农药的安全使用和防护

农药是一类生物活性物质,绝大多数品种对人体有一定的毒性。如果使用不当,就可能造成人、畜中毒事故。国务院及有关部门,为农药的安全管理、科学使用、严防中毒,多年来发出了一系列通知。

(一)剧毒农药的安全使用和防护

剧毒农药一般禁止用于蔬菜及临近采收的瓜果,也不准用来毒鱼、毒杀鸟兽等。凡因剧毒农药中毒死亡的各种动物,必须深埋,严禁食用或贩卖。

施用农药时,应注意不同作物、不同农药品种的收获前禁用期,以及相应的药剂剂型、施用量及施药次数,使农产品中农药残留量不致超过国家规定的允许限度。

施用过农药的农产品进入市场前,都应该经过检查或抽查,农药残留量不合格者不允许上市。

(二)防止药物污染

对牧草或作饲料的农作物施药时,同样应使其收获时的农药残留量不超过国家规定的允许限度。否则,家畜家禽吃了这些饲料后,蛋、奶、肉等畜产品中的农药残留量过高。

施用农药或清洗药械时,不要污染水源或鱼塘,以防饮水或水产品中农药的含量增高。实际上我们在施用农药时,一定要努力提高使用技术,使药剂最大限度地附着在农作物或有害生物体靶标上,而不应该大量溢失到土壤、大气或水域中,造成环境污染。清洗药械或进行其他农药操作时,也同样有这个问题。农药对环境的污染,不但会杀伤野生动物、蜜蜂等有益生物、天敌、土壤中有益微生物群落,破坏有利于人类的生态环境,而且农药可能通过自然界中的食物链富集起来,最终经口进入人体,危害到人类健康。

(三)农药贮存

贮存药剂的库房及其农药应由熟悉业务的专人管理,层层加锁,并建立农药出纳登记制度。农药仓库或保管室要专用,不能与粮食、种子、其他商品特别是可食用的商品混装。农药操作人员,还应该掌握农药中毒、安全防护及简单急救的知识。

(四)农药限用与禁用

1. 农药的禁用 有些农药虽然对有害生物具有较好的防效,但由于毒性和残留方面的原因,已被禁止生产和使用,如我国1983年起禁止生产六六六;1992年起禁止生产杀虫脒;2007年1月1日起甲胺磷、对硫磷、甲基对硫磷、久效磷和磷胺5种高毒药剂被禁止生产和使用。

2. 农药的限用 有些农药虽然还在使用,但却有严格的使用范围和方法。如高毒农药不准用于蔬菜、茶叶、果树、中药材等作物,不准用于防治卫生害虫与人、畜皮肤病。

第五节 农村动物卫生检疫和农村动物疫病扑灭制度

一、农村动物卫生检疫制度

(一)动物卫生检疫的概念及特点

农村动物卫生检疫制度是为了防止动物疫病传播,保护畜牧业生产和人民身体健康,由法定的检疫检验机构和人员,采用法定的检验方法,依照法定的检疫项目、检疫对象、检验标准以及管理形式和程序,对动物及动物产品进行疫病检查、定性和处理的一项带有强制性的技术行政措施。

第八章　农业生产安全法律制度

动物卫生检疫具有强制性的特点,动物检疫受法律保护,它不是一项可做可不做,或愿做不愿做的工作,而是一项非做不可的工作。凡是拒绝、阻挠、逃避、抗拒动物卫生检疫的都属违法行为,都将受到法律制裁。

(二)农村动物卫生检疫法定的机构和人员

1. 法定的检疫机构

(1)国家动物检疫机关　包括对外开放的口岸动植物检疫机关、进出境动植物检疫业务集中地点的口岸动植物检疫机关、动物防检机构和国家进出口商品检验机构。

(2)屠宰场、肉类联合加工场　负责本厂生产的动物产品的检疫和出证工作。

(3)被委托单位　由动检机构根据工作需要并视其条件,依法进行委托和授权的国营、集体事业单位。被委托单位必须在委托授权的职权范围内实施检疫。

2. 法定的兽医卫生检疫人员　只有农牧部门依法批准的检疫员,才有权实施检疫行为,其签发的检疫证明才具有法律效力。

(三)法定的检疫项目和检疫对象

1. 法定的动物检疫项目　根据农业部的有关规定,家畜出售前的法定的动物检疫项目有:检查是否来自非疫区;临床检查是否健康;免疫接种证明是否在有效期内;实验室检验结果是否阴性;种、乳用动物是否有健康合格证。

2. 法定的兽医卫生检疫对象　凡国家法律、法规或动物防疫法规定的必检对象,均为法定检疫对象。凡法定的检疫对象,动物检疫人员在实施检疫时必须进行检查,否则将视为违章操作。

3. 特殊动物产品的检疫项目　在检疫工作中,有些动物产品比较特殊,检疫起来比较困难,如毛、蹄、骨、角、皮、羽、绒等。对这类产品,在检疫工作的实际操作中,一般多采用消毒的方法加以处理。

【案例 8-11】 检疫员未按检疫程序实施检疫赔偿案

案情简介:1998 年 9 月 20 日,汝阳县城关镇养猪户张某向县兽医卫生监督检疫所申诉,称 9 月 13 日张某在该县小店乡牲畜交易市场购仔猪 45 头,经县动检站检疫员杨某检疫合格后运至自家猪场,3 天后仔猪相继发病,死亡 18 头,并传染给邻圈种公猪 1 头、母猪 1 头,总计损失 12 000 余元,张某认为检疫员杨某应对该事件负责,要求杨某所在单位县动检站予以赔偿。

调查处理及分析:调查显示情况属实,经鉴定猪死亡原因是猪瘟与链球菌混合感染所致。检疫员杨某未对仔猪实施检疫,并出具产地检疫证明。小店乡兽医站负责交易市场入市动物防疫工作,并收取张某仔猪猪瘟\猪丹毒防疫注射费 90 元,但未实施防疫注射。张某索赔金额不实,经双方核实为 6 009 元。县兽医卫生监督所将上述情况上报县农牧局,农牧局认定:①张某申诉事实成立,县动检站应予赔偿,但索赔金额有误,应为 6 000 元;②检疫员杨某违反《动物防疫法》第 31 条规定,未按检疫程序实施检疫,对检疫不合格动物出具检疫证明,给畜主造成损害,应负主要责任;③小店乡兽医站违反《动物防疫法》第 13 条第 2 款规定没有做好动物疫病预防工作,应负次要责任。依照《动物防疫法》第 55、56 条规定,县农牧局做出以下处理决定:①县动检站依法赔偿张某经济损失 6 009 元;②对检疫员杨某记过处分,并责令承担赔偿费用的 40%;③小店乡兽医站实施免疫过程中,玩忽职守,责令承担赔偿费用的 20%。

(四)法定的检验标准和方法

兽医卫生检疫的科学性和依法管理的特点决定其必须采用兽医卫生行政法统一规定的检疫方法和判定标准。这样,可避免因方法、标准不同造成检疫结果差异所引起的各类检疫行政纠纷,据此出具的证明具有法律效力。

法定的兽医卫生检疫方法又称动物检疫规程。我国检疫规程有2部,一是"动物检疫操作规程",主要是血清学、病原学、组织学为主的检验方法和标准;二是农业部、卫生部、外贸部、商业部于1959年11月1日联合颁发的"肉品卫生检验试行规程"(简称"四部规程"),主要适用于动物屠宰检疫操作。该规程关于肉类检验的规定已不限于动物疫病,凡属对人类有害的不卫生因素,在检验中一旦发现,均应进行无害化处理。此外,对毛、蹄、骨、角等动物产品的消毒,属一般性(无特定对象)消毒,应按农业部制定的消毒操作规程进行。

(五)法定的处理方式

动物检疫人员应根据检疫结果,分别做出相应的处理。

1. 检疫合格的处理方式 检疫合格应出具检疫证明;胴体并须加盖验讫印章或规定的检疫检验标志(记)。

2. 检疫不合格的处理方式 检疫不合格的应根据不同情况,按规定分别进行处理,一般有以下几种处理方法。

(1)封锁 经检疫发现动物或其产品带有规定的一类传染病或当地新发现的危害较大的传染病时,依法采取封锁措施。

(2)隔离观察 经检疫一时难以做出判定结果的可疑动物,可采取隔离观察的措施。

(3)扑杀 对带有严重危害动物生产和人类健康的检疫对象的动物或其同群动物,采取扑杀等无害化处理措施。

(4)销毁 对带有严重危害动物生产和人类健康的检疫对象的产品,采取销毁措施处理。常用的处理措施是炼工业油和化制。

(5)高温 动物肉类虽带有检疫对象,但其危害较小,且染疫程度较轻,尚有食用价值,进行高温处理后可出售。

(6)其他处理方式 如剔除病变组织后其余鲜销,指定加工利用方式,限制动物产品销售、经营、加工区域等。

(六)法定的检疫证明

凡属国家兽医卫生主管机关依法制定的检疫证明,称为法定的检疫证明。

1. 法定检疫证明的内容

(1) 书面证明　用于动物和动物产品,包括产地检疫证明、运输检疫证明和动物产品检疫证明等。

(2) 检疫印章(法规上称验讫印章)　主要用于动物胴体。

(3) 检疫标志　用于小动物或分割肉以及动物产品的外包装。如禽类卡压的检疫铝环等。

2. 有效证明的构成要素　①必须是农业部和省级兽医卫生行政主体依照法律规定,统一设置、统一格式、统一监制、统一发放的;②必须是由法定的检疫机构和检疫人员签发的;③必须在有效期内;④必须是按规定要求填写的;⑤必须是证物相符的(检疫证明与其所证明的对象在数量、种类等方面必须互相吻合)。

凡不具备上述要素之一的,其检疫证明即不具有法律效力。应按规定进行重检、补检并依法承担行政处理处罚。

3. 不合格产品的出证　对于不合格的动物及其产品,也应出具统一规定的证件和印记。如在胴体上加盖的"高温"、"炼工业油"等印章和出具扑杀、销毁通知书等。

二、农村动物疫病扑灭制度

发生疫病应立即采取措施予以扑灭,以保护畜牧业生产和人民身体健康,这在我国已成为一项重要的兽医卫生管理制度。

(一) 疫情报告

掌握疫情要做到:快——发现疫情要及时;准——就是要准确;全——就是掌握的疫情要全面详尽。

1. 报告主体　即义务报告人,疫情报告主体有以下几种类型。

①饲养、屠宰、经营动物的单位和个人。第一,基本不掌握疫情检验、诊断技术,需要求助他人诊断;第二,一般是首先发现动物患病的人,因而是首当其冲的义务报告人。

第八章　农业生产安全法律制度

②动物疫病诊疗单位和个人。

③防检机构。防检机构是疫情报告的第一受体。

④兽医科研、教学单位。

2. 分类报告制度　一般将动物传染病分为必报传染病和应报传染病。

(1)必报传染病　必报传染病系指一经发现必须立即报告的动物传染病。一类动物传染病、二类传染病呈暴发流行、当地新发现的动物传染病和纳入国家扑灭计划的疫病都属必报传染病。

(2)应报传染病　应报传染病系指一经发现应该报告的动物传染病。这类传染病按规定的期限报告，分为月报、季报、年报。

当我国加入国际兽疫局后，应及时向国际兽疫局报告疫情。

(二)隔　离

隔离是扑灭动物传染病的一项重要强制性措施。具体做法是：将患病或可疑患病动物、有时甚至包括患病动物的同群动物与健康动物隔离开来，以防止疫病扩散，把损失限制在最小的范围内。

1. 隔离措施适用的情况　①发现患病动物时，首先采取隔离措施，然后根据所患传染病的种类和性质，依法采取隔离或者扑灭或者治疗等技术措施；②如发现疑似传染病时也应隔离，然后及时诊断采取相应措施；③如果发现所患传染病属于一类动物疫病或疑似一类动物疫病时，不仅要将患病或疑似患病动物进行隔离，而且要将同群动物进行隔离。

2. 隔离的类型

(1)临时性隔离　主要用于急性传染病动物，或尚未得出诊断结论的患病动物及同群动物。这类隔离措施应用比较普遍，一般时间较短，在采取扑杀、治疗、消毒等措施扑灭疫情后，即可解除隔离。

(2)长期隔离　主要用于慢性传染病患病动物。一般需选择适当地点进行长期隔离，以保证其他动物的安全。

隔离权由畜牧主管部门、动物监督防检机构来行使。

3. 隔离场所及管理　场所选择应不宜散播病原体、消毒方便、便于实施处理措施的地方,并严格进行消毒。隔离期间严禁无关人员、动物出入隔离场所;可疑动物应另选场所,严格消毒后进行隔离并采取紧急预防措施如紧急接种等;疫区易感动物应同患病或可疑患病动物分开,并采取预防接种等预防措施。隔离场所的废弃物,应进行无害化处理。同时,密切注意观察和检测,加强保护措施。

(三) 封　锁

封锁是指在发生严重危害人畜健康的动物传染病时,由国家将动物发病地点及其周围一定范围的地区封闭起来,禁止随意出入,以切断动物传染病的传播途径,迅速扑灭疫情的一项严厉的行政措施。封锁是消灭动物疫病,防止大范围传播扩散的有效措施。

1. 对封锁措施的严格限制性规定　封锁只适用于以下情况:①发生一类动物传染病时;②二类传染病呈暴发流行时;③发生当地新发现的动物传染病时。

2. 封锁令的发布机关　必须是法定的国家机关,即县以上人民政府和国家最高兽医卫生行政机关,目前亦即农业部。

3. 封锁程序

(1)划定疫点、疫区、受威胁区　疫点一般指患病动物所在的独立的农村居舍,饲养厂、村屯、牧场或仓库、加工场、屠宰场、交易市场等,以及车船、飞机等。疫区系指以疫点为中心半径小于或等于15千米范围内的地区。受威胁区系指自疫区边界外延不少于5千米的地带。疫点、疫区、受威胁区的范围,由兽医卫生行政主体根据规定和疫情的实际需要划定,其他任何单位和个人均无此权利。

(2)封锁令的发布　兽医卫生行政主体在划定疫点、疫区、受威胁区后,应及时报请县级以上人民政府或国家最高兽医行政机关发布封锁令。

第八章　农业生产安全法律制度

4. 交通要地的封锁　车站、机场、码头、港口等地均属交通要地和枢纽,是国民经济的大动脉,因而应区别对待。对于这些场所,如果发现一类动物疫病,一般以运载动物的车、船、飞机为疫点,只对疫点采取封锁措施。

5. 封锁区采取的扑灭措施

(1)疫点采取的措施　严禁人、畜禽及其他动物、车辆出入和畜禽产品及可能污染的物品运出。在特殊情况下必须出入时,须经当地农牧主管部门许可严格消毒后出入;对病、死畜禽及其同群畜禽,县级以上农牧主管部门有权采取扑杀、销毁或无害化处理等措施,畜主不得拒绝。处理病死动物、动物产品的费用由畜(货)主承担。疫点出入口必须有消毒设施,疫点内用具、圈舍、场地必须进行严格消毒。动物粪便、垫草、受污染用品必须在兽医人员的监督指导下进行无害化处理。

(2)封锁的疫区必须采取的措施　交通要道必须建立临时检疫、消毒哨卡,备有专人和消毒设备,监视动物、动物产品移动,对出入人员、车辆进行消毒;停止集市贸易和疫区内动物、动物产品的交易;对易感动物,必须进行检疫或预防注射;饲养的动物必须圈养或在指定地点放养。役用动物限制在疫区内使役。

(3)受威胁区必须采取的措施　当地人民政府应当动员组织有关单位、个人采取防御性措施;由动物防检机构、乡镇动物卫生站随时检测疫情动态。

6. 解除封锁令　当疫情平息后,在疫点和疫区内最后一头(只)动物病愈或扑杀后,经过一个所发病的潜伏期以上的检测,观察,未再出现患病动物时,并对有关环境、物品用具以及痊愈病畜进行一次全面、彻底、严格细致的消毒,经县以上农牧部门检查验收合格后,报原发布封锁令的人民政府解除封锁令,同时通知毗邻地区和有关部门。疫区解除封锁后,对病愈动物需视其带毒时间控制在原疫区内活动。

【案例8-12】 戴某不服某县人民政府扑杀病鸡强制措施提起行政诉讼案

案情简介：2004年3月15日，某县人民政府决定在全县范围开展高致病性禽流感疫情普查。普查过程中，首先发现吴某饲养的鸡有高致病性禽流感症状。经检疫人员调查，确定这些鸡患有高致病性禽流感。随后，县人民政府发出通告，划定了疫区，并对疫区进行了封锁，戴某饲养的鸡在疫区之内。县人民政府组织有关部门扑杀了戴某饲养的61只鸡。戴某不服，于2004年3月20日向某市中级人民法院提起行政诉讼，认为县政府是在没有足够证据证明他饲养的鸡患有高致病性禽流感的情况下扑杀的，请求确认县政府的强制扑杀行为违法。

市中级人民法院经过审理认为，鸡高致病性禽流感是传染性极强的一类动物疫病，根据《动物防疫法》的有关规定，县人民政府在发现疑似疫病的动物后立即采取扑杀强制措施，控制和扑灭疫情，是依法履行职权的行为。根据《中华人民共和国行政诉讼法》第54条第1项、《最高人民法院关于执行〈中华人民共和国行政诉讼法〉若干问题的解释》第57条第1款的规定，判决确认被告的扑杀行为合法。

案情分析：本案涉及疫区动物紧急扑杀强制措施的运用问题。对疫区动物进行隔离、扑杀、销毁等强制性措施，就属于紧急强制措施。这类强制措施的运用必须有明确的法律规定，而且必须严格遵守法定条件。《动物防疫法》第21条规定，发生一类动物疫病时，当地县级以上地方人民政府畜牧兽医行政管理部门应当立即派人到现场，划定疫点、疫区、受威胁区；县级以上地方人民政府应当立即组织有关部门和单位采取隔离、扑杀、销毁、消毒、紧急免疫接种等强制性控制、扑灭措施，迅速扑灭疫病。第22条规定，发生二类动物疫病时，县级以上地方人民政府应当根据需要组织有关部门和单位采取隔离、扑杀、销毁、消毒、紧急免疫接种等控制、扑

第八章 农业生产安全法律制度

灭措施。第25条规定,二、三类动物疫病只有呈暴发性流行时,才能依照第21条的规定,采取紧急强制措施。

本案中,鸡高致病性禽流感属于《动物防疫法》规定的一类动物疫病,一旦扩散,将严重危害农业生产安全和人体健康安全。戴某饲养的鸡在疫区,且有的感染高致病性禽流感,事实清楚。县人民政府组织立即扑杀,属迅速扑灭疫病、消灭疫情采取的一种紧急强制措施,符合《动物防疫法》的规定,疫区内的单位和个人,应当遵守县人民政府有关控制、扑灭动物疫病的措施。因此,县人民政府扑杀戴某的61只鸡的紧急强制措施适用法律正确,市人民法院做出确认该措施合法的判决是正确的。

第九章 农村社会保障政策与法规

第一节 农村社会保障政策及其目标

一、社会保障及农村社会保障

(一)社会保障

社会保障是指国家和社会对社会成员在年老、疾病、伤残、失业、遭受灾害、生活困难等情况时,给予物质帮助的制度。

《宪法》第45条规定,中华人民共和国公民在年老、疾病或者丧失劳动能力的情况下,有从国家和社会获得物质帮助的权利。因此,我国的每一个公民,都有权利在特定的条件下得到国家和社会的物质帮助;政府应当采取相应的措施,使公民依法享受到社会保障。

(二)农村社会保障

农村社会保障是以法律为依据,以国家、集体、农民投入为主体,对暂时或永久丧失劳动能力或因意外事故而在生活上发生困难的农民给予物质帮助的制度。

一般来说,农村社会保障由农村社会保险、农村社会救济、农村社会福利、农村优抚安置这几个方面组成。

农村社会保险是农村社会保障的核心内容,现阶段我国的农村社会保险主要包括新型农村合作医疗和农村社会养老保险。

农村社会救济是指国家和社会通过物质的形式,向农村中因自然灾害、意外事故等原因而无力维持基本生活的个人和家庭提供帮助的一种农村社会保障方式。

第九章　农村社会保障政策与法规

农村社会福利是指国家依法为农村居民普遍提供旨在保证一定生活水平和尽可能提高生活质量的资金和服务的社会保障方式,具体包括对那些生活在农村的、能力较弱的儿童、老人、母子家庭、残疾人、慢性精神病人等提供社会照顾和社会服务,使得他们在生活、教育、医疗、交通、文娱、体育、欣赏等方面的待遇逐步提高。

农村优抚安置主要是对于农村退出现役军人及其家属、烈士家属、伤残军人的优待、抚恤和安置,国家给予这一特殊群体物质和精神上的扶持和补助。

本章将主要从与农民生活息息相关的新型农村合作医疗、农村社会养老保险、农村最低生活保障及农村"五保户"供养等几个方面进行介绍。

二、农村社会保障政策概况

我国现行有关农村社会保障的政策法规主要是指国务院的通知、国务院制定的条例,中央部委及各省、自治区、直辖市等制定的地方法规、规章等。例如,国务院制定的《关于在全国建立农村最低生活保障制度的通知》(2007年)、《农村五保供养工作条例》(2006年第456号国务院令)、卫生部等部门发布的《关于建立新型农村合作医疗制度的意见》、民政部印发的《县级农村社会养老保险基本方案(试行)》等。又如,河北省制定实施的《河北省新型农村合作医疗管理办法》、河北省劳动和社会保障厅发布的《河北省劳动和社会保障厅关于认真做好当前农村社会养老保险工作的通知》、上海市制定实施的《上海市农村社会养老保险办法》、辽宁省制定实施的《辽宁省农村居民最低生活保障暂行办法》等。

三、农村社会保障政策目标

经过多年的探索和实践,中国特色的农村社会保障体系框架虽已初步形成,但当前及今后一定时期,我国发展农村社会保障事业的任务依然艰巨,其政策目标如下。

(一)总体目标

农村社会保障政策的总体目标是建立适应我国经济发展状况和农民保障需要的、城乡统一的基本社会保障制度,使广大农民老有所养、病有所医,基本生活得到保障。

(二)具体目标

①探索建立与农村经济发展水平相适应、与其他保障措施相配套的农村养老保险制度,使其能够保障农村居民年老后的基本生活,最终实现"老有所养"的社会建设目标。

②建立新型农村合作医疗制度。在全国建立基本覆盖农村居民的新型农村合作医疗制度,减轻农民因疾病带来的经济负担,提高农民健康水平。

③完善农村最低生活保障制度。在健全政策法规和运行机制基础上,将符合条件的农村贫困家庭全部纳入低保范围,稳定、持久、有效地解决全国农村贫困人口的温饱问题。

④完善农村"五保户"供养、特困户生活补助、灾民救助等社会救助体系,保障农村五保供养对象的正常生活,促进农村社会保障制度的发展与完善。

第二节 新型农村合作医疗政策

一、新型农村合作医疗的内涵

(一)新型农村合作医疗的含义

新型农村合作医疗,简称"新农合",是指由政府组织、引导、支持,农民自愿参加,个人、集体和政府多方筹资,以大病统筹为主的农民医疗互助共济制度。

第九章 农村社会保障政策与法规

(二)新型农村合作医疗制度的目标和原则

1. 新型农村合作医疗制度的目标 从2003年起,各省、自治区、直辖市至少要选择2~3个县(市)先行试点,取得经验后逐步推开。到2010年,实现在全国建立基本覆盖农村居民的新型农村合作医疗制度的目标,减轻农民因疾病带来的经济负担,提高农民健康水平。

2. 建立新型农村合作医疗制度应遵循的原则

(1)自愿参加,多方筹资 农民以家庭为单位自愿参加新型农村合作医疗,遵守有关规章制度,按时足额缴纳合作医疗经费;乡(镇)、村集体要给予资金扶持;中央和地方各级财政每年要安排一定专项资金予以支持。

(2)以收定支,保障适度 新型农村合作医疗制度要坚持以收定支、收支平衡的原则,既保证这项制度持续有效运行,又使农民能够享有最基本的医疗服务。

(3)先行试点,逐步推广 建立新型农村合作医疗制度必须从实际出发,通过试点总结经验,不断完善,稳步发展。要随着农村社会经济的发展和农民收入的增加,逐步提高新型农村合作医疗制度的社会化程度和抗风险能力。

二、新型农村合作医疗的政策内容

(一)参加对象

凡居住在辖区内的农村居民,以家庭为单位自愿参加新型农村合作医疗。鼓励乡镇企业职工和外出打工、经商、上学的农村居民参加新型农村合作医疗。可见,新型农村合作医疗针对的主体,是户籍在农村的我国公民。

农民参加新型农村合作医疗必须要坚持自愿参加的原则,任何单位和个人不得命令或强制要求农民参加合作医疗,也严禁硬性规定农民参加合作医疗的指标、向乡村干部搞任务包干摊派、强迫乡(镇)卫生院和乡村医生代缴以及强迫农民贷款缴纳经费等简单粗暴、强迫命令的错误做法。

【案例9-1】 强行收取新型农村合作医疗保险费案

案情简介:甘肃省某村村民老王夫妇的儿子小王在省会兰州市创业,他凭借机遇与自身努力,闯出了一番自己的事业,并在兰州市内买了房子安了家,小王打算接他的父母到城市颐养天年,正赶上村里试点新型农村合作医疗制度,村支书说新型农村合作医疗是政府对农民的照顾,所有村民必须参加,并缴纳保险费用。而老王夫妇认为自己到城市居住有儿子赡养,不需要参加新型农村合作医疗保险,不愿缴纳保险费。村支书几次上门劝说无效后便擅自从老王夫妇在村企业中的分红部分扣留为其强行缴纳了保险费。老王夫妇遂将村集体告到法院。

案情分析:农民参加新型农村合作医疗必须要坚持自愿参加的原则,任何单位和个人不得以强迫的命令要求农民参加合作医疗,也严禁硬性规定农民参加合作医疗的指标、向乡村干部搞任务包干摊派、强迫乡(镇)卫生院和乡村医生代缴以及强迫农民贷款缴纳经费等简单粗暴、强迫命令的错误做法。因此,法院判决老王夫妇有权选择不参加新型农村合作医疗保险,村支书应将分红款返还给老王夫妇。

(二)权利与义务

1. 参加新型农村合作医疗的农村居民享有的权利 获得新型农村合作医疗制度规定的基本医疗、预防保健、健康检查、健康教育等服务;按规定报销一定比例的医药费用;对新型合作医疗的管理和服务提出批评与建议;监督合作医疗资金的使用和管理情况。

2. 参加新型农村合作医疗的农村居民应履行的义务 遵守和维护当地农村合作医疗的章程和有关规定;按时足额缴纳合作医疗资金;积极配合医疗卫生单位做好各项预防保健工作;对违反新型农村合作医疗制度规定的行为进行举报或投诉。

(三)筹资方式

新型农村合作医疗制度实行个人缴费、集体扶持和政府资助相结合的筹资机制。

农民个人每年的缴费标准不应低于10元,经济条件好的地区可相应提高缴费标准。乡镇企业职工(不含以农民家庭为单位参加新型农村合作医疗的人员)是否参加新型农村合作医疗由县级人民政府确定。

对农村五保户和贫困农民家庭无经济能力缴纳合作医疗费用的,由个人申请、村民代表会议评议、乡(镇)政府审核、县级民政部门批准,可利用医疗救助资金资助其参加当地合作医疗。

有条件的乡村集体经济组织要对本地新型农村合作医疗制度给予适当扶持。扶持新型农村合作医疗的乡村集体经济组织的类型、出资标准由县级人民政府确定,但集体出资部分不得向农民摊派。鼓励社会团体和个人资助新型农村合作医疗制度。

政府补助实行分担体制。省、市、县级财政都要根据实际需要和财力情况安排资金,按实际参加合作医疗的人数和补助定额给予资助。根据《国务院办公厅关于印发深化医药卫生体制改革2014年重点工作任务的通知》(国办发[2014]24号)的规定:各级财政对新农合和居民医保人均补助标准达到每人每年320元。其中:中央财政对原有120元的补助标准不变,对200元部分按照西部地区80%和中部地区60%的比例安排补助,对东部地区各省份分别按一定比例补助。

(四)资金收缴方式

参加新型农村合作医疗的农民个人缴费,可在农民自愿参加并签约承诺的前提下,由乡(镇)农税或财税部门一次性代收,开具由省级财税部门统一印制的专用收据;也可采取其他符合农民意愿的缴费方式。

(五)统筹模式

新型农村合作医疗统筹模式主要有大病统筹加门诊家庭账户、住院统筹加门诊统筹和大病统筹3种模式。大病统筹加门诊家庭账户是指设立大病统筹基金对住院和部分特殊病种大额门诊费用进行补偿,设立门诊家庭账户基金对门诊费用进行补偿。住院统筹加门诊统筹是指通过设立统筹基金分别对住院和门诊费用进行补偿。大病统筹是指仅设立大病统筹基金对住院和部分特殊病种大额门诊费用进行补偿。

(六)资金管理

农村合作医疗基金是由农民自愿缴纳、集体扶持、政府资助的民办公助社会性资金,要按照以收定支、收支平衡和公开、公平、公正的原则进行管理。由县级农村合作医疗管理委员会制定合作医疗基金管理的规章制度,建立合作医疗基金专用账户,实行全县统一管理,专户储存,专款专用。

农村合作医疗基金由农村合作医疗管理委员会及农村合作医疗经办机构进行管理。农村合作医疗经办机构应在管理委员会认定的国有商业银行设立农村合作医疗基金专用账户,确保基金的安全和完整,按照规定合理筹集、及时审核支付农村合作医疗基金。

农村合作医疗基金中农民个人缴费及乡村集体经济组织的扶持资金,原则上按年由农村合作医疗经办机构在乡(镇)设立的派出机构(人员)或委托的有关机构收缴,存入农村合作医疗基金专用账户;县、市级财政应根据参加新型农村合作医疗的实际人数将支持资金逐级落实到位,划拨到农村合作医疗基金专用账户;省级财政根据各地实际参加人数和市、县级财政补助资金到位情况向市级财政划拨专项补助资金。

农村合作医疗基金用于补助参加新型农村合作医疗农民的医疗费用,重点对大额医疗费用或住院医疗费用进行补助。有条件的地方,可将大额医疗费用支付与小额医疗费用支付相结合,在抗御疾病风险的同时兼顾农民的受益面。

(七)基金补偿范围

合作医疗基金用于参合农民的医疗费用补偿,由政府另行安排资金的公共卫生服务项目不列入合作医疗补偿范围。

住院费用实行按比例补偿的地区,对由县、乡两级医疗机构提供服务的,原则上不再实行分段补偿,已经实行分段补偿的,要逐步减少分段档次。由县以上医疗机构提供服务的,可实行分段补偿,但不宜档次过多。要合理拉开不同级别医疗机构的起付线和补偿比例,引导病人到基层医疗机构就诊。住院补偿起付线可按照本地区同级医疗机构上一年度次均门诊费用的 2~4 倍设置,中西部地区乡级医疗机构起付线原则上不超过 100 元。乡、县及县以上医疗机构补偿比例应从高到低逐级递减。对参合农民在 1 年内患同一种疾病连续转院治疗的,可只计算其中最高级别医院的 1 次起付线。封顶线应考虑当地农民年人均纯收入的实际情况合理设置,以当年内实际获得补偿金额累计计算。住院费用实行按病种付费方式的地区,要加强对病种确认和出入院标准的审核和管理。

门诊补偿分为家庭账户和门诊统筹两种形式。实行门诊家庭账户的地区,基金由家庭成员共同使用,用于家庭成员门诊医药费用支出,也可用于住院医药费用的自付部分和健康体检等。家庭账户基金结余可结转下年度使用,但不得用于冲抵下一年度参加合作医疗缴费资金。实行门诊统筹的地区,要合理制定补偿方案,明确门诊补偿范围,设定补偿比例,引导农民在乡、村两级医疗机构就诊。要严格控制合作医疗基本药品目录和诊疗项目外医药费用,加强门诊医药费用控制,并加强对定点医疗机构服务行为和农民就医行为的监督管理。

对当年参加合作医疗但没有享受补偿的农民,可以组织进行一次体检,但要合理确定体检项目和收费标准,加强质量控制,并为农民建立健康档案，切实加强农民健康管理，发挥体检作用。设立家庭账户的地区，体检费用原则上从农民家庭账户结余中支出；实行门诊统筹的地区，可以从门诊统筹基金中适当支付。对医疗机构提供体检服务，要根据服务质量、数量和费用标准支付体检费用，不能采取直接预拨的方式。承担体检任务的医疗机构要给予一定的费用减免和优惠。

为鼓励孕产妇住院分娩，各地根据实际情况，对参合孕产妇计划内住院分娩给予适当补偿，对病理性产科的住院分娩按疾病住院补偿标准给予补偿。开展"降低孕产妇死亡率和消除新生儿破伤风项目"的地区，孕产妇住院分娩要先执行项目规定的定额补助政策，再由合作医疗基金按有关规定给予补偿。对于其他政策规定费用优惠的医疗项目，应先执行优惠政策，再对符合合作医疗补偿范围的医疗费用按照新型农村合作医疗规定给予补偿。上述合计补助数不得超过其实际住院费用。

【案例 9-2】 新农合报销的医药费能否在赔偿款中抵扣？

案情简介：2012 年 3 月，周军、周华承揽了萌芽小学校园内的树枝修剪工作，并与萌芽小学签订了合同。合同签订并起效后，周军、周华就雇佣郭荣具体实施树枝修剪工作，郭荣又叫来罗宗等人一起来完成该项工作。在修剪树枝期间，罗宗站在梯子上砍一棵树，其他人就在旁边不远处拉已砍断的另一棵树枝，结果该树枝倒向罗宗方向，树枝将梯子打到，导致罗宗摔倒，并弄伤右手。郭荣等人将罗宗送往医院，经诊断，罗宗的右手第二、第三掌骨粉碎性骨折，右手掌血管神经肌腱损伤。治愈出院后，罗宗通过"新农合"已报销医疗费 9 000 元。现罗宗要求周军、周华赔偿自己的各项损失共计 30 000 元，而周军、周华提出，赔偿款的数额应该减去罗宗在"新农合"报销的 9 000 元，只要赔 21 000 元。

案情分析：第一，"新农合"是政府组织、引导、支持、农民自愿参加的新型农村医疗互助制度，采取个人统筹、政府补贴和国家资助的方式筹集资金,但"新农合"的基金大部分来源于政府,本质上属于社会保险范畴,其目的是保障农民在遭受疾病时,能够得到及时的救助,体现出政府对农民生命健康权的保护,具有人身保险的性质。本案中,周军、周华承担的是侵权责任,也是一种过错责任,不能把自己应承担的责任转嫁给政府和参加"新农合"的罗宗。若扣除罗宗从"新农合"报销的医药费,无疑侵权人周军、周华成了罗宗参加"新农合"享受医疗保障补贴的受惠人,侵害了他人人身权利,反而得到国家补偿来减轻本应承担的责任,显然违背了国家制定"新农合"政策的本意和公平正义的原则。因此,周军、周华提出的扣除"新农合"报销款的说法于法有悖,是不能得到支持的。

第二,《中华人民共和国保险法》(以下简称《保险法》)第46条规定:"被保险人因第三者的行为而发生死亡、伤残或者疾病等保险事故的,保险人向被保险人或者受益人给付保险金后,不享有向第三者追偿的权利,但被保险人或者受益人仍有权向第三者请求赔偿。""新农合"也是国家制定的一种医疗保险政策,应是《保险法》调整的关系。罗宗作为被保险人,他通过"新农合"报销得到9 000元,即保险人向被保险人给付了保险金,但被保险人并不因此而丧失向第三人追偿的权利。该案中的第三人即周军和周华,故周军和周华要承担赔偿责任,且赔偿的数额应是罗宗的实际损失,不能扣除罗宗在"新农合"报销的医药费,因为保险人与被保险人的关系和罗宗与周军、周华间的人身损害赔偿关系是两种不同的法律关系,不能混为一谈。

综上,罗宗在"新农合"报销的医药费不应在赔偿款项中被扣除,周军和周华应赔偿罗宗实际产生的损失。

三、农村医疗救助

在农村社会保障中对农民的医疗保障除新型农村合作医疗这种主要形式外,还包括农村医疗救助。农村医疗救助是指通过政府拨款和社会捐助等多渠道筹资建立基金,对患大病的农村五保户和贫困农民家庭给予一定的医疗费用补助,或者是资助救助对象参加当地新型农村合作医疗的救助制度。国家要求对农村贫困家庭实行医疗救助,要建立独立的医疗救助基金,实行个人申请、村民代表大会评议、民政部门审核批准、医疗机构提供服务的管理体制。

(一)救助对象

农村医疗救助的对象主要包括:农村五保户;农村最低生活保障对象的家庭成员;未开展农村最低生活保障的县(市、区)农村特困户家庭成员;因患大病造成生活特别困难又无自救能力的其他农村家庭成员。

(二)服务内容

医疗救助服务包括如下几个层次的内容。

①已开展新型农村合作医疗的地区,由农村合作医疗定点卫生医疗机构提供医疗救助服务;未开展新型农村合作医疗的地区,由救助对象户口所在地乡(镇)卫生院和县级医院等提供医疗救助服务。

②提供医疗救助服务的医疗卫生机构等应在规定范围内,按照本地合作医疗或医疗保险用药目录、诊疗项目目录及医疗服务设施目录,为医疗救助对象提供医疗服务。

③遇到疑难重症需转到非指定医疗卫生机构就诊时,要按照当地医疗救助的有关规定办理转院手续。

④承担医疗救助的医疗卫生机构要完善并落实各种诊疗规范和管理制度,保证服务质量,控制医疗费用。

(三)申请步骤

根据国家有关规定,医疗救助实行属地化管理原则。

第一步,申请人(户主)要向村民委员会提出书面申请,填写申请表,如实提供医疗诊断书、医疗费用收据、必要的病史材料、已参加合作医疗按规定领取的合作医疗补助凭证、社会互助帮困情况证明等,经村民代表会议同意后报乡镇人民政府审核。

第二步,乡镇人民政府对上报的申请表和有关材料进行逐项审核,对符合医疗救助条件的上报县(市、区)民政局审批。乡镇人民政府根据需要,可以采取入户调查、邻里访问以及信函索证等方式对申请人的医疗支出和家庭经济状况等有关材料进行调查核实。

第三步,县级人民政府民政部门对乡镇上报的有关材料进行复审核实,并及时签署审批意见。对符合医疗救助条件的家庭核准其享受医疗救助金额;对不符合享受医疗救助条件的,应当书面通知申请人,并说明理由。

第三节 农村其他社会保障政策

一、城乡居民养老保险

根据2014年2月国务院颁布的《国务院关于建立统一的城乡居民基本养老保险制度的意见》(国发[2014]8号),国务院决定,将新型农村社会养老保险(以下简称新农保)和城镇居民社会养老保险(以下简称城居保)两项制度合并实施,在全国范围内建立的统一的城乡居民基本养老保险(以下简称城乡居民养老保险)制度。城乡居民基本养老保险是以保障城乡居民年老时的基本生活为目的的一项社会养老保险制度,是国家社会保险体系的重要组成部分。

(一)参保范围

年满16周岁(不含在校学生),非国家机关和事业单位工作人员及不属于职工基本养老保险制度覆盖范围的城乡居民,可以在户籍地参加城乡居民养老保险。

(二)基金的筹集、管理与监督

1. 基金筹集　城乡居民养老保险基金由个人缴费、集体补助、政府补贴构成。

(1)**个人缴费** 参加城乡居民养老保险的人员应当按规定缴纳养老保险费。缴费标准目前设为每年100元、200元、300元、400元、500元、600元、700元、800元、900元、1 000元、1 500元、2 000元 12个档次,省(区、市)人民政府可以根据实际情况增设缴费档次,最高缴费档次标准原则上不超过当地灵活就业人员参加职工基本养老保险的年缴费额,并报人力资源社会保障部备案。人力资源社会保障部会同财政部依据城乡居民收入增长等情况适时调整缴费档次标准。参保人自主选择档次缴费,多缴多得。

(2)**集体补助** 有条件的村集体经济组织应当对参保人缴费给予补助,补助标准由村民委员会召开村民会议民主确定,鼓励有条件的社区将集体补助纳入社区公益事业资金筹集范围。鼓励其他社会经济组织、公益慈善组织、个人为参保人缴费提供资助。补助、资助金额不超过当地设定的最高缴费档次标准。

(3)**政府补贴** 政府对符合领取城乡居民养老保险待遇条件的参保人全额支付基础养老金,其中,中央财政对中西部地区按中央确定的基础养老金标准给予全额补助,对东部地区给予50%的补助。

地方人民政府应当对参保人缴费给予补贴,对选择最低档次标准缴费的,补贴标准不低于每人每年30元;对选择较高档次标准缴费的,适当增加补贴金额;对选择500元及以上档次标准缴费的,补贴标准不低于每人每年60元,具体标准和办法由省(区、市)人民政府确定。对重度残疾人等缴费困难群体,地方人民政府为其代缴部分或全部最低标准的养老保险费。

2. 基金管理和运营 将新农保基金和城居保基金合并为城乡居民养老保险基金,完善城乡居民养老保险基金财务会计制度和各项业务管理规章制度。城乡居民养老保险基金纳入社会保障基金财政专户,实行收支两条线管理,单独记账、独立核算,任何地区、部门、单位和个人均不得挤占挪用、虚报冒领。各地要在整合城乡居民养老保险制度的基础上,逐步推进城乡居民养老保险基金省级管理。

城乡居民养老保险基金按照国家统一规定投资运营,实现保值增值。

3. 基金监督 各级人力资源社会保障部门要会同有关部门认真履行监管职责,建立健全内控制度和基金稽核监督制度,对基金的筹集、上解、划拨、发放、存储、管理等进行监控和检查,并按规定披露信息,接受社会监督。财政部门、审计部门按各自职责,对基金的收支、管理和投资运营情况实施监督。对虚报冒领、挤占挪用、贪污浪费等违纪违法行为,有关部门按国家有关法律、法规严肃处理。要积极探索有村(居)民代表参加的社会监督的有效方式,做到基金公开透明,制度在阳光下运行。

(三)建立个人账户

国家为每个参保人员建立终身记录的养老保险个人账户,个人缴费、地方人民政府对参保人的缴费补贴、集体补助及其他社会经济组织、公益慈善组织、个人对参保人的缴费资助,全部记入个人账户。个人账户储存额按国家规定计息。

(四)养老保险待遇及调整

城乡居民养老保险待遇由基础养老金和个人账户养老金构成,支付终身。

1. 基础养老金 中央确定基础养老金最低标准,建立基础养老金最低标准正常调整机制,根据经济发展和物价变动等情况,适时调整全国基础养老金最低标准。地方人民政府可以根据实际情况适当提高基础养老金标准;对长期缴费的,可适当加发基础养老金,提高和加发部分的资金由地方人民政府支出,具体办法由省、自治区、直辖市人民政府规定,并报国家人力资源社会保障部备案。

2. 个人账户养老金 个人账户养老金的月计发标准,目前为个人账户全部储存额除以139(与现行职工基本养老保险个人账户养老金计发系数相同)。参保人死亡,个人账户资金余额可以依法继承。

(五)养老保险待遇领取条件

参加城乡居民养老保险的个人,年满60周岁、累计缴费满15年,且未领取国家规定的基本养老保障待遇的,可以按月领取城乡居民养老保险待遇。

新农保或城居保制度实施时已年满60周岁,在2014年2月7日前未领取国家规定的基本养老保障待遇的,不用缴费,自本意见实施之月起,可以按月领取城乡居民养老保险基础养老金;距规定领取年龄不足15年的,应逐年缴费,也允许补缴,累计缴费不超过15年;距规定领取年龄超过15年的,应按年缴费,累计缴费不少于15年。

城乡居民养老保险待遇领取人员死亡的,从次月起停止支付其养老金。有条件的地方人民政府可以结合本地实际探索建立丧葬补助金制度。社会保险经办机构应每年对城乡居民养老保险待遇领取人员进行核对;村(居)民委员会要协助社会保险经办机构开展工作,在行政村(社区)范围内对参保人待遇领取资格进行公示,并与职工基本养老保险待遇等领取记录进行比对,确保不重、不漏、不错。

(六)转移接续与制度衔接

参加城乡居民养老保险的人员,在缴费期间户籍迁移、需要跨地区转移城乡居民养老保险关系的,可在迁入地申请转移养老保险关系,一次性转移个人账户全部储存额,并按迁入地规定继续参保缴费,缴费年限累计计算;已经按规定领取城乡居民养老保险待遇的,无论户籍是否迁移,其养老保险关系不转移。

城乡居民养老保险制度与职工基本养老保险、优抚安置、城乡居民最低生活保障、农村五保供养等社会保障制度以及农村部分计划生育家庭奖励扶助制度的衔接,按有关规定执行。

二、农村最低生活保障

农村最低生活保障是对家庭人均收入低于最低生活保障标准的农村贫困人口按最低生活保障标准实行差额补助的制度。

(一)保障标准和对象范围

1. 农村最低生活保障标准 农村低保标准,由各县(市、区)民政部门会同财政、物价、统计等部门,根据当地维持农村居民基本生活所必需的衣、食、住费用,适当考虑用电、取暖、未成年人义务教育等所需费用确定,经同级政府批准后执行。农村低保标准要根据当地经济发展水平、财政负担能力、农村居民生活水平、物价指数等因素的变化适时调整。

2. 农村最低生活保障对象范围 凡共同生活的家庭成员年人均纯收入低于户籍所在地农村低保标准、持有本地居民常住户口的农村居民均属保障范围。无当地常住户口的人员不享受当地农村低保待遇(不含已迁往学校的大、中专在校学生)。

家庭成员是指具有法定赡养、扶养或抚养关系的人员,主要包括:祖父母(外祖父母)、父母(岳父母或公婆)、配偶、子女、孙子女(外孙子女)以及其他具有法定赡养、扶养或抚养义务关系的直系亲属。

(二)农村居民家庭收入计算

1. 农村居民家庭收入是指共同生活的家庭成员全年的货币收入和实物收入的总和 主要包括:①从事农副业生产的劳动收入;②外出务工、自谋职业等获得的劳务、经营、管理等收入;③出租或变卖家庭财产获得的收入;④法定赡养人、扶养人或抚养人应当给付的赡养费、扶养费或抚养费;⑤依法继承的遗产或接受的赠与;⑥受灾户领取的救济款(物);⑦其他应计入的收入。

2. 以下内容不计入家庭收入 ①优抚对象按照国家规定享

受的抚恤金、优待金等;②对国家、社会和人民做出特殊贡献,由政府给予的奖金及市级以上劳动模范享受的荣誉津贴;③为解决在校学生就学困难,由政府和社会给予的补助金;④因意外伤亡获得的护理费、丧葬费和一次性抚恤金等;⑤独生子女费;⑥参加新型农村合作医疗享受的医疗费;⑦农村贫困家庭大病救助费;⑧其他按规定不应计入的收入。

(三)申请、审批程序

1. 申请 凡申请享受农村低保待遇的,应按照属地管理原则,以家庭为单位,由户主或委托村民小组向户口所在地的村委会提出书面申请,填写《农村居民最低生活保障待遇申请书》,同时提交居民户口本、居民身份证、收入证明以及其他相关证明材料。贫困户所在村的村民委员会每年向乡(镇)政府出具申请低保待遇贫困户的收入及其他证明。

2. 受理 村民委员会对申请人的家庭收入和实际情况进行调查、核实,提请村民代表会议评议,经评议符合低保条件的申请对象,在村务公开栏公示7日以上,对无异议和虽有异议但经村委会复审确认符合条件的,在《农村居民最低生活保障待遇申请书》上签署意见,同时将所有相关证明材料报乡(镇)政府。对经评议或公示后复审不符合低保条件的,要在其《农村居民最低生活保障待遇申请书》上签署意见后备案,并将所有证明材料退还申请者本人,同时要做好解释工作。

3. 审核 乡(镇)农村低保评审小组要通过入户调查核实,邻里走访及家庭收入计算等办法,在10个工作日内完成申请人基本情况和相关证明的审核和报批工作,对符合条件的要在《农村居民最低生活保障待遇申请书》上签署意见,并填写《农村居民最低生活保障待遇申请人员家庭情况调查表》,同时将相关证明材料报县(市、区)民政部门审批。经评审不符合低保条件的,要在其《农村居民最低生活保障待遇申请书》上签署意见,登记后将《农村居民最低生活保障待遇申请书》及其所有证明材料退回村委会,做好解释和答复工作。

4. 审批 县(市、区)民政局要在 10 个工作日内完成对乡(镇)政府报批的农村低保对象材料的审核,符合低保条件的,核定其享受低保待遇标准,并委托村委会再次公示 3 日。经公示无异议的,填写《农村居民最低生活保障待遇审批表》,发放《农村居民最低生活保障金领取证》;不符合低保条件的,要在其《农村居民最低生活保障待遇申请书》上签署意见,登记后将《农村居民最低生活保障待遇申请书》及其所有证明材料退回乡(镇)政府。

(四)资金的筹集、管理、发放

1. 资金来源 ①财政预算资金;②农村低保资金财政专户所形成的利息收入;③社会捐赠资金;④按规定可用于农村低保的其他资金。

2. 资金管理 低保资金以县(市、区)为单位统一核算和管理。市、县(市、区)财政每年将农村低保资金列入财政预算,具体数目由民政部门会同财政部门确定,报同级政府和人民代表大会批准后执行;省、市、县(市、区)财政预算资金要定期拨付;市、县(市、区)民政部门要定期向同级财政部门和上级民政部门报送预算执行情况。

3. 资金发放 农村低保资金发放方案由县(市、区)民政部门会同财政部门制定。县(市、区)财政部门要按年度农村低保资金发放方案将低保资金拨付到乡(镇)政府,由乡(镇)政府按季发放到低保对象手中;实行社会化发放的地方可以由县(市、区)财政按照低保户名单直接划拨经办金融机构设立的低保对象个人账户;对行动不便的低保对象,可由乡(镇)政府送达或委托邮局发放。

三、"五保户"供养

农村五保供养,是指依照规定,在吃、穿、住、医、葬方面给予村民的生活照顾和物质帮助。

（一）供养对象

老年、残疾或者未满16周岁的村民,无劳动能力、无生活来源又无法定赡养、抚养、扶养义务人,或者其法定赡养、抚养、扶养义务人无赡养、抚养、扶养能力的,享受农村五保供养待遇。

（二）申请、审批程序

享受农村五保供养待遇,应当由村民本人向村民委员会提出申请;因年幼或者智力残疾无法表达意愿的,由村民小组或者其他村民代为提出申请。经村民委员会民主评议,对符合规定条件的,在本村范围内公告;无重大异议的,由村民委员会将评议意见和有关材料报送乡、民族乡、镇人民政府审核。

乡、民族乡、镇人民政府应当自收到评议意见之日起20日内提出审核意见,并将审核意见和有关材料报送县级人民政府民政部门审批。县级人民政府民政部门应当自收到审核意见和有关材料之日起20日内做出审批决定。对批准给予农村五保供养待遇的,发给《农村五保供养证书》;对不符合条件不予批准的,书面说明理由。

农村五保供养对象不再符合规定条件的,村民委员会或者敬老院等农村五保供养服务机构(以下简称农村五保供养服务机构)应当向乡、民族乡、镇人民政府报告,由乡、民族乡、镇人民政府审核并报县级人民政府民政部门核准后,核销其《农村五保供养证书》。

农村五保供养对象死亡,丧葬事宜办理完毕后,村民委员会或者农村五保供养服务机构应当向乡、民族乡、镇人民政府报告,由乡、民族乡、镇人民政府报县级人民政府民政部门核准后,核销其《农村五保供养证书》。

（三）供养内容

农村五保供养包括下列供养内容:①供给粮油、副食品和生活用燃料;②供给服装、被褥等生活用品和零用钱;③提供符合基本居住条件的住房;④提供疾病治疗,对生活不能自理的给予照料;⑤办理丧葬事宜。

农村五保供养对象未满16周岁或者已满16周岁仍在接受义务教育的,应当保障他们依法接受义务教育所需费用。

农村五保供养对象的疾病治疗,应当与当地农村合作医疗和农村医疗救助制度相衔接。

(四)供养标准和形式

农村五保供养标准不得低于当地村民的平均生活水平,并根据当地村民平均生活水平的提高适时调整。

农村五保供养对象可以在当地的农村五保供养服务机构集中供养,也可以在家分散供养。农村五保供养对象可以自行选择供养形式。

集中供养的农村五保供养对象,由农村五保供养服务机构提供供养服务;分散供养的农村五保供养对象,可以由村民委员会提供照料,也可以由农村五保供养服务机构提供有关供养服务。

第十章 农村社会生活法律制度

第一节 婚姻法

一、结婚制度

(一)结婚的实质要件

结婚的实质要件包括结婚的必备条件和禁止条件。

1. 结婚的必备条件 结婚必须符合以下条件:必须男女双方完全自愿。必须达到法定婚龄。法定婚龄是指法律规定的男女结婚必须达到的最低年龄。《中华人民共和国婚姻法》(以下简称《婚姻法》)第6条规定:"结婚年龄,男不得早于22周岁,女不得早于20周岁。"符合一夫一妻制。

2. 结婚的禁止条件 根据《婚姻法》第7条的规定,有下列情形之一的,禁止结婚:

①直系血亲和三代以内的旁系血亲不得结婚。直系血亲包括父母子女、祖父母与孙子女、外祖父母与外孙子女等。三代以内的旁系血亲,即同源于祖父母、外祖父母的血亲,包括同父同母的兄弟姐妹、同父异母及同母异父的兄弟姐妹、伯、叔、姑、舅、姨,堂兄弟姐妹、姑表兄弟姐妹、舅表兄弟姐妹、姨表兄弟姐妹、侄子女、外甥子女等。

②患有医学上认为不应当结婚的疾病者不得结婚。这里主要包括严重遗传性疾病、重型精神病和严重的传染性疾病等。

(二)结婚的形式要件

结婚必须具备法律规定的条件,同时还必须履行法律规定的

第十章　农村社会生活法律制度

程序,即结婚登记。

《婚姻法》第8条规定:"要求结婚的男女双方必须亲自到婚姻登记机关进行结婚登记。"取得结婚证,即确立夫妻关系。

(三) 重　婚

重婚是指有配偶者又与他人结婚的行为,即一人已有了一个合法的婚姻关系,后又与他人缔结第二个婚姻关系,前者叫前婚,后者叫后婚,也叫重婚。前婚有效,后婚无效。

1. 重婚的形式　重婚分为两种形式:法律重婚与事实重婚。

法律重婚是指前婚未解除,又与他人办理结婚登记。在实行单一登记结婚的中国,只要双方办理了结婚登记,不论是否同居,即已构成重婚。事实重婚是指前婚未解除,又与他人以夫妻名义共同生活,但未办理结婚登记手续,只要双方公开以夫妻名义共同生活,虽未办理结婚登记,也已构成重婚。

在现实生活中,要注意区分事实重婚和有配偶者与他人同居的区别。有配偶者与他人同居又叫姘居,是指男女一方或双方有配偶,而又与婚外异性不以夫妻名义,持续、稳定地共同居住。姘居不以夫妻名义同居,周围的人也不认为他们是夫妻;而事实重婚则公开以夫妻名义同居,周围的人认为他们是夫妻。有配偶者与他人同居不构成犯罪,但须承担民事责任。

2. 重婚的法律后果

(1) 重婚的民事后果　其一,重婚不具有婚姻的法律效力,重婚是婚姻无效的原因之一;其二,重婚是认定夫妻感情确已破裂,法院准予离婚的情形之一;其三,在离婚时,重婚是无过错方要求损害赔偿的理由之一。

(2) 重婚的刑事责任　重婚者应承担刑事责任。《中华人民共和国刑法》第258条规定:"有配偶而重婚的,或者明知他人有配偶而与之结婚的,处2年以下有期徒刑或者拘役。"即有配偶而重婚者或明知对方有配偶而故意与之结婚者,应承担重婚罪的刑事责任。

不知对方已有配偶而与之结婚的,不构成重婚罪,仅承担重婚的民事责任。

【案例 10-1】 重婚被判刑 离婚赔损失

案情简介:常芸1990年和同村的王强结婚,生有一女。不久,王强去县城开办了一家饮料厂,与在厂里上班的23岁的同村姑娘杜某产生好感并很快相恋,二人难舍难分,后来公开同居,过起了"夫妻生活",工人们也开始称杜某为"老板娘"。1年后,常芸去厂里看望王强,发现了此事,就与王强争吵起来,此后双方关系越来越恶化。常芸于是向法院提起诉讼,要求追究丈夫重婚罪的刑事责任,并要求王强给付其精神损害赔偿金5万元。

案情分析:本案中,王强已有妻子,仍与杜某以夫妻名义同居,周围群众也认可,已构成了事实重婚,王强犯重婚罪。杜某在知道对方有配偶后,仍与对方以夫妻名义共同生活,也已构成重婚罪,故法院依法对王强、杜某二人以重婚罪论处,分别判处有期徒刑1年和拘役3个月。此时,王强也向法院提出了与常芸离婚的诉讼请求。法院在判王强犯重婚罪的基础上,认定他与常芸的夫妻感情已彻底破裂,准许离婚。同时,法院认定导致夫妻感情破裂的主要责任在于王强与他人重婚,于是判王强向常芸赔偿精神损害赔偿金1万元,女儿由常芸抚养,王强一次性支付女儿生活教育费12万元。

(四)无效婚姻和可撤销婚姻

1. 无效婚姻 无效婚姻是指欠缺婚姻成立的实质要件或形式要件,因而不具有合法效力的婚姻。根据《婚姻法》第10条的规定,有下列情形之一的,婚姻无效:①重婚的;②有禁止结婚的亲属关系的。禁止结婚的亲属关系是指直系血亲或三代以内的旁系血亲;③婚前患有医学上认为不应当结婚的疾病,婚后尚未治愈的。医学上认为不应当结婚的疾病是指精神方面的疾病和重大不治的传染性疾病或遗传性疾病。所谓婚后尚未治愈是指结婚时该配偶

第十章 农村社会生活法律制度

一方的疾病尚未痊愈;④未到法定婚龄的。

符合上述条件之一的,婚姻当事人及利害关系人均可向人民法院申请宣告婚姻无效,但是申请时,法定的无效婚姻情形已经消失的,人民法院不予支持。即虽然婚姻成立时上述无效原因存在,但申请时该原因已不存在的,人民法院不得再宣告婚姻关系无效,其婚姻关系转化为有效的婚姻关系。

【案例10-2】 婚姻无效变有效

案情简介:杨某(男)与李某是同村人,杨某生于1984年5月1日,李某生于1985年9月2日。2005年2月1日双方隐瞒了未达法定婚龄的事实,在民政部门登记结婚。婚后两人经常为一些琐事争吵,李某倍感失落。2006年11月2日李某诉到法院,请求宣告与杨某的婚姻无效。

案情分析:本案中,双方在均未达到法定婚龄的情况下,办理了婚姻登记,属于无效婚姻的法定情形。但李某起诉时,双方均达到法定婚龄,法定的无效婚姻情形已经消失,即由原来的无效婚姻变成了有效婚姻。因此,法院驳回了李某宣告其与杨某婚姻无效的请求。

2. 可撤销婚姻

【案例10-3】 胁迫结婚被撤销

案情简介:张华(女)经人介绍与李明相恋。经过一段时间的交往后,张华认为李明脾气暴躁,遂提出终止恋爱关系,李明坚决反对,并多次叫嚣:若不与他结婚,就杀死她父母,同时李明又多次纠缠张华要求结婚,张华慑于李明的淫威,2007年1月,张华违心地与李明办理了结婚登记手续。婚后,李明经常打骂张华,张华都忍气吞声。随着矛盾的加深,张华决定解除这不幸婚姻,遂于2007年11月诉到法院,请求撤销与李明的婚姻关系。

该案中的主要法律问题是法院能否撤销张华与李明的婚姻关系?

上述案例中,张华与李明结婚前,李明以侵害张华近亲属的生命权为要挟,符合因胁迫结婚的情形。因此,他们的婚姻为可撤销婚姻。同时,张华在法律规定的"一年"期间内行使撤销权,张华的诉讼请求应予支持。法院遂判决:撤销张华与李明的婚姻关系。

可撤销婚姻是指男女双方或一方缺乏结婚的合意,因受胁迫而结合的违法婚姻。胁迫是指行为人以给另一方当事人或者其近亲属的生命、身体健康、名誉、财产等方面造成损害为要挟,迫使另一方当事人违背真实意愿结婚的情况。《婚姻法》规定:"因胁迫结婚的,受胁迫的一方可以向婚姻登记机关或人民法院请求撤销该婚姻。"同时,《婚姻法解释(一)》明确规定:"因受胁迫而请求撤销婚姻的,只能是受胁迫一方的婚姻关系当事人本人。"

撤销权行使的期限是自结婚登记之日起1年内提出;被非法限制人身自由的当事人请求撤销婚姻的,应当自恢复人身自由之日起1年内提出。

3. 无效婚姻和可撤销婚姻的法律后果 宣告婚姻无效与可撤销婚姻被撤销的后果基本相同。《婚姻法》第12条规定:"无效或被撤销的婚姻,自始无效。"这意味着该婚姻自一开始就不具有婚姻的效力。同居双方不享有夫妻权利义务,为同居关系。

(五)事实婚姻

事实婚姻是指没有配偶的男女,未进行结婚登记,即以夫妻名义同居生活,群众也认为是夫妻关系的两性结合。事实婚姻具有合法婚姻的效力。《婚姻法解释(一)》第5条规定,未办理结婚登记而以夫妻名义共同生活的男女,起诉到法院离婚的,应当区别对待:一是按事实婚姻处理;二是按同居关系处理。

对于事实婚姻,我国经历了从承认、限制承认、不承认的发展过程。

1. 承认主义时期 1950年《婚姻法》施行期间。我国在20世纪50年代承认事实婚姻关系。

2. 限制承认主义时期 1989年11月21日最高人民法院《关于人民法院审理未办结婚登记而以夫妻名义同居生活案件的若干意见》指出了"有条件地承认事实婚姻关系"的原则。

1986年3月15日以前,没有配偶的男女未办结婚登记即以夫妻名义同居生活,群众也认为是夫妻关系的,一方向法院起诉"离婚",如起诉时双方均符合结婚的法定条件,则认定为事实婚姻关系。

1986年3月15日后,没有配偶的男女未办结婚登记即以夫妻名义同居生活,群众也认为是夫妻关系的,如同居时双方均符合结婚的法定条件,可认定为事实婚姻关系。

3. 不承认主义时期 1994年2月1日至今。1994年2月1日颁布了新的《婚姻登记管理条例》,最高人民法院在《关于适用新的〈婚姻登记管理条例〉的通知》中明确规定:"自1994年2月1日起,没有配偶的男女,未经结婚登记即以夫妻名义同居生活的,其婚姻关系无效,不受法律保护。对于起诉到人民法院的,应按非法同居关系处理。"显然,自1994年2月1日起,不再承认事实婚姻的法律效力。

二、离婚制度

在我国,离婚分为协议离婚和诉讼离婚两种方式。

(一)协议离婚

协议离婚是指夫妻双方自愿离婚,并就离婚的法律后果,如离婚后子女的抚养、财产、债务等问题达成协议,经法定部门认可即可解除婚姻关系。

【案例10-4】 假离婚的法律后果

案情简介:邓某(男)与江某登记结婚,邓某为某厂工人,江某在家务农,婚后生一女,后来邓某认识了赵某,两人难舍难分。周末邓某回家对江某说,单位要分房,有几个单间,但只分给独身的工人，不如先离婚，分到房后再复婚，把你娘俩接去。江某信以为真，就同意了，两人写了一份离婚协议，写明因双方感情不和，自愿离婚，在村里的住房及所有财产归江某，女儿由江某抚养，邓某每月给付抚养费300元。双方于2002年3月2日到婚姻登记机关办理了离婚登记手续，领取了离婚证。2003年8月江某带着女儿到工厂去找邓某，发现邓某正准备与赵某结婚，于是江某以自己受欺骗、假离婚为由，要求婚姻登记机关宣告离婚登记无效。

案情分析：本案中，江某和邓某订立了离婚协议，双方均表达了离婚意愿，并就子女抚养、财产分割达成了一致，完全符合协议离婚的条件。

江某与邓某离婚的意思表示是虚假的，通过离婚达到分房的目的是真实的，对双方弄虚作假、骗取离婚登记的行为，应当由江某和邓某承担离婚登记的后果。婚姻登记机关认为江某的申请没有法律依据，不予受理。

(二)诉讼离婚

1. 诉讼离婚的概念和法定条件　诉讼离婚是指夫妻双方对待离婚或离婚后子女或财产分割等问题不能达成协议，由一方向人民法院提起诉讼，经人民法院审理、调解或判决的一种离婚制度。《婚姻法》规定："人民法院审理离婚案件，应当进行调解；如感情确已破裂，调解无效，应准予离婚。"这一规定表明，"夫妻感情确已破裂"是我国诉讼离婚的法定条件。

为了便利司法实践的操作，《婚姻法》还列举了以下若干感情已破裂的情形：

①重婚或有配偶者与他人同居的。

②实施家庭暴力或虐待、遗弃家庭成员的。家庭暴力是指行为人以殴打、捆绑、残害、强行限制人身自由或者其他手段，给其家庭成员的身体、精神等方面造成一定伤害后果的行为。持续性、经常性的家庭暴力，构成虐待。其中受害者多为女性配偶、儿童和老

人。遗弃是对年老、年幼、患病或其他因没有独立生活能力的家庭成员,负有法定的抚养义务,而拒绝抚养的行为。

③有赌博、吸毒等恶习屡教不改的。

④因感情不和分居满2年的。

⑤其他导致夫妻感情破裂的情形。

2. 诉讼离婚的程序 我国的离婚诉讼程序包括起诉与受理、诉讼中的调解和判决3个阶段。调解是人民法院审理离婚案件的必经程序。人民法院对调解无效的离婚案件,在查明事实的基础上,依法做出判决。

(1)诉讼离婚中对女方的特殊保护 《婚姻法》第34条规定:"女方在怀孕期间、分娩后1年内或中止妊娠后6个月内,男方不得提出离婚。女方提出离婚的,或人民法院认为确有必要受理男方离婚请求的,不在此限。""确有必要"主要指两种情况:一是双方确实存在不能继续共同生活的重大紧迫事由,一方对他方有危及生命、人身安全的可能;二是妻子虽身怀有孕,但胎儿不是丈夫所育。

【案例10-5】 女方在分娩后1年内男方不得提出离婚

案情简介:赵某(男)与苗某于2005年结婚,二人性格不合,经常争吵。2006年2月苗某生下一女,夫妻关系更加紧张。2006年7月,二人激烈地争吵后,赵某忍无可忍,向苗某提出要离婚,但苗某坚决不同意。赵某于2006年8月向法院提起了诉讼,请求离婚。

案情分析:本案中,夫妻感情确已破裂,但是二人对离婚问题有分歧。根据《婚姻法》规定,赵某在苗某分娩后1年内不得提出离婚,苗某生育后只有大约6个月,因此法院驳回了赵某的起诉。

(2)诉讼离婚中对军人的特殊保护 《婚姻法》第33条规定:"现役军人的配偶要求离婚,须得军人同意,但军人一方有重大过错的除外。"所谓"重大过错"是指:重婚或有配偶者与他人同居的;

实施家庭暴力或虐待、遗弃家庭成员的;有赌博、吸毒等恶习屡教不改的;其他违背法律或公序良俗导致夫妻感情破裂的重大情形。

三、离婚的法律后果

(一)夫妻共同财产的分割

离婚使夫妻财产关系结束,发生夫妻共同财产的分割。在分割夫妻共同财产时应明确夫妻共同财产的范围,将夫妻共同财产与夫妻个人财产做出区分。

1. 夫妻共同财产的范围　《婚姻法》第17条规定,夫妻在婚姻关系存续期间所得的下列财产,归夫妻共同所有:工资、奖金;生产、经营的收益;知识产权的收益;继承或赠与所得的财产(但本法第18条第3项规定的除外);其他应当归共同所有的财产。

婚后父母出资为双方购置的房屋,为对双方的赠与,但明确给一方的除外。

夫妻一方个人财产在婚后产生的收益,除孳息和自然增值外,应认定为夫妻共同财产。

2. 夫妻个人财产的范围　根据《婚姻法》第18条的规定,有下列情形之一的,为夫妻一方的财产:① 一方的婚前财产;② 一方因身体受到伤害获得的医疗费、残疾人生活补助费等费用;③ 遗嘱或赠与合同中确定只归夫或妻一方的财产;④ 一方专用的生活用品;⑤ 其他应当归一方的财产。

最高人民法院《关于适用中华人民共和国婚姻法若干问题》的解释三第7条规定,婚后由一方父母出资为子女购买的不动产,产权登记在出资人子女名下的,可按照婚姻法第18条第3项的规定,视为只对自己子女一方的赠与,该不动产应认定为夫妻一方的个人财产。

由双方父母出资购买的不动产,产权登记在一方子女名下的,该不动产可认定为双方按照各自父母的出资份额按份共有,但当

第十章 农村社会生活法律制度

事人另有约定的除外。

夫妻一方婚前签订不动产买卖合同，以个人财产支付首付款并在银行贷款，婚后用夫妻共同财产还贷，不动产登记于首付款支付方名下的，离婚时该不动产由双方协议处理。

依前款规定不能达成协议的，人民法院可以判决该不动产归产权登记一方，尚未归还的贷款为产权登记一方的个人债务。双方婚后共同还贷支付的款项及其相对应财产增值部分，离婚时应由人民法院根据财产的具体情况，照顾子女和女方权益的原则，由产权登记一方对另一方进行补偿。

婚姻关系存续期间，双方用夫妻共同财产出资购买以一方父母名义参加房改的房屋，产权登记在一方父母名下，离婚时另一方主张按照夫妻共同财产对该房屋进行分割的，人民法院不予支持。购买该房屋时的出资，可以作为债权处理。

归一方个人所有的财产，由夫或妻单独享有所有权。对夫妻共同财产，《婚姻法》第39条规定："离婚时，夫妻的共同财产由双方协议处理；协议不成时，由人民法院根据财产的具体情况，照顾子女和女方权益的原则判决。"

(二) 夫妻共同债务的清偿

属于夫妻个人债务的，原则上由本人自己清偿。离婚时，原为夫妻共同生活所负的债务，应当共同偿还，夫妻应负连带责任。

【案例10-6】 夫妻离婚后对原共同债务的承担

案情简介：朱某（男）与杜某是夫妻，生一女朱红。婚后二人在村里盖了4间房，在县城承包了一家饭店，并以朱某的名义向某信用社借款5万元。2007年1月，杜某起诉到法院要求离婚。经法院调解达成协议：双方自愿离婚，4间房屋归杜某，女儿由杜某抚养，朱某每月给付抚养费300元，饭店由朱某经营，某信用社的借款由朱某负责偿还。离婚后半年，某信用社的借款到期，向朱某提出还款要求，朱某无力偿还。2007年8月，信用社以朱某和杜某为共同被告向法院提起诉讼,要求二人共同承担清偿责任。杜某认为离婚时已将该笔债务由朱某偿还,自己没有偿还义务。

案情分析:本案中,双方在婚姻关系存续期间的5万元借款,属于夫妻共同债务,离婚时双方对清偿债务的约定合法有效,但效力只在双方之间产生,不能对抗债权人某信用社,已离婚的双方都有清偿责任,杜某可根据与朱某的协议,就其承担清偿责任的财产份额,向朱某追偿。

(三)离婚损害赔偿请求权

因配偶一方法定的过错行为而导致婚姻关系破裂的,配偶中无过错一方依照法律的相关规定,有权向过错一方请求赔偿其财产和精神上损失的权利。

《婚姻法》第46条规定,有下列情形之一,导致离婚的,无过错方有权请求损害赔偿:重婚的;有配偶者与他人同居的;实施家庭暴力的;虐待、遗弃家庭成员的。

夫妻双方均有婚姻法第46条规定的过错情形,一方或者双方向对方提出离婚损害赔偿请求的,人民法院不予支持。

第二节 继 承 法

一、继承概述

(一)继承法的基本原则

1. 男女平等原则 《中华人民共和国继承法》(以下简称《继承法》)第9条规定:"继承权男女平等。"即对于女子,无论已婚还是未婚,都依法享有与男子同等的继承权。

【案例10-7】 出嫁女子享有继承权

案情简介:陈英(女)和陈浩(男)是姐弟俩,母亲早亡,由父亲陈广养大。陈英嫁到邻村,陈浩也结婚。陈广和陈浩分家析产,自己单过。陈广自己出资建造了一座3层住宅。2006年陈广突发脑溢血死亡。办完丧事后,陈英提出要继承遗产,陈浩认为应由自己继承,因为按照当地规矩,出嫁的女儿不能再分割娘家的财产。陈英遂向人民法院提起诉讼。

案情分析:本案中,陈英虽已出嫁,但和陈浩一样是陈广的第一顺序法定继承人。鉴于陈广独立生活,房屋是自己建造,因此全部房屋是陈广的遗产,而不是与陈浩共有。按照遗产均等分割的原则,法院判决陈英和陈浩对该座房屋各继承一半。

2. 限定继承原则 《继承法》第33条规定:"继承遗产应当清偿被继承人依法应当缴纳的税款和债务,缴纳税款和清偿债务以他的遗产实际价值为限。超过遗产实际价值部分,继承人自愿偿还的不在此限。"这表明我国实行的是限定继承。限定继承是指继承人清偿被继承人的债务时,以遗产的实际价值为限,超过遗产的实际价值的部分,继承人没有清偿的义务。

【案例10-8】 父债不子还

案情简介:胡江的妻子早亡,只有1个儿子胡奎。胡奎结婚后,胡江就和儿子分家,自己单过。2007年,胡江向本村村民韩某借款1.5万元到北京去旅游,途中突然患病死亡。韩某知道后,拿着借条要胡奎还债。胡奎用父亲的遗产全部折价(合9 000元)还债,但仍有6 000元不够偿还。韩某要求胡奎偿还,胡奎认为自己无义务还这笔钱。韩某遂向人民法院起诉。

案情分析:在《继承法》上,不存在父债子还的问题,除非子女自愿。本案中,韩某的要求不符合法律规定,因此法院判决胡奎对剩余的6 000元债务不负偿还责任。

3. 养老育幼、照顾"弱者"原则

(二)继承权

继承权是继承人依法享有的继承被继承人遗产的权利。死亡的公民叫被继承人。继承人是指依照《继承法》规定有权继承被继承人遗产的人,包括法定继承人和遗嘱继承人。

继承人有接受继承的权利,也有放弃继承的权利。接受或放弃的表示必须在继承开始后,遗产分割前做出。放弃继承必须采用明示方式,接受继承则采用默示推定方式。《继承法》第25条规定:"继承开始后,继承人放弃继承的,应当在遗产处理前,做出放弃继承的表示。没有表示的,视为接受继承。"

但是,继承人有下列行为之一的,丧失继承权:①故意杀害被继承人的;②为争夺遗产而杀害其他继承人的;③遗弃被继承人的,或者虐待被继承人情节严重的;④伪造、篡改或者销毁遗嘱,情节严重的。

(三)遗产的范围

遗产是公民死亡时遗留的个人合法财产,可以作为遗产的财产包括:①公民的收入;②公民的房屋、储蓄和生活用品;③公民的林木、牲畜和家禽;④公民的文物、图书资料;⑤法律允许公民所有的生产资料;⑥公民的著作权、专利权中的财产权利;⑦公民的其他合法财产。其他合法财产包括:抵押权、质押权和留置权;典权;有价证券;债权;土地承包经营权。

【案例10-9】 土地承包经营权的继承

案情简介:康某早年丧妻,独生女儿康丽嫁到外村。康某去世前承包经营生产组里的责任田,合同约定:耕地的承包期限从1992—2022年,并约定发包方有权收回弃耕抛荒户、死亡空户、外迁户的承包耕地,并重新发包。2000年康某去世,由于康某无儿子,女儿嫁到外村,所以生产组以死亡空户将康某的责任田收回发包给其他农户(当年的耕地收益已由康丽收获)。康丽不服,要求继承其父康某生前承包的责任田,为此与组里发生争议。

案情分析:本案中,康某生前承包的责任田不能作为遗产。根据《继承法》规定,在承包期间,一旦承包人死亡,会同时存在两种继承关系:一是个人承包应得的收益,可作为遗产;二是承包经营权的继承问题。《农村土地承包法》规定:林地承包的承包人死亡,其继承人可以在承包期内继续承包;土地承包经营权通过招标、拍卖、公开协商等方式取得的,在承包期内,其继承人可以继续承包。因此,康某取得的土地承包经营权不属上述情形,不能继承,生产组有权收回土地,但应给予适当补偿,该补偿费可作为遗产继承。

二、法定继承

(一)法定继承的概念和适用条件

法定继承是指由法律直接规定继承人的范围、继承顺序和遗产分配原则的一种继承方式。继承开始后,留有遗赠扶养协议的,应当先执行协议;没有协议或者协议无效的,有遗嘱的应执行遗嘱,按遗嘱方式继承;没有遗嘱或者遗嘱无效的,才可按法定继承办理。

(二)法定继承人的范围和顺序

根据《继承法》的规定,法定继承人的范围包括:配偶、子女、父母、兄弟姐妹、祖父母、外祖父母,以及对公婆或岳父母尽了主要赡养义务的丧偶儿媳、女婿。

法定继承人的顺序如下。

第一顺序:配偶、子女、父母、对公婆或岳父母尽了主要赡养义务的丧偶儿媳或女婿;

第二顺序:兄弟姐妹、祖父母、外祖父母。

继承开始后,由第一顺序继承人继承,第二顺序继承人不继承。没有第一顺序继承人继承的,由第二顺序继承人继承。

【案例10-10】 法定继承顺序

案情简介:杨某与姜某婚后无子女,后收养一女杨丽,1996年姜某去世。1997年杨某又与许某结婚,生一子杨坤。2001年杨某认识了林某,两人一见钟情,并很快同居生一女杨楠。2005年8月杨某突发心脏病死亡。杨某死后,杨某的父母、哥哥杨甲、妹妹杨乙和林某找到许某要求继承遗产,许某于是向人民法院提起诉讼。

案情分析:本案中,杨某未留遗嘱,按法定继承办理。许某、杨某的父母、杨丽、杨坤和杨楠为第一顺序法定继承人,可以继承杨某的遗产。杨甲和杨乙为第二顺序法定继承人,但有第一顺序继承人时,第二顺序的继承人不继承,因此杨甲和杨乙不能继承杨某的遗产。林某与被继承人杨某是同居关系,不能以配偶的身份继承遗产。

三、遗嘱继承

遗嘱继承是指按照被继承人生前所立的合法有效的遗嘱来确定继承人并继承其遗产的一种继承方式。遗嘱继承优先于法定继承,但是,遗嘱继承不适用代位继承。

(一)遗嘱的概念和有效条件

1. 遗嘱的概念　遗嘱是指公民生前按照法律规定的方式对自己的财产或其他事务进行预先的处分,并于其死后发生法律效力的一种民事法律行为。立遗嘱的公民称为遗嘱人,接受遗嘱指定继承遗产的人称为遗嘱继承人。

2. 遗嘱的有效条件　遗嘱必须具备以下几个有效条件。

①遗嘱人立遗嘱时必须具有遗嘱能力;

②遗嘱必须是遗嘱人的真实意思表示;

③遗嘱必须符合法定形式。遗嘱人设立遗嘱,必须遵守《继承法》所规定的形式,遗嘱形式共分为5种:公证遗嘱、自书遗嘱、代书遗嘱、录音遗嘱和口头遗嘱。在这5种遗嘱中,公证遗嘱的效力最高,自书遗嘱、代书遗嘱、录音遗嘱和口头遗嘱之间效力是相同的。代书遗嘱、录音遗嘱和口头遗嘱都必须有2个以上的见证人在场见证。遗嘱见证人是遗嘱人在立遗嘱时的证明人。根据《继承法》规定,遗嘱见证人必须具有完全民事行为能力,并且与继承人、遗嘱人没有利害关系。

第十章 农村社会生活法律制度

【案例10-11】 遗嘱见证人的条件

案情简介：钟某早年丧妻，自己一人把2个儿子钟甲、钟乙抚养成人，并结婚单过。钟某经常倒卖山货，颇有积蓄，后又与刘某结婚。2003年8月，刘某劝他立份遗嘱，钟某同意了。于是刘某就找来自己的哥哥刘明和与前夫所生的女儿马琳，由钟某口述、刘明代笔，立下遗嘱，写明自己死后全部遗产由刘某继承。刘明、马琳、钟某和刘某都在遗嘱上签名。2006年2月，钟某病故。刘某要求按遗嘱继承遗产，钟甲和钟乙遂起诉到法院。

案情分析：此案中，遗嘱见证人刘明、马琳都是遗嘱继承人刘某的亲属，是与遗嘱继承人有利害关系的人，因此见证人不符合条件，该遗嘱无效，所涉遗产按法定继承办理。

(二)遗嘱的变更和撤销

《继承法》规定："遗嘱人可以撤销、变更自己所立的遗嘱。"立有数份遗嘱，内容相抵触的，以最后的遗嘱为准。公证遗嘱的撤销、变更必须采用公证方式。

四、继承的开始

《继承法》规定："继承从被继承人死亡时开始。"据此，被继承人的死亡时间就是继承开始的时间。其死亡时间如何确定，直接影响到继承人的利益。其中，难点问题是相互具有继承关系的人同时死亡，但是死亡时间无法确定时，如何确定谁先死亡。

相互有继承关系的几个人在同一事件中死亡，如不能确定死亡先后时间的，我国采用的是推定制。最高人民法院的《继承法意见》规定："相互有继承关系的几个人在同一事件中死亡，如不能确定死亡先后时间的，推定没有继承人的人先死亡。死亡人各自都有继承人的，如几个死亡人辈分不同，推定长辈先死亡；几个死亡人辈分相同，推定同时死亡，彼此不发生继承，由他们各自的继承人分别继承。"

【案例 10-12】 死亡顺序的推定

案情简介：宋彭与于某两人离婚，其女宋某随父宋彭生活。后来，于某同李某、朱某之子李刚结婚，未生子女。李刚与前妻所生之子李明，随李刚、于某共同生活。一日晚，李明在家中被害，次日晚，李刚、于某也在家中被害死亡。李刚和于某的遗产有：房屋6间，婚后银行存款30万元，家用电器若干。李刚生前曾向本村村民段某借款3万元，李某、朱某办丧事花去4万元。宋某、李某、朱某因遗产分割发生争议。宋某遂向人民法院提起诉讼。

案情分析：法院经审理认为，6间房屋属李刚个人财产；银行存款及家用电器是李刚、于某婚后形成的共同财产。3万元借款为婚后的共同债务，应从两人遗留的共同财产中支付给段某，安葬费用也应从两人遗留的共同财产中扣除。

本案中，李明最早死亡，其又无个人财产，没有财产可继承。李刚、于某在报案时均已死亡，且两人又是同时被杀害，二者的死亡时间无法确定，因此，本案的关键是如何确定两人谁先死亡。根据《继承法意见》规定，应当推定二人同时死亡，彼此不发生继承关系，由各自的继承人继承。李刚的第一顺序法定继承人是其父母，即李某、朱某，于某的第一顺序法定继承人是她的女儿宋某。在二人的遗产中，6间房屋为李刚的个人财产由李刚的第一顺序法定继承人李某、朱某继承，宋某无权继承。银行存款及家用电器为李刚与于某的共同财产，平均分割后，属于于某所有的1/2，宋某有权继承；属于李刚所有的1/2份额，由李某、朱某共同继承。

第三节 收 养 法

一、收养的概念

收养是指公民依照《中华人民共和国收养法》（以下简称《收养

第十章 农村社会生活法律制度

法》)的规定,领养他人的子女作为自己的子女,使本无亲生父母子女关系的人之间产生法律确认的父母子女关系的法律行为。领养他人子女的人称为收养人或养父母;被他人收养的人称为被收养人或养子女;将子女送给他人收养的父母、儿童福利机构、民政部门和其他监护人称为送养人。

二、收养关系的成立

根据《收养法》规定,收养关系成立应具备实质要件和形式要件。

(一)收养成立的实质要件

1. 收养人应具备的一般条件 根据《收养法》的规定,收养人应同时具备的条件为:①无子女;②有抚养教育被收养人的能力;③年满30周岁;④未患有在医学上认为不应当收养子女的疾病;⑤只能收养1名子女;⑥夫妻双方同意;⑦无配偶的男性收养女性的,收养人与被收养人的年龄应当相差40周岁以上。

2. 收养人的特殊规定

(1)收养孤儿、残疾儿童或者弃婴和弃儿 《收养法》规定:收养孤儿、残疾儿童或者收养由社会福利机构抚养的、查找不到生父母的弃婴和儿童,不受收养人无子女和收养1名的限制。按此规定,有子女的收养人亦可收养本规定中所列举的被收养人,收养1名或数名均可。

(2)收养三代以内同辈旁系血亲的子女 收养在自然血亲之间发生,条件可以适当放宽。收养人与送养人是三代以内同辈旁系血亲,即双方为兄弟姐妹、堂兄弟姐妹、表兄弟姐妹,被收养人为他们的子女,收养可以不受被收养人不满14周岁及生父母有特殊困难无力抚养子女的限制;不受无配偶的男性收养女性应相差40周岁的限制。

3. 被收养人应具备的条件 ①应为不满14周岁的未成年

人;②丧失父母的孤儿;③查找不到生父母的弃婴和儿童。

4. 送养人应具备的条件 ①生父母有特殊困难无力抚养子女;②孤儿的监护人;③社会福利机构。

(二)收养成立的形式要件

根据《收养法》的规定,收养关系的成立,应当向县级以上人民政府民政部门登记。登记是收养关系成立必经的法定程序,收养关系自登记之日起成立。

办理收养登记的程序如下。

1. 申请 收养人要求办理收养登记的,应亲自到收养登记机关提出申请。被收养人是年满10周岁以上未成年的,也须亲自到场。

2. 审查 收养登记机关对所提交的证明材料进行审查。收养查找不到生父母的弃婴和儿童的,办理登记的民政部门应当在登记前予以公告。经公告查找,的确没有生父母下落的,才允许他人收养该弃婴或弃儿。

3. 登记 收养登记机关对收养人的申请、所提交的证明材料进行审查后,对符合收养条件的,准予登记,发给《收养证》。收养关系自登记之日起成立。

三、收养的效力

根据《收养法》的规定,自收养关系成立之日起,收养人与被收养人之间发生与自然血亲的父母子女完全相同的权利义务关系。养父母有抚养、教育养子女的权利和义务,养子女成年后,对养父母有赡养、扶助的义务。养父母与养子女之间有相互继承遗产的权利。

收养产生后,养子女与养父母的近亲属间也产生相应的亲属关系,养子女与养父母的父母间产生养祖孙关系,适用法律有关祖孙间权利义务关系的规定。养子女与养父母的子女间产生养兄弟姐妹关系,适用法律关于兄弟姐妹间权利义务关系的规定。被收养人与生父母的权利义务关系消灭。

【案例 10-3】 收养的拟制效力

案情简介:韩某夫妇婚后无子女,收养了一个 11 岁女孩,并办理了收养登记手续,改名为韩云。3 年后,韩某夫妇因意外双双身亡。办完丧事后,韩某的父母认为韩云与韩家没有血缘关系,于是让其回到生父母身边,但韩云不愿回去。于是韩云向法院提起诉讼,要求养祖父母承担抚养责任。

案情分析:根据法律规定,韩云与韩某夫妇的收养关系成立后,韩云与生父母及其近亲属间的权利义务关系消灭,其生父母对韩云没有抚养教育的义务,而韩某的父母与韩云之间则产生了祖孙之间的权利义务关系,韩某的父母在韩云父母死亡、自己有负担能力的情况下,应承担对韩云的抚养义务,因此法院支持了韩云的诉讼请求。

四、收养关系的解除

(一)收养关系解除的方式

根据《收养法》规定,收养关系的解除有两种方式:协议解除和诉讼解除。

1. 协议解除 收养关系当事人协议解除收养关系的,应当到被收养人常住户口所在地的收养登记机关办理解除收养关系登记。

2. 诉讼解除 凡当事人之间就解除收养不能达成协议的,可以向人民法院起诉,请求解除收养关系。

(二)收养关系解除的法律后果

收养关系解除后,养子女与养父母及其他近亲属间的权利义务关系即行消灭。

收养关系解除后,养子女与生父母及其近亲属的关系是否恢复,应视具体情况而定。如解除收养关系时,养子女为未成年人,与生父母及其他近亲属间的权利义务关系自行恢复,应由生父母领回抚养。如果养子女已经成年并已独立生活,与其生父母及其近亲属间的权利义务关系是否恢复,应由双方协商。

收养关系解除后,经养父母抚养成年的养子女,对缺乏劳动能力又缺乏生活来源的养父母,负有给付生活费的义务。

因养子女成年后虐待、遗弃养父母而解除收养关系的,养父母可以要求养子女补偿收养期间支出的生活费和教育费。

生父母要求解除收养关系的,养父母可以要求生父母适当补偿收养期间支出的生活费与教育费。但因养父母虐待、遗弃养子女而由生父母要求解除收养关系的,养父母则丧失要求生父母经济补偿的权利。养父母如要求解除收养关系,则没有要求经济补偿的权利。

第十一章 农村基层组织政策与法规

村党支部和村民委员会(简称"村两委")作为最主要的农村基层组织形式,分别承担着农村党务管理以及村级民主管理的职责,两组织相互协调配合,指导着农村各项事务的发展。在农村还设有诸如妇代会、共青团、治安保卫委员会、人民调解委员会、公共卫生委员会等一些配套组织,它们同样发挥着无可替代的作用。

第一节 农村党支部

一、农村党支部的地位

党支部是村级和各项工作的领导核心,这既是由党和国家的性质决定的,是在长期革命斗争和社会主义建设的实践中形成的历史事实,也是在新的历史条件下我国社会主义现代化建设事业取得胜利的根本保证。

二、村党支部的职责

根据当前农村改革和发展的实际,村党支部在各项工作中必须充分发挥核心领导作用,其主要职责包括以下几个方面。

①贯彻执行党的路线、方针、政策和上级党组织及本村党员大会的决议。

②讨论决定本村经济建设和社会发展中的重要问题。需由村民委员会、村民议会或集体经济组织决定的事情,由村民委员会、村民会议或集体经济组织依照法律和有关规定做出决定。

③领导和推进村级民主选举、民主管理、民主监督,支持和保

障村民委员会依法开展自治活动。领导村民委员会、村集体经济组织和共青团、妇代会、民兵连等群众组织,支持和保证这些组织依照国家法律、法规及各自章程充分行使职权。

④搞好支部委员会的自身建设,对党员进行教育、管理和监督。负责对要求入党的积极分子进行教育和培养,做好发展党员工作。

⑤负责村、组干部和村办企业管理人员的教育管理和监督。

⑥搞好本村的社会主义精神文明建设和社会治安、计划生育等工作。

三、村党支部建设的标准和新时期的要求

(一)村党支部建设标准

第一,政治上必须坚定,能够坚定不移地贯彻执行党的路线方针和原则,坚定不移地建设有中国特色的社会主义的道路。

第二,有组织和领导村民发展生产、坚持和完善以家庭承包为基础统分结合的双层经营体制、壮大集体经济走共同富裕之路的能力。

第三,领导班子有较好的思想作风素质。班子团结,能正确地开展批评和自我批评,有解决自身矛盾的活力;作风扎实,能广泛联系群众,深入实际,不说空话;清正廉洁,不以权谋私,全心全意为人民服务,踏实认真,埋头苦干。

第四,党内生活健全。能坚持党内的各种生活制度,遵守党的纪律,坚持党的民主集中制;能充分发挥党员的先锋模范作用和党支部的战斗堡垒作用。

(二)新时期农村基层党组织"五个好"要求

一是领导班子好。领导班子能自觉学习和实践"三个代表"重要思想,坚决贯彻执行党的基本路线和各项方针政策,廉洁勤政,奋发有为。村党组织书记应具有带头致富和带领群众共同致富的

第十一章 农村基层组织政策与法规

能力。

二是党员干部队伍好。共产党员能够发挥先锋模范作用,基层干部能够发挥骨干作用。

三是工作机制好。各项制度完善,管理措施到位,村党组织和村委会关系协调,工作运行规范,服务优质高效。

四是小康建设业绩好。农村经济持续发展,农民收入增加,集体经济实力增强,各项社会事业协调发展,精神文明建设和农村法制建设成效显著。

五是农民群众反映好。基层干部尊重农民,爱护农民,诚心诚意为民办实事,工作措施符合群众意愿,工作作风和工作实绩得到满意,党群干群关系密切,党组织得到群众拥护。

(三)新时期对村党支部的要求

加强基层服务型党组织建设,是党的十八大和河北省委八届五次全会做出的重要部署。在全面建成小康社会新的历史阶段,应加强农村服务型党组织建设,即强化农村党组织服务发展、服务民生、服务稳定的"三大服务"功能。

1. 服务发展功能 新时期基层党组织的服务发展功能主要包括:提升富民强村能力、加快发展现代农业、增加农村集体积累。

2. 服务民生功能 建立"乡镇便民服务中心"办理公共服务项目,协调小额信贷服务,代办领办县以上审批服务事项。完善"村民服务中心"。整合群众工作站、综合治理维稳站、农村警务室、卫生室、农家书屋、电教站点等服务资源组建"村民服务中心"。发展农村公益事业,全面按照小康社会标准推进新民居建设和村公共卫生环境和公共服务设施建设。深化"民情档案"制度,服务农村弱势群体。

3. 服务稳定功能 优化基层党组织设置,拓宽直接联系群众渠道,落实"四议两公开"制度,加强农村基层民主建设。

四、村党支部的职位设置及其职责

(一) 村党支部的职位设置

按照《中国共产党和国家机关基层组织工作条例》和《中国共产党农村基层组织工作条例》的规定,有正式党员 3 名以上的村,应当成立党支部;不足 3 名的,可与邻近村联合成立党支部。党员人数超过 50 名的村,或党员人数虽不足 50 名,但村办企业具备成立党支部条件的村,因工作需要,经县委批准,可以成立党的基层委员会;村党委受乡镇党委领导。

村党支部、总支部和党的基层委员会由党员大会选举产生。

村党支部委员会设书记、副书记和组织、宣传、纪检等委员。村党支部成员是村干部队伍的重要组成部分,从农村发展的实际来看,为了减轻财政负担,要大力推行"两委"干部交叉任职,减少农村干部职位。具体要求为:人口在 1 000 人以下的村,农村"两委"干部一般不超过 3 人;1 000~3 000 人的农村"两委"干部一般不超过 5 人;3 000 人以上的农村"两委"干部一般不超过 7 人;无特殊情况,不准超职数配备干部。2008 年 4 月 11 日,中共中央组织部、教育部、财政部、人力资源和社会保障部联合下发了《关于选聘高校毕业生到村任职工作的意见(试行)》(组通字〔2008〕18 号),该文件规定从 2008 年开始,用 5 年时间选聘 10 万名高校毕业生到农村,这些"大学生村官"可以担任农村基层干部。

(二)村党组织成员应具备的条件

1.总体要求　村党组织成员应该具备以下条件。

第一,政治素质好。认真贯彻执行党在农村的各项方针政策,工作扎实,联系群众。

第二,发展意识强。具有科学的发展观,有较强的发展意识和创新意识,能够较好地谋划全村经济社会发展思路,能够制定符合实际的具体措施,乐于奉献,积极为群众办实事办好事。

第三,公道正派,廉洁自律,在党员和群众中有较高的威信。

第四,有文化、懂技术、会经营,带头致富、带领群众共同致富的"双带"能力强;有一定的组织协调能力。

此外,选配村党组织班子,要坚持放开事业,多渠道选人。要注重从民营企业经营管理者、外出务工经商人员、农村致富带头人、退伍军人、回乡大中专毕业生的党员中选拔人才,并鼓励县、乡党政机关党员干部和选调生中的党员到村任职。

2. 村党支部书记应具备的条件

第一,要有一定的马克思主义的理论政策水平,懂得党的基本知识,坚持四项基本原则,敢于同破坏和反对社会主义的各种敌对势力作斗争,同党内外的各种错误倾向作斗争。

第二,能从本党支部委员会及所在单位的实际情况出发,正确贯彻执行党的路线方针政策。

第三,有高度的革命事业心和政治责任感,有胜利领导支部工作的组织能力、文化素质和业务知识。

第四,有民主作风,密切联系群众,自觉接受群众的监督。

第五,能正确行使职权,不以权谋私,不搞特殊化,清正廉洁,遵守和维护党和国家的法规、纪律和制度,敢于同滥用职权、谋求私利的行为作斗争。

第六,在坚持原则的前提下,善于广泛地团结同志,包括团结那些与自己有不同意见以及曾经反对过自己的同志一道工作。

(三)村党支部成员的职责

1. 村党支部书记的职责 党支部书记在党支部委员会的集体领导下,按照支部党员大会、党支部委员会的决议,负责党支部的日常工作。其主要职责如下。

①负责召集支部委员会和支部党员大会,结合本村具体情况,认真传达贯彻执行党的路线方针政策和上级的决议、指示,保证本村各项工作的完成。研究安排支部工作,将重大问题及时提交支

部委员会和党员大会讨论决定,制定支部工作计划并组织实施。

②做好经常性的思想政治工作,了解掌握党员的思想、工作和学习情况,发现问题及时解决。

③组织检查支部工作计划、决议的执行情况和出现的问题,并定期向支部委员会、支部党员大会和上级党委报告工作。

④经常与党支部委员会和其他村级组织负责人交流情况,保持密切联系,支持他们的工作,协调村内各基层组织的关系,充分调动各方面的积极性。

⑤抓好支部委员会自身的学习,严格组织生活,按时召开支部民主生活会,积极开展批评与自我批评,搞好党风建设,充分发挥支部委员会的集体领导作用。

2. 党支部组织委员、宣传委员、纪检委员的职责

(1)党支部组织委员的职责　负责支部的组织工作,其主要职责主要包括:①了解和掌握支部的组织状况,做好党支部在组织方面的管理工作。②了解掌握党员的思想状况,配合宣传委员、纪检委员,对党员进行思想、纪律教育和培训。③负责做好发展党员的工作。④接转党员组织关系,收缴党费,做好党员和党组织的统计工作。

(2)党支部宣传委员的职责　负责支部的宣传工作,其主要职责是:①提出宣传教育工作的计划和意见并组织实施。根据上级党组织的指示,结合党员和群众的思想状况,宣传党的路线方针政策。②结合本单位实际情况,提出加强党员教育工作计划并实施。③围绕本单位的中心工作,开展多种形式的宣传活动,指导本单位群众组织开展群众性的文化体育活动,活跃单位文化体育生活。④宣传阵地建设,用"三个代表"重要思想占领单位文化阵地。

不设宣传委员的党支部,有关宣传方面的工作,一般由组织委员负责。

(3)党支部纪检委员的职责　负责支部的纪检工作,其主要职责是:①协助党支部抓好党风党纪的建设,向党员进行党章和党的纪律教育,提高党员模范地遵纪守法的自觉性。②协助党支部做好对本支部党员违纪案件的调查了解,并提出处理意见,及时向党支部汇报。③认真做好党内纪律监督,经常听取群众对党员的意见,发现问题及时向党支部汇报。④听取本支部党员、群众的申诉、控告和检举,及时向支部汇报。⑤认真贯彻执行上级纪检部门布置的各项工作任务。

不设纪检委员的党支部,有关纪律方面的工作,一般也由组织委员负责。

五、村支委会工作制度

村党支部通过村支部会议,商议村内一些重要事项,履行村党支部的职责。村支委会工作制度包括以下几个方面。

①村党支部每月至少召开1次支委会,由支部书记主持,研究支部日常工作和对上级党组织指示、党员大会决议的落实办法,听取村委会关于重大事项的请示报告和其他村级组织需要提交支委会研究讨论的事项。

②村党支部应当深入贯彻民主集中制的原则,坚持集体领导和个人分工相结合。

③村党支部每半年召开1次民主生活会,开展批评与自我批评,接受党员和群众监督。

④党支部任期目标和年度工作目标,由支委会研究制定,党员大会讨论通过,经乡镇党委批准后实施。并建立严格的工作责任制,接受党员监督,向党员大会报告。

⑤加强对党员的教育管理。建立健全目标管理、党员活动日、民主评议党员、无职党员设岗定责、党员培训学习、流动党员管理等项制度。每个党员联系3~5户群众,每年组织一次不少于7天的党员集中培训,对外出半年以上的党员办理流动党员证。

⑥严格执行党的纪律。对违反党的纪律的党员,按照党章和有关规定及时进行严肃查处,并加强教育,帮助他们改正错误。

六、党员大会制度

党员大会由党支部书记召集和主持,全体党员参加,每季度至少召开1次,必要时随时召开。提交村民会议或村民代表会议研究决定的事宜,必须先提交党员大会讨论。

党员大会主要研究解决以下问题。

①传达、学习党的路线、方针、政策和上级党组织的决议、指示、制定本村贯彻落实的计划措施。

②听取、讨论村支委会的年度述职报告,对支委会的报告和工作情况进行审查和监督。

③讨论发展新党员和预备党员转正事宜,并决定报请乡镇党委审批;讨论对党员的奖励和处分。

④选举支部委员会,选举或推荐出席上级党代表大会的代表。

⑤讨论研究拟题请村民会议或村民代表会议表决的事宜;

⑥讨论决定支部提出的其他重要问题。

七、党支部的换届选举

按照《中国共产党章程》、《中国共产党基层组织选举工作暂行条例》、《中国共产党农村基层组织工作条例》的规定,在村党组织换届选举工作中,要认真贯彻执行,严格履行程序,坚持照章办事,进一步规范和完善操作程序。在基层党建中,"两推一选"是选举产生村级党组织成员的一种主要方法,即党员推荐参评,群众推荐测评,党内民主选举。

【案例11-1】 模范党支部成就全国文明村

辽宁省本溪县东营坊乡洋湖沟村是一个仅有400户、1 374口人的小村。但这个村却是在国家以及省、市、县知名的文明村。洋湖沟村先后被授予省级"先进党支部"、"全国创建文明村镇工作先进村镇"称号。村里百姓经济富裕,村风淳朴,村容整洁。这个村之所以治理得这么好,原因就在于他们有一个团结奋进的村党支部,有一个带领村民致富的火车头。

村党支部书记曲成堂自担任村党支部书记以来,他就强调村两委班子必须团结,协调一致;在重大问题的决策上充分发扬民主,体现集体领导;村两委干部全心全意为村民服务,班子整体配合默契,形成了战斗力、凝聚力和向心力。村党支部以"五好"村党支部建设为主线,以精神文明建设为动力,以经济发展为主题,按照"强化农业、提高林业、大力发展第三产业"的思路,不断调整优化农业产业结构,注重林下经济的发展,利用本地得天独厚的旅游资源发展第三产业,有力地促进了全村经济持续、稳定增长。

第二节 村民委员会

1998年11月4日,第九届全国人民代表大会常务委员会第五次会议通过了《中华人民共和国村民委员会组织法》(以下简称《村委会组织法》),村民委员会在法律的框架下行使其职能。

一、村民委员会的性质及与乡镇人民政府的关系

(一)村民委员会的性质

《村委会组织法》第2条明确规定:"村民委员会是村民自我管理、自我教育、自我服务的基层群众性自治组织"。可见,村民委员会是一种在法律、法规范围内,组织群众自己办理自己事情的组织。它不是一级政权机关或行政机关,不是政权机关的派出机构,也不是自治组织与行政机关的结合体。

(二)村民委员会与乡镇人民政府的关系

《村委会组织法》规定:"乡、民族乡、镇的人民政府对村民委员会的工作给予指导、支持和帮助,但不得干预依法属于村民自治范围的事项。村民委员会协助乡、民族乡、镇的人民政府开展工作。"这种指导和协助的关系,是由村民委员会的性质决定的。

乡镇人民政府对村民委员会的指导主要体现在以下几个方面:①政策指导,即保证村民委员会的决议、决定及工作符合党的政策和国家的法律规定。②组织指导,即指导和帮助村民委员会搞好班子建设,特别是村民委员会的换届选举工作。③工作指导,即指导村民委员会依法办好各项工作,如办理公共事务和公益事业,维护社会治安调解民间纠纷,建立健全社会化服务体系等。

村民委员会协助乡镇人民政府开展工作主要体现在3个方面:①向村民宣传党的方针、政策和国家的法律、法规。②按时完成上级人民政府及其有关部门依法布置的各项工作。③及时向乡镇人民政府反映村民的意见、要求和建议。

二、村民委员会的任务

村民委员会的主要任务是:①宣传国家法律和党的方针政策。②办理本村的自治事务。一是完善村委会各项制度建设,保障村民参与自治活动;二是带领群众发展经济;三是领导村民兴办本村的公共事务和公益事业;四是调解民间纠纷。③协助政府开展工作。④教育村民履行依法应尽的义务。完成计划生育任务,纳税、服兵役等义务和国家临时交办的其他任务。

三、村民委员会的人员组成及选举

(一)村民委员会的人员组成

按照《村委员会组织法》第9条第1款的规定,"村民委员会由主任、副主任和委员共3~7人组成。"村民委员会实行的是委员会制度,村民委员会决定问题采用少数服从多数的原则。因此,村民委员会组成人数应当是单数。村民委员会的人数具体多少,要根据村民委员会管辖的地域大小、人口多少,由当地人民政府提出,在广泛征求村民意见的基础上来确定。在村民委员会成员中,妇女应该有适当的名额。为了照顾较少民族的权利,在法律中同时规定,多民族居住的村,村民委员会应当有人数较少民族的成员。

(二)村民委员会成员的选举

村民委员会主任、副主任和委员,由村民直接选举产生。所谓直接选举是指由本村选民直接投票选举,不得采用户代表选举,也不得采用由村民代表选举村民委员会主任、副主任和委员。

1. 选民资格 按照《村委会组织法》第12条的规定,年满18周岁的村民,不分民族、种族、性别、职业、家庭出身、宗教信仰、教育程度、财产状况、居住期限,都有选举权和被选举权。但是,依照法律被剥夺政治权利的人除外。

2. 村民委员会的选举办法 村民委员会的选举一般要经过3个阶段。

第一阶段,宣传教育,发动群众阶段。通过宣传发动,主要让村民知晓2件事:一是选举的重要意义和具体选举程序;二是让村民清楚选举的时间。

第二阶段,提名确定村民委员会组成人员候选人。村民委员会候选人由本村有选举权的村民直接提名候选人。候选人的名额应当多于应选名额。

第三阶段,直接投票选举。村民委员会采取无记名投票的方式,由有选举权的村民直接投票选举。只有有选举权的村民过半数投票,选举才有效。候选人获得参加投票的村民的过半数的选票,才能当选。而且要按照得票多少和需要选举的人数的多少,得票多者当选。如果获得过半数选票的候选人名额超过应选人数,同时最后几名得票相等,不能确定当选人时,应组织村民对票数相等的候选人重新投票,再确定得票多的当选。如果获得过半数的村民委员会候选人名额少于应选名额时,对不足的名额另行选举。

3. 村委会换届选举禁止事项　按照《村委会组织法》第15条的规定,以威胁、贿赂、伪造等不正当手段,妨害村民行使选举权、被选举权,破坏村民委员会选举的,村民有权向乡、民主乡、镇的人民代表大会和人民政府或者县级人民代表大会常务委员会和人民政府及其有关主管部门举报,有关机关应当负责调查并依法处理。以威胁、贿赂、伪造等不正当手段当选的,其当选无效。

(三)村民委员会成员的任期

村民委员会成员的任期为3年,可以连选连任。在任期内,村民委员会成员应当遵守宪法、法律、法规和国家的政策,办事公道,廉洁奉公,热心为村民服务,切实发挥村干部的带动和服务功能。如果在任期内,村民委员会成员不履行职责,或有违背多数村民意愿的行为,经过本村1/5以上有选举权的村民联名,提出罢免理由,可以要求罢免村民委员会成员。

四、村民委员会成员的职责

村委会主任是一个村的法定代表人,其主要职责为:①主持村委会的日常工作;②主持村民大会或村民代表大会,向大会报告工作;③督促检查本村各项工作执行情况,并向上级人民政府及派出机关汇报,争取人民政府及其派出机关对村委会工作的指导、帮助和支持;④领导村委会下属各工作委员会的工作;⑤领导各村民小组的工作。

村委会副主任的职责为:①主要协助主任工作,对主任负责;②主任外出时,由主任授权主持全村工作;③做好分工由自己负责管理和办理的工作。

村委会委员的职责主要有2个方面:协助主任、副主任工作;做好分工由自己负责管理和办理的工作。

五、村民委员会下设村民小组

村民委员会员可以按照村民居住状况分设若干村民小组,村民小组是村民开展自治活动的最小单元,即是农村最基层的自治单位。村民小组要选举村民小组长来具体主持村民小组的各项事务。

(一)村民小组的作用

①村民委员会通过村民小组向村民布置任务。村民小组对村民委员会布置的任务,要组织本组村民认真地去完成,并要将完成情况和遇到的问题及时向村民委员会汇报,除了村民委员会召开村民代表大会外,主要通过村民小组上传下达、承上启下。

②村民小组可以相对独立地组织村民进行生产、经营、科技、文化等活动,以充分发挥自己组织、协调、指导的作用。

③村民对村民委员会、对乡镇人民政府有什么意见和要求,通过村民小组收集、集中上报。

(二)村民小组组长的职责

村民小组组长是村民小组的代表,其主要职责如下。

①宣传和贯彻党的路线、方针、政策和国家的法律、法令和法规。

②在村委会的领导下,贯彻执行村民会议和村民委员会的决定,完成村委会布置的工作任务,办好本组的事务,及时反映本组村民的意见、建议和要求。

③负责召开小组的各种会议和组织全组村民的各项活动,并及时向村委会汇报。

④组织本组村民积极推进政治文明、物质文明和精神文明建设。

⑤对村级财务、政务和公益事业等工作进行监督,提出相应的建议。

⑥参加村民议事会和村民代表大会,积极参政议政。

六、建立"两委"联席会议制度

(一)"两委"联席会议制度的主要内容

农村"两委"联席会议是指由村党组织书记主持,村党组织委员和村民委员会成员参加的会议,主要讨论村内重大事项,研究提出具体意见和建议。会议形成的意见和建议,如需民主决策的事项,应提交村民会议或村民代表会议讨论决定,决定后,由村党组织、村民委员会组织实施。联席会议一般每月召开1次,如遇特殊情况可随时召开。

以下事项应经"两委"联席会议讨论决定:①贯彻落实上级党委、政府有关决议、指示的实施办法;②加强对"两委"干部思想政治建设和作风建设的决议或决定;③不必提交村民会议或村民代表会议决定的其他事宜。

以下事项应当由"两委"联席会研究,提出方案后,按照有关规定和程序,提交党员大会、村民会议或村民代表会议决定:①本村经济和社会发展五年规划和年度计划;②本村享受误工补贴的人数及补贴标准;③村集体经济所得收益的使用;④兴办村公益事业资金的筹集办法;⑤村集体经济项目的立项、承包方案及村公益事业的建设承包方案;⑥村集体土地及各业的承包经营方案;⑦计划生育、宅基地指标分配;⑧村民会议认为应当由村民会议讨论决定的涉及村民利益的其他事项。

(二)"两委"联席会议的程序

开好"两委"联席会议,要坚持以下程序。

1. 确定议题 由村"两委"成员根据各自分管工作需要,向村党支部书记、村委会主任分别提出需研究解决的问题,然后,由村党支部书记与村委会主任相互沟通,确定议题,提出初步意见。如果党支部书记和村委会主任对需要讨论决定问题的初步意见有较大分歧,应暂缓召开会议,由乡镇包括村干部进行协调,取得一致意见后再决定是否上会。

2. 集体研究 会议主持人组织大家围绕议题,积极发表意见。如果意见分歧较大,一时形不成决议的,待第二次会议再研究。必要时,由村党支部报乡镇党委研究解决。

3. 进行表决 按照少数服从多数的原则,采取口头、举手或无记名投票等方式进行表决。表决赞成票必须超过应到会人数的半数,决议方能生效。如研究多项议题,需逐项进行表决,表决结果要当场宣布。

七、村民会议及村民代表会议制度

(一)村民会议

《村委会组织法》第17条第1款和第2款规定,"村民会议由本村18周岁以上的村民组成。""召开村民会议,应当有本村18周岁以上村民的过半数参加,或者有本村2/3以上的户的代表参加,所作决定应当到会人员的过半数通过。必要的时候,可以邀请驻在本村的企业、事业单位和群众组织派代表列席村民会议。"《村委会组织法》第18条规定,"村民委员会向村民会议负责并报告工作。村民会议每年审议村民委员会的工作报告,并评议村民委员会成员的工作。"

1. 村民会议的性质 村民会议是农村基层性自治的权力机关,是所在地全体村民的自治权力的最高体现者。它有权威性和广泛的代表性。它有权讨论和决定本村有关村民自治的各项重大问题。

2. 村民会议的职权 村民会议的职权如下:讨论决定涉及村民利益的事项。制定和修改村民自治章程、村规民约。讨论村民委员会的设立、撤销、范围调整。讨论村民委员会成员的具体名额。审议村民委员会的工作报告和评议村民委员会成员工作。选举和罢免村民委员会成员。讨论决定设立、撤销村民代表会议。

讨论决定村民代表的名额和推举办法。向村民代表会议授权。讨论提出村民小组的设立、撤销和调整意见。改变或者撤销村民委员会、村民代表会议、村民小组长会议做出的不适当的决定。

3. 村民会议的召开 一般而言,村民会议每年至少召开1次。遇到重大事项或特殊情况,或者1/10以上的村民提议,应该临时召开村民会议。

(二)村民代表会议

对于人数较多或者居住分散的村,召集村民会议相对困难,为了解决这个问题,可以通过推选村民代表的方式,由村民委员会召集村民代表大会,讨论决定村民会议授权的事项。

村民代表由村民按每5~15户推选1人,或者由各村民小组推选若干人。村民代表会议一般每季度召开1次,遇到特殊情况或1/3以上的村民代表提议,可临时召开。

村民代表会议的职权主要体现在以下几点:代表村民参加民主议政日活动。代表村民参加对村"两委"干部的民主评议和测评。一定数额内的财务收支审批权。一定规模内的集体资产、资源经营使用方案的审批权。一定数额内的一事一议筹资筹劳方案的审批权。必要时提请召开村民会议。村民会议认为应由村民代表会议讨论决定的其他事项。

八、村委会应定期召开村委会会议

(一)村委会会议的主要任务

①学习党和国家的有关文件、法律、法规。

②研究、讨论日常工作中的一般事项,决定本村章程、制度、规定权限内的有关事项,如调解民间纠纷、扶贫帮困。实施村民会议和村民代表会议的决议等。

③研究、讨论、提出村重要事项的草案、方案,提交村民会议或村民代表会议做决定。

④任免由村民委员会权限内决定的村干部、办事人员、企业经营者。

⑤研究和决定召开村民会议、村民代表会议的具体时间和会议内容并按时告知村民和代表。

⑥研究和决定上级政府委托办理的有关事项。

⑦研究和决定可以由村民委员会会议决定的其他事项。

(二)村委会会议的原则

①有事即开的原则,即有需要由村委做出决定的事项时,要立即召开。

②"三三"、"五四"、"七五"的原则,即村民委员有3个组成人员必须3人参加,5个组成人员必须4人参加,7个组成人员必须5人参加,会议才能召开。

③民主集中制的原则,重大问题的决定必须少数服从多数,以举手表决的方式进行表决。

九、村民委员会要认真落实"一事一议"制度

"一事一议"制度是村级范围内开展各项建设和公益事业前,在村委会的组织下,由村民讨论商议是否开展该项建设事业,以及如何筹资并开展该项事业的一项民主议事制度。

"一事一议"制度的筹资范围限于村内兴办农田水利基本建设、修建村级道路、植树造林等生产和公益事业,不得把弥补管理赤字和办企业亏损等列入"一事一议"。

主要程序是:经村民或村民代表讨论通过的"一事一议"筹资方案,应先报乡镇政府农村经济管理部门审核,报乡镇人民政府批准,在县农民负担监督管理部门备案。经批准备案的筹资、筹劳的项目和标准由村民委员会组织填写农民负担监督卡,加盖村民委员会公章后,分发到各农户,列入村务公开内容,接受群众监督,村民委员会不得卡外擅自立项或者提高标准。农民负担监督卡由省

农民负担监督管理部门统一监制。

十、村民委员会要执行村务公开制度

村务公开是指村民委员会按照规定的时间、形式和程序,将村民普遍关心的、涉及村民切身利益的重大事项公布,并接受村民监督的民主管理制度。

(一)村务公开的基本内容

根据中办发[2004]17号文件明确提出的村务公开内容,结合各地实际,当前村务公开的基本内容应当包括24项:村干部分工及责任目标;村经济社会发展规划、年度计划及进展情况;社会主义新农村建设情况;文明生态村建设方案及实施情况;村年度财务收支计划及落实情况;集体土地的承包、经营使用方案及落实情况;集体企业及其他资产资源的承包、经营使用方案及落实情况;村集体经济项目、公益事业项目的立项,经费筹集方案及落实情况;村所得收益的使用分配方案;村财务收支情况;享受补贴的人员及补贴金额;宅基地的使用方案及落实情况;土地征用补偿及分配使用情况;集体债权债务情况;计划生育情况;种粮补贴情况;国家其他补贴农民、资助村集体的政策落实情况;退耕还林还草款物兑现情况;救灾救济款物的发放及五保户供养情况;新型合作医疗;"一事一议"筹资筹劳方案及落实情况;农民群众认为应当公开的其他内容;村务公开监督小组成员;民主理财小组成员。

(二)村务公开的时间和形式

一般的村务事项坚持每季1次,1、4、7、10月每月的10日前进行公开,涉及农民利益的重大问题以及群众关心的事项要及时公开。

村务公开的基本形式是村务公开栏,要求各地农村坚持实际、实用、实效的原则,在便于群众观看的地方设立固定的村务公开栏,同时还可以通过广播、电视、网络、"明白纸"、民主听证会等其他有效形式公开,方便群众监督。

(三)村务公开的基本程序

村民委员会根据本村的实际情况,依照法规和政策的有关要求提出公开的具体方案;村务公开监督小组对方案进行审查、补充、完善后,提交村党组织和村民委员会联席会议讨论确定;村民委员会通过村务公开栏等形式及时公布。

第三节 村级配套组织

《村委会组织法》第 25 条规定,"村民委员会根据需要设人民调解、治安保卫、公共卫生等委员会。村民委员会成员可以兼任下属委员会的成员。人口少的村的村民委员会可以不设下属委员会,由村民委员会成员分工负责人民调解、治安保卫、公共卫生等工作。"也就是说,除村民委员会以外,在其内部还设人民调解、治安保卫、公共卫生等组织。与此同时,在农村还有共青团组织、妇代会、民兵连等群团组织。这些组织统称为村级配套组织。

一、人民调解委员会及其工作

人民调解委员会的调解范围主要是民间纠纷与轻微刑事案件。一般民事纠纷主要是指婚姻家庭、继承、房屋、财产、借贷、宅基地买卖、借用、委托、保管、道路、水利、田土损害赔偿等纠纷。轻微刑事案件主要是指打架斗殴、轻微虐待、轻微损害名誉、小偷小摸、一般性侵权等可以上诉也可以不上诉的刑事案件和尚不构成犯罪的刑事违法行为引起的纠纷案件。

人民调解委员会调解纠纷的程序是:①受理。受理的方式有 2 种,其一是由当事人口头或书面申请调解;其二是调解委员会主动调解。②调查。受理纠纷后,要同纠纷当事人双方分别谈话,耐心听取陈述,并向知情人和有关方面进行调查,查明事实。③调解。要根据不同情况,选择适当的调节方法,依照事实疏导工作。
④结束。达成协议、调解成立并结束调解而又无须制发调解书的,达成的协议留存调解委员会归档备查。对需要制发调解书的,由调解组织制发调解书。

二、治安保卫委员会的工作

治安保卫委员会的基本任务是协助基层人民政府和基层公安机关维护本居住地区的社会治安,保证本村村民有一个正常的生产秩序和生活秩序。治安保卫委员会的具体任务包括以下9个方面。

①向村民进行法制和提高政治警惕性的教育。

②落实安全防范措施,宣传组织村民做好防盗、防火和防治安全灾害事故。

③组织村民制定和遵守治安公约和安全保卫制度,参加制定并监督执行有关村规民约,组织发动村民落实安全岗位责任。

④协助公安保卫部门搞好治安联防,维护社会秩序,保卫所在村的重要部门、要害部门和公共场所的安全;劝阻和制止违反治安管理法规的行为,维护国家、集体和人民群众的合法权益。

⑤同学校、企业等单位和家长配合做好失足青年的教育挽救工作。

⑥积极保护现场,协助公安保卫机关查破案件。

⑦将通缉在案和越狱逃跑的罪犯以及正在被追捕、正在实行犯罪或犯罪后被发现的罪犯扭送公安机关;及时向有关部门报告有可能引起违反社会治安管理法规或者酿成刑事案件的民间纠纷,并协助做好教育疏导工作。

⑧对被剥夺政治权利被监视的人进行监督、考察。

⑨向基层人民政府和公安部门反映群众对治安保卫工作的意见、要求和建议,协助公安部门做好其他有关社会治安工作。

三、公共卫生委员会的工作任务

公共卫生委员会是促进农村各项公共卫生事业发展的群众自治性卫生组织。它的主要任务是：协助基层人民政府和国家卫生部门，搞好农村的爱国卫生运动，办好本村的各项公共卫生事业，防治疾病，保证村民的身体健康。新农村建设目标之一就是"村容整洁"。

四、群团组织

在村级组织中，共青团、妇代会以及民兵连在各自的范围内发挥着非常重要的作用。

(一)基层团组织的工作任务

农村基层团组织是团的工作和活动的基层单位，它的任务有以下几个方面。

①组织团员和青年学习马克思列宁主义、毛泽东思想，学习党的路线、方针和政策，学习科学、文化和业务。

②宣传、执行党和团组织的指示和决议，充分发挥团员的模范作用，团结、带领青年努力完成党交给的任务。

③教育团员、青年向老一辈无产阶级革命家学习，继承党的优良传统，发扬共产主义精神，树立新风尚。

④教育和带领青年走社会主义道路，同一切维护国家和集体利益的不良倾向，以及国内敌人的破坏活动进行坚决的斗争。

⑤了解和反映团员与青年的思想、要求，维护他们的权益，关心他们的学习、工作、生活和休息，开展文化、娱乐、体育等活动。

⑥接收团员，收缴、办理团员离团手续，表彰先进，执行团的纪律，推荐优秀团员作为党的发展对象。

⑦对团员进行教育和管理，健全团的组织生活，开展批评和自我批评，监督团员切实履行义务，保障团员的权利不受侵犯。

(二)妇代会的工作任务

妇代会代表由妇女群众民主选举产生,一般 10~30 人选举 1 名代表。代表任期 3 年。妇代会代表选举产生妇代会委员,委员人数根据村的规模而定。由委员推选主任、副主任主持日常工作。妇代会的主要任务如下。

①向农村妇女宣传党和国家在农村的方针、政策,教育妇女拥护共产党的领导,正确处理国家、集体和个人三者利益的关系,引导妇女走共同富裕的道路,代表妇女参与民主管理和民主监督。

②发动、组织农村妇女搞好粮食生产和多种经营,发展农村商品经济,勤劳致富。

③教育、引导农村妇女自尊、自信、自立、自强,组织、动员她们学政治、学科学、学技术。

④教育农村妇女遵纪守法,维护妇女儿童合法权益,抵制封建迷信和落后习俗,向拐卖儿童、卖淫、赌博等社会丑恶现象和残害妇女儿童的违法行为作斗争。

⑤积极配合有关部门宣传计划生育政策妇女儿童卫生知识,引导妇女实行计划生育,教育好子女,讲究卫生,预防疾病,关心妇女劳动保护。

⑥开展"五好家庭"活动、拥军优属活动,提倡勤俭持家、尊老爱幼、邻里和睦、遵纪守法的文明新风。

(三)农村民兵组织的任务

民兵组织是中国共产党领导下的群众武装组织,是中华人民共和国武装力量的组成部分,是中国人民解放军的助手和后备力量。在农村民兵年龄在 18~35 岁。

民兵工作的主要任务是:建立和巩固民兵组织,提高民兵军政素质,配备和管理民兵武器、装备,储备战时所需的后备兵员;发动民兵参加社会主义现代化建设,组织民兵担负战备值勤,维护社会治安;组织民兵参军参战,支援前线,抵抗侵略,保卫祖国。

第十一章　农村基层组织政策与法规

群团组织是在党支部的指导下开展工作的,为此,村党支部要把群团组织的建设放在重要位置,鼓励其不断完善。

【案例 11-2】　徐流营村妇代会以作为求地位

2005年8月,河北省迁安市杨各庄镇徐流营村拟开展庭院街道"五乱"治理活动,然而,这个村历史遗留问题较多,村集体经济薄弱,而且还有不少外债。这给开展工作带来了很大难度。在这种情况下,妇代会全体成员积极请战,表示要在不动用集体开支的条件下,依靠全村妇女的力量打赢这场向传统生活陋习开战的革命。

为确保清理工作一步到位,妇代会主任李淑霞把全村分成7个片,每名妇代会委员负责1片。要求每位同志早上6时就入户,做思想工作,做院外与院内的规划,对于没有劳动力的户,一定要亲自帮着干。晚上要到7时才能回家。一连坚持1个月,徐流营村的"五乱"治理工作得到了全村群众的一致认可和全力配合,一次性通过了全镇"五乱"治理工作评比验收,得到了验收组领导的好评。当得知此项工作未用村两委干部牵扯精力、未动用集体开支、全凭妇代会一班人的辛勤努力就取得如此效果时,镇党委当场决定要在全镇推广徐流营村妇代会的成功做法。

为了长期保持这次"五乱"治理效果,村两委、妇代会共同研究制定了卫生管护长效机制。每半个月由妇代会成员按所分的片进行检查,逐项打出分数。经两委复查,评出标准户、合格户、不合格户,在村务公开栏内进行公开。对于不合格户,妇代会管片干部负责督促其限期改进,如不改正,在分配集体福利待遇时,妇代会委员有权提议暂时停供,直至达到治理要求。在这种机制的激励下,妇代会组织的地位得到了有效提升,实现了妇代会工作的健康有序发展。

第十二章 农村劳动力政策

第一节 农村劳动力政策目标

一、我国农村劳动力的基本概况

(一) 农村劳动力数量大，就业结构逐渐转变

我国人口基数大，据国家统计局2011年4月28日公布的《第六次全国人口普查主要数据公报(第1号)》，截至2010年底，中国人口总量已达到137 054万人。其中，农村人口67 415万人，约占人口总数的50.32%。相应，农村劳动力总量在全国劳动力总量中也占有较大比例。虽然近年来城镇化的进程使农村人口比重降低，但由于人口增长的惯性，农村劳动力总量仍旧在持续增长。与上次人口普查相比，农村人口所占比重降低了13.46%，人口总量减少了1 332万人，但是2010年农村劳动力总量仍然有约42 703万人。

农业虽然是我国农村劳动力就业的主导产业，其比重在就业结构中却在逐年下降。2011年，农业劳动力就业比重从改革开放初期的78%下降到37%，降低了41%。第二产业虽然吸纳了一部分农村劳动力，但第三产业则由于投资少、见效快成为农村劳动力就业的主要方向。

(二) 对农村劳动力的开发利用不充分，存在大量剩余劳动力

我国农村劳动力素质不高，再加上农业生产季节性、劳动内容复杂性、劳动组织的分散性等特点，导致对农村劳动力的开发利用不充分。同时，农业自身吸纳劳动力能力却接近饱和，第二、第三产业吸纳劳动力数量又极为有限，导致农村剩余劳动力出现。

(三)城镇化建设进程需要劳动力政策随之调整

从1978年到2013年,我国的城镇常住人口从1.72亿增加到7.3亿,城镇化率从17.92%提升到53.7%。2007年《河北省人民政府关于加快推进城镇化进程的若干意见》中,对于河北省城镇化建设的目标是"到2010年,全省城镇化率达到45%。每年转移农村富余劳动力51万人,……小城市和小城镇发展质量明显提升,形成城市群快速发展态势,初步构建起支撑建设沿海经济社会发展强省的城镇体系。"

在城镇化进程中,将有大量的农民转变为市民,由此需要制定创造稳定的就业机会,解决城镇化过程中带来的社会问题的政策。

二、农村劳动力政策的内容及目标

(一)农村劳动力政策的内容

农村劳动力政策包括农村劳动力就业政策、农村劳动力转移政策两个方面。农村劳动力就业政策,是指国家根据自身政治经济制度,从农村劳动力供求和社会经济发展目标出发,针对农村劳动力在劳动力市场上的就业状况所做出的具体方针、法规、制度。农村劳动力转移政策包括农村劳动力产业间转移政策,即农业内部种植业和林、牧、渔业的转移和农业与工业、运输业、建筑业等行业的转移,也包括农村劳动力地区间的转移政策。制定农村劳动力政策旨在实现农村劳动力充分就业,加快农业和农村的经济发展。

(二)农村劳动力政策的目标

1. 积极引导,建立合理的劳动力就业结构 当前我国农村劳动力的就业途径主要有农业就业、就地转移(即在当地的乡镇企业就业)、跨地区就业。农村劳动力就业的产业结构是指在各产业中农村劳动力就业的数量关系和所占比例。通过制定农村劳动力就业政策,通过农村劳动力就业、转移方向的优惠措施,提供给农村劳动力流动一个合理导向,从而建立合理的农村劳动力就业结构。

2. 创造新的就业机会 农村劳动力就业政策就是要解决农村劳动力在就业过程中面临的困难,提供更多的就业机会,提高农村劳动力素质,为农村劳动力的就业提供有利保障。

3. 维护农村劳动者就业权益 农村劳动力就业过程中遇到的较大问题就是合法权益的保护问题。通过相关政策的制定,一方面对农村劳动力就业权益保护提供方向指导,同时也对农村劳动力的保护工作提供了指导方向,从而实现农村劳动力的稳定转移。

第二节 农村劳动力就业政策

2008年1月1日起施行的《中华人民共和国就业促进法》(以下简称《就业促进法》)充分肯定了农村劳动力就业的平等权利。各地方也制定了相应的行政法规以保障和支持农村劳动力就业。

一、就业环境政策

(一)提高农村劳动者就业能力

2003年9月9日,农业部、劳动保障部、教育部、科技部、建设部以及财政部联合制定了《2003—2010年全国农民工培训规划》和《促进就业法》等法律法规,对于农村劳动力就业能力培养提出了以下几个方面的措施。

1. 增加对农村劳动者培训投入 各级政府要将农村劳动力的培训工作列入年度工作考核的内容,结合本地区情况制定具体的实施计划和各阶段目标、任务和进度。充分利用一切可以利用的资源,广泛开展各种培训工作。整合本地区教育资源,扩大培训和教育规模,完善教学培训条件。充分发挥农村职业学校、成人学校和普通中学的作用,调整专业结构,采取多种途径完善农村教育体系。在资金投入上,中央和地方应安排专项经费用于农村劳动力的培训工作,做到专款专用。各地方政府可以根据本地区的实际情况,建立适合本地区实际情况的资金投入机制。

2. 制定激励政策提高培训效率 对于承担培训任务的用人单位,培训经费记入成本在税前列支。具备条件的教育培训机构,可以申请使用培训扶持基金;当然,取得扶持基金的培训机构须相应降低学员的收费标准。对于参加培训的农村劳动者应进行补贴或者奖励,对符合条件的劳动者颁发相应的鉴定证书。

3. 加强农村劳动力培训服务和监督检查 加强农村劳动力培训的师资队伍建设工作,扩充教师队伍,提高教师教学水平;针对农村劳动力培训目标有针对性地编写和选用合适教材;根据劳动力市场变化,及时向社会公布劳动力市场供求状况,做好农村劳动力的跟踪服务和就业指导工作。对于农村劳动力的培训工作,各级政府和相关部门要做好监督检查工作,做到资金到位,工作有成效。

(二)为农村劳动力提供更多就业岗位

目前,我国还有大批未加开发利用的宜农荒山、荒坡和沿海滩涂。同时,我国总体的农村生产条件还比较脆弱,尤其是中西部地区,农业生产条件更差。因此,要加大对农村基础设施投入,合理利用资源,可以增加农村劳动力就业数量。

各地政府要大力发展农产品加工业,引导农村劳动力合理有序转移。鼓励发展农村第三产业,尤其是扩大农村第三产业的业务范围,充分发挥农村第三产业对农村劳动力的吸纳作用。

(三)鼓励自主创业政策

国家通过鼓励自主创业,增加农村劳动力的就业。

1. 企业法律体系的完善有利于农村劳动力自主创业 近几年我国对相当一部分企业法进行了修订。2013年修订的《公司法》、2006年修订的《合伙企业法》,这些法规的修订使企业类型更加完善,市场准入的门槛相对降低,管理更加规范。

2. 针对农村劳动力创业的扶持政策有利于提高创业积极性 2007年,河北省出台的《关于充分发挥职能作用支持新农村建设的若干意见》(以下简称《支持新农村建设的若干意见》)、中国农业银行《2012年"三农"信贷业务政策指引》、2009年《河北省农村信用社农村青年创业小额贷款管理办法(试行)》等规范均加大了对农村劳动力创业的扶持力度。具体表现在:

(1)进一步降低创业门槛

①放宽农村个体工商户、企业住所(经营场所)权属证明限制。对从事商品生产经营活动,确实无法提交产权证明的,凭依法登记的市场主办单位或村委会出具的相关证明,即可办理注册登记手续。

②拓宽农民出资渠道。在农村土地承包期限内和不改变用途的前提下,允许以农村土地承包经营收益权出资入股农民专业合作社。

③放宽农村企业出资方式限制。对从事种植业、养殖业的经营者,允许其以生产经营主业相关的苗木、家禽、牲畜等经评估后作价出资。

④支持农村生产项目建设。对于建设周期长需要有筹建过程方可具备生产经营条件的,可以先行登记,核发有效期1年的营业执照,经营范围核定为:××项目筹建。

(2)加大对农村非公有制经济的扶持　非农人员在农村的创业同样对农村劳动力的就业工作起到积极作用。国家鼓励支持符合法律法规的各类人员在农村创业;鼓励创办各类农民专业合作社,并免收各种登记费用;鼓励创办各类合伙企业;放宽对流动商贩登记的限制;鼓励大专院校毕业生、国有企业下岗职工、复转军人到农村创业,3年内免收登记注册费、个体工商户管理费、集贸市场管理费、合同示范文本工本费。

(3)对于农村劳动力创业进行资金扶持　《河北省农村信用社农村青年创业小额贷款管理办法(试行)》规定,符合信用户条件的农村创业青年可以申请最长不超过3年的小额贷款,贷款额度原则上控制在3万元以内,最高不超过5万元;抵押、质押和保证担保(含联保)贷款额度视借款人的实际情况确定;小额贷款利率原则上不超过人民银行公布的同期同档次的基准利率上浮20%。

中国农业银行发布的《2013年"三农"信贷业务政策指引》也加大了对农村劳动力的创业扶持,其中显示,农行2013年"三农"信贷投放的重点有在农业新型经营主体方面重点支持联户经营、专业大户、家庭农场、农村专业合作组织以及农业企业等新型经营主体;在县域中小企业方面择优支持为大中型企业配套的中小企业、科技型中小企业、资源型中小企业等方面。

二、农村劳动力权利保障政策

(一)农村劳动力进行农业劳动过程中的权利保障政策

农村劳动力就业的方向有自主创业、进行农业生产活动以及签订劳动合同从事非农业生产活动等几种方式。

在进行农业生产活动过程中,农村劳动力个体作为独立的法律关系的主体,享有宪法和其他法律规范赋予的权利,并享受优惠政策。自主创业过程中的权利保障主要体现在企业法中。农业生产活动中的权利主要体现在对土地、农业生产等方面的政策法律规范中。

(二)农村劳动力作为劳动关系主体的权利保障政策

农村劳动力与用人单位签订劳动合同后,便成为劳动关系的一方,对于劳动者保护的法律规范也同样适用于来自农村的劳动者群体。对于劳动关系进行调整的法律规范主要有以中华人民共和国第八届全国人民代表大会常务委员会第8次会议于1994年7月5日通过,自1995年1月1日起施行的《中华人民共和国劳动法》、2007年6月29日第十届全国人民代表大会常务委员会第28次会议通过,2012年12月28日第十一届全国人民代表大会常务委员会第30次会议修订的《中华人民共和国劳动合同法》等为核心的一系列法律规范。此外,国家还专门制定政策保证农村劳动者在就业过程中的平等地位、对农村劳动者就业的扶持机制。

农村劳动力作为劳动关系的主体享有的权利主要有以下3个方面。

1. 订立劳动合同并受劳动合同保护的权利 建立劳动关系时,应订立劳动书面劳动合同,劳动合同的内容应当符合法律的规定。变更和解除劳动合同应当在劳动法律规范规定的条件和程序之下进行。

2. 工作时间和休息休假得到保障的权利 一般来说,劳动者每天工作时间不能超过8小时,每周工作时间不能超过40小时。在1个工作日内一般休息1～2小时,最少不得少于半小时。新年、春节、劳动节等法定节假日得到保障。

3. 工资分配权利得到保障 在工资分配上应当遵循按劳分配原则,施行同工同酬。对农村劳动力的工资同样应当遵循国家对于最低工资、加班加点工资等工资制度的规定。

(三)农村劳动力劳动者社会保障政策

调整农村劳动力的劳动者社会保障环节,既有劳动法律规范政策也有地方性政策法规,如何在城乡、地域上实现标准和程序的统一,还需要一段时间的探索。在政策的制定过程中,要积极稳妥地解决农村劳动者社会保障问题,探索建立适合农村劳动者的工伤保险、医疗保险等社会保障服务体系,加强对农村劳动者就业条件的改善。特殊行业、特殊企业根据自身的实际情况有针对性地建立工资支付和劳动保障机制。同时,应建立长效的监督机制,保证政策能够有效地实施。

【案例12-1】 甘肃首例农民工"同命同价"案胜诉判赔14万[①]

案情简介:甘肃省通渭县农村青年赵某来到兰州给同村包工头赵满福打工。赵满福承包了由甘肃西艺门窗装饰工程有限公司承建的兰州肺科医院住院大楼的墙体装饰工程的一部分。2006

---

① http://www.labournews.com.cn/ldbzb/xwzx/rdxw/hangyedifang/17844.shtml

第十二章 农村劳动力政策

年9月10日下午,赵某在工地干活时从3楼的窗口摔下后身亡。之后,其家人将赵满福及甘肃西艺门窗装饰工程有限公司告到了城关区法院。一审法院以赵某在兰州打工已有1年时间为由,按城镇人口赔偿标准判决,赵满福赔偿赵某家属18万元,甘肃西艺门窗装饰工程有限公司承担连带责任。赵满福不服提起上诉。2007年3月22日,该案二审在兰州市中级人民法院开庭,当庭一审被告赵满福和甘肃西艺门窗装饰工程有限公司的代理人提出质疑,认为赵满福虽然是包工头,但也是从农村走出的农民工,没有那么大的赔偿能力;其次甘肃省目前还没有这样的案例,根据甘肃省的实际情况这种赔偿没有先例;其三,没有有力的证据证明死者赵某在兰州工作已有1年时间,而相关法律规定,按照城市赔偿标准的基本要件就是要在城市工作1年以上。二审法院审理后认为,给赵某的赔偿标准符合相关法律精神,由于赵某在事故中也有一定的过错,丧葬费有些凭据不合适,所以应该减掉部分赔偿,并判决由上诉的赵满福和甘肃西艺门窗装饰工程有限公司按照城镇赔偿标准赔偿赵某14.6万。

案情分析:农民工的身份依然是农民,按照人身损害赔偿办法,城市人口的赔偿标准是农村人口的4倍,这为许多在城市打工的农民的人身损害赔偿带来了尴尬。而这例农民工"同命同价"案一审判例在中院得到维持,成为首例生效的判决。该判决结果的出现,也是我国就业环境政策不断改进的表现。

第三节 农村劳动力转移政策

一、农村劳动力转移政策方针及实施

(一)农村劳动力转移政策背景

1. 经济发展现状使农村劳动力转移成为可能 我国目前已

经建立了良好的市场调节机制并发挥了良好的作用,乡镇的工业化发展和城镇化打破了原来农村只发展农业的观念,农村地区开始向第二、第三产业扩展,使农村劳动力转移成为可能。

2. 城乡统筹发展的目标使农村劳动力转移成为必要 "三农"问题主要表现为农村经济水平落后,农民收入增长缓慢、与城市之间形成鲜明的对比。要解决"三农"问题,单纯从农村入手是不可能的。城乡统筹的种种措施方法,归根结底都是为了从根本上消除城乡经济差距,彻底解决"三农"问题。通过城乡统筹,力图实现城市对于农村在经济、科技等方面的影响和带动作用,从而提高农村的生产力水平,逐步降低城乡之间的差距。农村劳动力转移,实现劳动力资源在城乡间的合理流动,是实现城乡统筹发展的有效途径。

(二)农村劳动力转移政策的方针

国家农业部《关于做好2012年农业农村经济工作的意见》中提出要"继续推动农村劳动力转移,促进改善农民工务工就业环境,保障务工农民的合法权益。加强对农民就业创业的指导,大力开展农民创业就业培训,转变培训方式,促进培训与基地建设、人才培养、产业发展等紧密结合,提高农民就业增收技能。鼓励和支持农民工返乡创业,引导农民创业园区建设,以创业带就业。"

国家农业部《关于做好2013年农业农村经济工作的意见》中又提出了"拓宽农民增收渠道,保持农民收入稳定增长"的18字方针,对促进农村富余劳动力转移、拓宽农民增收渠道的问题做了明确的规定。要求要提升农业经营效益,发展农村第二、第三产业,提升农民就业创业能力,落实减负惠农增收政策。

(三)农村劳动力转移政策的内容

农村劳动力转移包括产业间的转移、地域间转移和城乡之间的转移等几种。农村劳动力的产业转移既包括在农业内部种植业与林、牧、渔业的转移,也包括农业部门向其他非农部门转移。目前,国家取消了对农村劳动力产业转移的限制,农村劳动力不仅向林、牧、渔业的转移,还大量的转移到非农部门。农村劳动力区域转移主要是从中西部经济欠发达地区向经济发展较快地区转移。这种区域转移给经济欠发达地区积累了一定的发展基金,也培养了一批素质较高的劳动者。

二、农村劳动力转移保障扶持政策

各级政府坚持市场导向、城乡统筹,改善就业环境,拓宽就业渠道,引导各类企事业单位和社区提供更多的就业机会;发展公共就业服务机构,从而为农村劳动者提供更多就业岗位。加强培训工作力度,有针对性地制定培训计划,提高农村劳动者的就业竞争能力和创业能力。各地区根据本地区的实际情况,制定相应的社会保障制度,确定合理的保障水平,保证农村劳动力无论是行业还是地域的转移过程中,都能得到最低的生活保障。

(一)针对农村转移劳动力的就业培训政策

为了加强农村劳动力转移培训工作,农业部、财政部、劳动和社会保障部、教育部、科技部、建设部从2004年起,共同组织实施农村劳动力转移培训阳光工程(简称为"阳光工程")。

阳光工程是由政府公共财政支持,主要在粮食主产区、劳动力主要输出地区、贫困地区和革命老区开展的农村劳动力转移到非农领域就业前的职业技能培训示范项目。阳光工程的目的在于提高农村劳动力素质和就业技能,促进农村劳动力向非农产业和城镇转移,实现稳定就业和增加农民收入,推动城乡经济社会协调发展,加快全面建设小康社会的步伐。

阳光工程培训项目以短期的职业技能培训为重点,辅助开展引导性培训,培训时间一般为15~90天。根据国家职业标准和就业岗位的要求,安排培训内容,设置培训课程。职业技能培训以定点和定向培训为主,当前的培训重点是家政服务、餐饮、酒店、保健、建筑、制造等用工量大的行业的职业技能。

全国阳光工程办公室根据各省农村劳动力情况、农村劳动力外出就业情况、已开展的培训工作情况以及地方用于培训的资金情况,确定各省的示范性培训任务。各省根据下达的示范性培训任务,组织本省的申报工作,确定项目实施县,安排培训任务。项目实施县面向各类培训单位,公开、公平、公正地进行项目招标。

阳光工程实施后,取得了显著的成果。中央地方的财政补助给农民直接补贴,降低了培训成本,提高了农村劳动力外出就业的能力。"订单培训"的模式减少了流动的盲目性,降低了农村劳动力流动的成本。通过培训的农村劳动力就业能力提高,经济收入增加,到2006年,通过培训就业的农村劳动力,人均月收入达到800多元,比没有接受培训的新转移就业人员普遍高出200元左右,比在家务农收入高出400多元。在阳光工程的示范带动之下,各地出台培训规划、加大资金投入、制定配套政策,使农村劳动力转移培训工作全面开展起来。

【案例 12-2】 科技助推安次农民致富增收[①]

"在技术人员的指导下,我家的风雷瓜可以提前20多天上市,1亩大棚可以增收4 000多元,我家的7亩大棚地就可以增收3万多元。"河北廊坊安次区杨税务乡柴家务村的郭玉平高兴地说。

安次区加大对农民培训力度,着力提高农民素质,促进农民增收。制定了《安次区2007年度农民素质培训计划》,把培训任务落实到了具体的责任单位和责任人。通过广泛开展春季培训活动,对无公害蔬菜生产的关键技术,瓜菜新优品种试验示范推介,以及科学用药、平衡施肥等技术推广进行了巡回指导。在培训中,该区采取了集中培训、专题讲座、进棚入户等形式,将科技知识推广到生产一线。该区一季度共组织集中培训76次,培训群众1.3万人

---

① 新农村商网 http://nc.mofcom.gov.cn/news/P1P13I5315686.html

第十二章　农村劳动力政策

次,组织科技赶集7次,发放明白纸4 000多份,有力促进了科技种田的推广。

安次区积极组织开展"农村劳动力转移培训阳光工程",通过科技培训,帮助农民群众致富增收。截至目前,该区阳光工程已完成各类培训6 700人,先后与25家用人单位达成了劳动用工协议,提供了就业岗位1 600多个。采取联合办学的方式为廊坊市泉宏达纺织工业有限公司、廊坊万森工艺品有限公司等多家单位培训服装加工、微机电子、手工专业人员710人,并顺利完成了转移就业工作。

(二)针对农村转移劳动力的就业扶持政策

在城镇化进程中,将产生大量的富余劳动力,在农村劳动力向非农产业转移的过程中,需要针对这个特殊的群体设计一系列的就业扶持政策。

人力资源和社会保障部、全国总工会和全国妇联在2013年开始开展"春风行动"。该活动的目的就是搭建供需平台,促进农村劳动力的转移就业。有转移就业意愿的农村劳动者、有创业愿望的农村劳动者、有招聘需求的各类用人单位和其他有就业创业意愿的劳动者均是"春风行动"的服务对象。

这次活动旨在让有就业创业意愿的农村劳动者能够获得政策指导、岗位信息、维权支持和法律援助,为农村劳动力转移提供扶持政策和创业服务。

(三)针对农村劳动力转移的资金扶持政策

资金扶持是农村劳动力转移过程中必不可少的政策扶持。以河北省为例,河北省政府2010年《关于进一步做好农村劳动力转移就业工作的意见》中提出:要强化有组织的劳务输出,对有组织输出劳务的职业中介机构和劳务派遣企业,按照县外省内输出每人100元、省外输出每人200元、境外输出每人500元的标准给予劳务输出补贴。鼓励农村劳动力创业和返乡创业,持《就业失业登记证》的农村劳动力自主创业从事个体经营的(国家限制的行业除外),自取得营业执照3年内免收管理类、登记类和证照类的各项行政事业性收费。从事个体经营自有资金不足的,可申请最高不超过5万元(符合条件的妇女8万元)、期限最长不超过3年的小额担保贷款。加大小额担保贷款推进力度,各市、县(市、区)人力资源社会保障部门会同财政部门统一与商业银行进行协商,根据当地担保基金筹集情况,以协议方式按照不低于担保基金3倍的规模确定小额担保贷款额度。

(四)针对农村转移劳动力的就业落户政策

2005年,原国家劳动部颁布的《农村劳动力跨省流动就业管理暂行规定》、《关于严禁滥发流动就业证卡的紧急通知》等一系列文件废止,为农村劳动力的转移提供了更好的环境。

河北省政府2010年《关于进一步做好农村劳动力转移就业工作的意见》中还提到,进一步放宽中小城市和小城镇落户条件,促进符合条件的农业转移人口在城镇落户并享有与当地城镇居民同等的权益。

2009年《河北省人民政府关于进一步深化户籍管理制度改革的意见》中,放宽了城镇落户条件,下列农村户籍的人员可以在县(市)城区、小城镇落户:取得合法营业执照的;与用人单位签订劳动合同1年以上的;取得国家承认的中等职业教育以上学历的。进入城镇落户人员就业后可参加职工基本养老保险。在养老保险的缴纳上,与用人单位签订劳动合同的,用人单位与个人分别按规定缴纳基本养老保险费;灵活就业人员,可以灵活就业身份缴纳基本养老保险费。在医疗保险的缴纳上,进入城镇落户人员,与用人单位签订劳动合同的,可参加城镇职工基本医疗保险;灵活就业人员,可以灵活就业身份参加城镇职工基本医疗保险,或在落户地参加城镇居民基本医疗保险;已参加新型农村合作医疗的,按照上年度缴纳合作医疗费用后应享受的期限仍在原地享受相应待遇。

第十三章 农业行政执法及政策执行

第一节 农业行政执法

一、农业行政主体与执法人员

(一)农业行政主体概述

农业行政主体是指依法享有农业行政管理职权,以自己的名义从事农业行政管理活动,独立承担由此所产生的法律责任的组织。在我国,农业行政主体包括:农业部;省、市、县各级政府的农业、畜牧、水产、农机等厅、局、委;法律法规授权的动物防疫监督机构、植物检疫机构、农机监理机构、草原监理机构、渔政监督管理机构;国家和省级农作物种子(畜禽品种)审定委员会、植物新品种复审委员会、农药登记评审委员会、兽药评审委员会、农村承包合同管理委员会。

1. 农业行政主体是依法享有农业行政管理职权的组织 行政主体是组织,但并不是所有组织都能成为行政主体,只有法律法规赋予农业行政权力的组织,才是农业行政主体,包括农业行政机关和法律法规授权的机构和组织。例如,《动物防疫法》赋予县级以上人民政府所属的动物防疫监督机构实施动物防疫和动物防疫监督权。

2. 农业行政主体是能以自己名义行使农业行政职权的组织 "以自己名义"是指在法定权限范围内能独立地行使政职权,依照自己的意志实施农业行政行为。是否具有行政法上独立法律的人格,是判断农业行政机关及其他组织能否成为农业行政主体的主要标准。农业行政机关依法代表国家行使农业行政职权,具有农业行政主体的资格。农业行政机关以外的组织,通过法律、法规授权才能够取得行政主体资格,以自己的名义行使行政权。农业行政机关的内设机构(如司、处、科、股)和受农业行政机关委托从事农业行政管理活动的组织或个人不是行政主体,如种子管理机构。

3. 农业行政主体是能独立承担法律责任的组织 农业行政主体必须是享有农业行政权,并以自己的名义实施农业行政权,同时还必须能够独立参加行政复议和行政诉讼活动,独立地承担实施行政行为而产生的法律责任的组织。国家农业行政机关的行政权委托给组织或个人行使时,受委托的组织或个人虽然也行使国家农业行政权,但它只是农业行政主体的代理人,该职权的行使只能以委托机关的名义进行,其一切行为的法律后果,均归属于委托的农业行政机关。所以,接受委托的组织或个人不具有农业行政主体的资格,在农业行政法律关系中不能成为行政主体。

(二)农业行政执法人员

农业行政执法人员是在农业行政主体或委托执法组织中从事一定行政公务,由省级以上农业行政机关确定具有执法资格的人员。

1. 农业行政执法人员的条件 农业部《农业行政执法证件管理办法》规定,申领农业行政执法证的行政执法人员应具备以下条件:①掌握必要的法律知识和专业知识,具有一定的工作经验;②经过农业行政部门组织的行政执法培训并考试合格;③公正廉洁,责任心强。

2. 农业行政执法人员分类 按执法人员所在单位,可分为:①农业行政机关执法人员(即农业公务员);②法律、法规授权机构的执法人员;③受农业行政机关委托的执法人员;④依法定程序取得从事农业行政公务资格的人员。

按农业执法类别,可分为:综合执法人员、种子执法人员、畜禽执法人员、农药执法人员、兽药执法人员、草原监理执法人员、动物防疫执法人员、植物检疫执法人员、蚕种管理执法人员、农机监理执法人员、土肥监理执法人员、农经监督管理执法人员等。

3. 农业行政执法人员的权利和义务

(1) 农业行政执法人员的权利　①职位保障权;②执行职务权;③工资、福利权;④参加培训权;⑤批评建议权;⑥申诉控告权;⑦辞职权;⑧宪法和法律规定的执法人员的其他权利。

(2) 农业行政执法人员的义务　①守法的义务;②依法办事的义务;③联系群众的义务;④维护国家利益的义务;⑤忠于职守的义务;⑥保守秘密的义务;⑦廉洁奉公的义务;⑧宪法和法律规定的执法人员的其他义务。

(三) 农业行政执法人员公务身份的确定

农业执法人员具有行政相对人和执法人员双重身份,因此,其行为也具有双重性:一是以个人名义进行的活动,即个人行为;二是以农业行政主体名义实施的农业行政管理活动即公务行为。尤其是某些执法人员还从事技术推广、农业生产资料等经营活动,确定执法人员的行为非常重要。

确定农业行政执法人员的行为是个人行为还是执法行为,应从以下6个方面综合考虑。

1. 时间要素　执法人员在上班时间实施的行为,通常认为是执法行为;在下班后实施的行为通常则不视为执法行为。

2. 名义要素　执法人员的行为是以其所属的农业行政主体之名义做出时,视为执法行为;以个人名义做出时,则不视为执法行为。

3. 公益要素　执法人员的行为与农业公共事务和利益有关的,视为执法行为;反之,则不视为执法行为。

4. 职责要素　执法人员的行为属于其职责范围内的,视为执法行为;不属于其职责范围的,则不视为执法行为。

5. 命令要素　执法人员的行为是根据其主管领导的命令、指示或委托实施的,视其为执法行为;无命令或委托的,不视为执法行为。

6. 执法标志要素　农业执法人员执行公务佩带或出示能表

明其执法身份的公务标志(证件)的行为,一般被认为是执法行为;反之,则不视为执法行为。

【案例 13-1】 行政执法保护农民权益[①]

2010 年 7 月,福建省胶州市铺集镇后岳家村村民张某反映:他种植的春玉米长势不好,有的不出苗,出苗的也发黄,长势不好,该村民怀疑用的肥料有问题。执法大队接到该村民的举报后,立即联系农业局土肥站、农技站的专家去现场进行勘察,在肥料经销商、种植户的现场监督下,农业局的专家就玉米的长势出现的问题与肥料的关系进行了初步的勘查,并进行了肥料抽样,后经权威部门检测,该肥料不合格。在执法大队的调解下,该村民与肥料经销商达成和解,肥料经销商补偿该村民 2 000 元钱。

二、农业行政相对人的含义和特征

所谓农业行政管理相对人(简称农业行政相对人),是指在行政法律关系中与行政主体互有法定权利义务关系的相对一方当事人,即自然人、法人或其他组织。如行政处罚中的被罚人、许可证的申请人等。特别需要指出的是,除一般的社会组织外,行政相对人还包括处于被管理地位的国家机关。如因违章建筑受到政府规划部门处罚的国家机关。

农业行政相对人作为与农业行政主体相对应的一方主体,具有下述基本特征:

(一)农业行政相对人是行政主体的管理对象

行政管理的对象既包括自然人,也包括各种组织。他们作为行政相对人与行政主体的法律地位是不平等的。出于公共管理的需要,行政相对人的活动均受到行政主体的制约,该种制约有的带有强制性,如行政处罚;有的不带有强制性,如行政合同。

---

① 资料来源:http://www.fjagri.gov.cn/html/hypd/nyzf/alpx/2011/08/30/74926.html

(二) 农业行政相对人在行政管理关系中具有相对性

"相对"是指与农业行政主体形成法律关系时的相互对应，它是相对于在行政活动中具有并行使国家行政权力的农业行政主体而言的。任何自然人、法人和其他组织只有在行政管理法律关系中，才具有行政相对人的地位。当受行政法律规范调整的自然人、法人和其他组织的某一法律事实成立时，行政相对人就产生了。当行政主体积极做出行政行为或消极的不作为时，行政相对人就参与了行政法律关系，取得了相关的法律地位。当行政行为产生最终法律效力时，如经行政复议生效或行政相对人取得权利、履行义务，行政相对人的法律地位便终止了。

(三) 农业行政相对人权利的实现和义务的履行都依赖于行政行为的做出

农业行政相对人的权利义务不同于可以通过自己的行为来实现的民事主体的权利和义务，它需要由农业行政主体做出行政行为来实现。行政相对人的责任完全取决于行政机关的行政行为，其权利也不例外。如在行政许可、行政救助中等，只有在行政行为做出之后，农业行政相对人在行政法上的权利才能真正实现。

(四) 农业行政相对人的行为对农业行政机关产生一定的影响

在农业行政法律关系中，在某些情形下农业行政相对人的行为也同样影响农业行政机关。如在农业行政相对人要求行政机关履行法定职责时，从农业行政相对人向行政机关提出申请之日起开始计算行政机关履行职责的期限，如果超过法定期限还没有给予答复，将产生一定的法律后果。

三、农业行政执法程序

(一) 农业行政执法程序概念及其构成

农业行政执法程序是指农业行政行为在时间和空间上的表现形式，是指农业行政执法机关行使行政权力、实施行政执法活动过程中所遵循的方式、步骤、顺序以及时限的总和。

农业行政执法程序的构成一般包括6个要素。一是过程,指行政执法程序自始至终的整体。二是步骤,指过程中间的环节。如处罚中的立案、调查、取证、处罚步骤。三是方式,如合议、告知、送达等。四是形式,如使用行政法律文书证书等。五是时限。即对农业行政行为所经历一定时间的限度规定。六是顺序,指要求某些步骤的实施不可前后颠倒。这6个要素对一般正式的农业行政行为应是缺一不可的,但对某些非正式的农业行政行为,可能只需具备其中的部分要素。

(二)农业行政执法程序的基本原则和主要制度

1. 农业行政执法程序的基本原则 农业行政执法程序的基本原则是指农业行政执法程序的设立、实施应遵循的基本准则。

(1)*程序法定原则* 程序法定原则是指农业行政活动的主要程序必须由法律加以规定,农业行政主体实施行政行为时必须严格遵循,不得违反法定程序。在法律、法规没有明确规定程序的情况下,农业行政主体自行采用的程序也必须遵循法律、法规的一般原则。违反行政程序的行为也属于行政违法。

(2)*公开原则* 公开原则反映在行政程序上,就是要求农业行政主体主动增强其行政活动的透明度,使外界易于了解知晓,为行政管理相对人参与行政管理活动、安排角色、营造场合、沟通渠道提供制度化的保证。

(3)*公民参与原则* 公民参与原则是指农业行政机关在进行行政决策、制定规范性文件和实施其他行政行为时,在程序上要保障公民的了解权与参与权得以实现。

(4)*公正原则* 公正原则是指农业行政机关在实施行政行为时应合理处理公共利益与个人利益之间的关系,并在程序上平等地对待相对人,其宗旨是公平、正义。

(5)*效率原则* 效率原则是指行政程序要适应现代行政的需

第十三章 农业行政执法及政策执行

要,以迅速、简便与经济的方式达到行政目的。

2. 农业行政执法程序的主要制度 农业行政执法程序的主要制度是指农业行政机关在行政活动中必须遵循的重要程序制度,是农业行政执法程序基本原则的具体化。主要包括下列方面:

(1)告示制度 告示制度是指农业行政主体应把农业行政行为实施中应当让行政相对人了解的事项,通过一定的方式对外通知告示的制度。

(2)听证制度 听证制度是指农业行政机关在作出影响行政相对人权利义务的决定之前,应当听取当事人的陈述、申辩和质证,然后根据经双方质证、核实的材料作出行政决定的一种程序制度。

(3)说明理由制度 说明理由制度是指农业行政机关在做出影响行政相对人权利义务的决定时,要说明做出该决定的事实根据和法律依据的制度。

(4)辩论制度 辩论制度是指农业行政机关在裁决当事人之间的争议时,应通知双方当事人到场,在行政机关的主持下由双方当事人就有关事实问题和法律问题进行对质的一种法律制度。

(5)回避制度 回避制度是指农业行政机关在决定和处理其管辖范围内的各种事项或裁决相应争议时,其工作人员若和所处理的事项或裁决的争议有某种利害关系,应主动回避或应当事人申请予以回避的制度。

(6)合议制度 合议制度是指农业行政主体对涉及行政相对人权利义务的事项的原则做出决定或裁决的制度。

(7)职能分离制度 职能分离制度是为了加强对权力的制约,防止行政机关及其工作人员以权谋私和滥用权力,侵犯行政相对人的合法权益,而将行政机关的某些相互联系的职能加以分离,使之分属于不同的机关或不同的工作人员掌管和行使的制度。

(8)情报公开制度 情报公开是指农业行政机关应通过各种方式和途径让行政相对人知晓有关行政活动的情况及有关信息资

料。它包括的内容广泛,凡是涉及相对人权利义务的,只要不属于法律规定的保密范围,都应依法向社会公开,任何公民、组织均可依法查阅和复制。

(9) **不单方接触制度** 不单方接触制度是指农业行政机关在处理两个以上行政相对人的、具有相互排斥利益的事项时,不能在一方当事人不在场的情况下单独与另一方当事人接触,听取其陈述、接受其证据材料的制度。

(10) **充分考虑制度** 有关农业行政主体做出决定时,在法律法规允许的范围限度内,充分考虑行政相对人利益的制度。

(11) **保护私人秘密隐私制度** 农业行政主体出于管理需要,有时需要了解掌握行政相对人的一些私人情况,包括家属秘密或隐私。但农业行政主体同时又负有为之保密的义务。农业行政主体在提供或出示裁决意见、政策说明、解释时,应删去暴露个人身份的细节;行政相对人对属于个人生活范围内的秘密以及营业或业务之秘密,有权请求保密。

(12) **时效制度** 时效制度是指农业行政行为的全过程或其各个阶段受到法定时间限制的程序制度。

(13) **行政救济制度** 这是指在行政相对人不服农业行政机关作出的影响其权利义务的行政决定时,法律应为其提供申请复议以获得救济的途径与机会,由上级行政机关或法定行政机关对原行政决定进行审查并做出裁决的制度。

(三) 违背法定农业行政执法程序的法律后果

违背法定农业行政执法程序的法律后果是指农业行政主体及其行政相对人在农业行政管理关系中,违背或不依照法律规定的方式和步骤而应承担的法律责任或不利后果。

1. 农业行政相对人违背法定农业行政执法程序的法律后果 行政相对人违背法定农业行政执法程序的表现主要有:应当申请而不申请、应该登记而不登记、应该申报而不申报或不如实申报,以

第十三章 农业行政执法及政策执行

及手续错误、超越期限等。

行政相对人违背农业行政执法程序的法律后果通常有以下几种。

(1)接受行政制裁 如行政相对人应在一定期限内申报而不申报就可能受到处罚;服务行业人员到期应体检而不体检会被吊销健康许可证;应交税款而不交纳税款就可能被加处滞纳金等。

(2)丧失权利或资格 如行政相对人在法定期限内没有申请复议或向法院起诉即丧失申诉权;行政相对人逾期不领取救济款即丧失领取救济款的利益;行政相对人逾期不报名即丧失报名资格等。

(3)不能引起所期望的行政行为的发生 如当事人的申请存在形式上的瑕疵或者手续上的错误,则不能引起行政机关批准或特许行为的发生。只有在形式上的瑕疵得到消除或者手续上的错误得到纠正之后,才能颁发许可证。

2. 农业行政主体违背法定行政执法程序的法律后果 在行政实践中,农业行政主体违背法定行政执法程序的现象主要包括:①程序缺陷。即在实施农业行政行为时没有经过法定程序。②滥用程序。即在实施农业行政行为时附加了法律没有规定且违背法律精神的程序。③形式瑕疵。即违背了行政执法程序的法定表现形式。④顺序倒置。即农业行政行为违背了法定顺序而任意颠倒其步骤,改变其方式。

农业行政主体违背行政执法程序的法律后果主要有以下几种:①农业行政行为无效。指农业行政行为因具有明显重大瑕疵或具备法定无效情形,自始不发生法律效力的情形。农业行政行为违背行政执法程序时,该行政行为应属无效。②农业行政行为被撤销。指农业行政机关或法院对违法的行政行为予以撤销,使其不发生法律效力,或消灭已发生的法律效力,使其恢复到违法行政行为作出前的状态。对程序一般违法的农业行政行为,不适宜用补正的方式予以补救的,可采用撤销的处理办法。③农业行政行为的补正。指对欠缺合法要件的行政行为进行事后补救,从而使违法的农业行政行为因补足要件成为合法的行政行为,继续维持其效力。④确认违法。这种责任形式适用于下列程序违法情形:其一,农业行政主体逾期不履行法定职责,责令其履行法定职责已无实际意义的。其二,农业行政主体逾期履行法定职责,该逾期行为并未给行政相对人的合法权益造成侵害或不利影响。其三,农业行政执法程序违法但不具有可撤销内容。⑤责令履行职责。农业行政主体程序上的不作为行为有两种表现形态:一是对行政相对人的申请不予答复。二是拖延履行法定作为义务。对于这两种形态的不作为,有权机关可责令相应农业行政主体履行职责。⑥恢复原状或赔偿损失,赔礼道歉。如果农业行政机关违背决定程序造成行政相对人财产上的损失或侵害行政相对人的其他权益,农业行政机关应当恢复原状或赔偿损失;如果农业行政机关违背法定程序造成对行政相对人人身权利及其他人身非财产权利的侵害,应当向行政相对人赔礼道歉。

第二节 农业政策的执行

一、农业政策执行的含义

所谓农业政策的执行,是指农业政策的执行者运用各种政策资源,通过建立各种组织机构,采取宣传、解释、实施、服务等各种行动将农业政策观念形态的内容转化为现实政策,从而使既定的农业政策目标得以实现的过程。简言之,是指农业政策制定出来后,把其规定的内容转变为现实行动的过程。

二、农业政策的执行机构与执行人员

(一)农业政策的执行机构

一般来说,国家行政机关就是政策执行机关。我国农业政策

的执行机关是中华人民共和国农业部。国家行政机关掌握着执行农业政策的资源和手段,又是联系农业政策决策者和广大政策对象的纽带。因此,行政机关的情况,对农业政策的执行有很大的影响。农业政策的执行是一种典型的组织行为,组织得力与否会对农业政策执行的力度和效果产生直接影响。

(二)农业政策的执行人员

农业政策执行人员是指适合既定农业政策执行需要的富有能力的专业或职业人员,主要是政府各级执行机构内的领导干部和公务人员。政策执行人员的素质、行为意向、政策水平及其对农业政策的态度等构成了影响和制约农业政策执行的重要因素。

1. 农业政策执行人员要具备较高的政策水平 政策执行人员的政策水平主要与3种素质有关:一是专业技术水平,表现为准确地理解和把握政策规定的能力以及进一步制定执行计划的能力;二是实际工作的经验尤其是处理公众关系的经验,表现为正确地预测危机的能力和正确地选择解决方式的能力;三是效忠国家的信念和自律精神,表现为遵从法律规定、维护社会正义的坚定性。

2. 农业政策执行人员要有积极的意向和工作态度 农业政策的执行实际上是对利益的分配和对行为的调整。政策执行人员往往身兼目标群体和执行者的双重角色。当作为目标群体的政策执行者的利益被他们执行的政策所调整时,他们便处在整体利益与局部利益的二难选择中。某一项农业政策有可能给执行者自身带来某种损失,那么执行者对此是出于公心还是出于私心,执行者的意向就决定了这一政策是否能够顺利执行。

3. 农业政策的执行人员要具备合理的知识结构和较强的组织能力 农业政策执行人员应该熟练地掌握政策科学的基本理论和所从事的农业政策领域的专业知识,广泛地了解政治学、社会学、管理学、心理学及法学等其他领域的相关知识,只有这样才能在农业政策执行过程中取得较大的主动权。

(三)农业政策对象

农业政策对象是农业政策直接作用影响的对象,是农业政策的接受者。农业政策能否达到目的、能否顺利执行,不仅取决于政策制定者和政策执行者,而且在很大程度上取决于政策能否被农业政策对象所接受。政策对象对农业政策顺从和接受的程度是对农业政策能否有效执行影响极大的关键因素之一。

三、农业政策执行的艺术

由于农业政策的复杂和农业政策对象本身的特点,要求在农业政策执行过程中必须采取一些艺术的手段和策略,使农业政策顺利实施。

(一)把握农业政策实施的基本环节

1. 制定农业政策实施细则 农业政策是行动的指导原则,其内容只是一种原则性的规定,并不包括具体行动的细节。因此,农业政策的执行,首先要根据实际情况,把这些行动原则具体化,制定出农业政策执行的翔实的操作性强的细则,作为农业政策执行行动的依据。

2. 制定农业政策执行的行动方案 农业政策的行动方案,就是政策执行活动的"线路图",包括执行过程的阶段划分,不同阶段的主要工作及其目标,各种活动的先后次序和时间安排,人、财、物等资源的分配与使用,组织机构及执行人员之间的分工等。

3. 进行农业政策的宣传 所谓农业政策的宣传,就是通过各种有影响力的渠道,向农业政策的执行者、对象和社会各方面说明、解释农业政策的合法性、合理性、必要性和效益性,以获得他们对农业政策的理解、支持和接受,并形成有利于农业政策执行的社会舆论环境,把农业政策意图灌输到人们的意识中去,促使和引导人们的行为向着宣传者所希望的方向发展。

4. 全面执行农业政策方案 根据行动方案和实施细则,全面展开农业政策的实施工作。为了使农业政策方案落到实处,首先,加强农业政策执行机构的建设;其次,加强农业政策执行人员的队伍建设;第三,制定必要的管理规章制度。

(二)采取深入细致的思想诱导手段

思想诱导手段是一种以人为中心的人本主义管理方法,它通过非强制性手段,诱使农业政策执行者和农业政策对象自觉自愿地去贯彻执行政策,而不从事与农业政策相违背的活动。常见的思想诱导手段有:制造舆论——在农业政策出台后就大力宣传,使农业政策的内容深入人心;说服教育——对少数不按农业政策执行或抵触的对象采取分别谈心方法,做深入细致的思想教育工作,做到以理服人;协商对话——在农业政策执行出现困难的情况下,决策者和执行者应就农业政策深层次问题分析、研究,并要认真听取广大农民群众的意见,尽可能在补充政策中做适当调整。

(三)灵活地运用农业政策执行原则

所谓灵活性原则,是指在不违背政策原则和保持政策方向的前提下,坚持从实际出发,采取灵活多样的方式方法,因时因地制宜,使政策目标得到真正实现。灵活性的核心是具体情况具体分析。首先,农业政策的时效性决定了执行政策的灵活性。任何农业政策都是针对一定时空条件下的特定问题制定的。随着时空条件的变化,农业政策会失去效力,成为过时的政策,而新农业政策代替旧政策很难做到十分及时,往往有一个滞后期。这就要求农业政策执行者坚持实事求是,从实际出发,敢于跳出旧政策的某些不合理条文的束缚,具体情况具体分析,灵活地解决实际问题。其次,执行农业政策需要有灵活性。这是由农业政策的层次性决定的。党和政府制定的农业政策,是从全国的总体情况出发制定的,有普遍的指导意义。但是,我国各地区情况不同,甚至差异很大,这就要求各地区、各基层单位在贯彻执行农业政策中因地制宜,制定符合当地实际的具体农业政策措施。再则,任何一项农业政策都需要逐步完善。农业政策的执行总会遇到新情况新问题,这就需要执行者根据实际,补充修正,逐步完善农业政策。

在农业政策执行中要坚持原则性与灵活性相统一的原则,就是要把政策的精神和实际情况相结合,准确地把握农业政策的界限。灵活是在原则所允许的范围内的灵活,而不是随心所欲;灵活性的临界点是政策的原则性。在执行农业政策的过程中,如果抛弃了政策的原则性,滥用灵活性,就会破坏农业政策的执行。相反,如果在实际工作中把政策的原则性理解成照转、照抄,不结合实际情况灵活运用,同样也不能真正落实党和政府制定的农业政策。

(四)保持农业政策执行过程中的沟通与协调

沟通,是农业政策执行过程中各级组织人员进行信息、联系、传递的过程,是对于农业政策目标及其相关问题获得统一认识的方法和程序。政策执行中,沟通主要表现在3个方面:一是执行者与其上级进行的上行沟通;二是执行者之间进行的平行沟通;三是执行者与政策对象进行的下行沟通。一般而言,无论是哪一种沟通都是双向的。有效的农业政策沟通,不仅可以使人们统一思想,统一行动,相互配合,共同协作,而且可以增强参与意识,激励主动性和创造性,发挥整体效益,提高执行效率。

协调是引导农业政策执行组织之间、执行人员之间建立良好的相互协调、相互配合的关系,使组织内部各部门、各环节的各种活动不发生抵触、失控、重复,从而有效地达到共同目标的行为。

(五)发挥农业政策执行中检查监督的作用

检查监督的目的,是要及时掌握农业政策执行的进度,发现偏离农业政策的现象和执行农业政策中出现的问题,做出相应的处置,以保证农业政策的正确执行。检查监督的内容主要是对农业政策执行情况和农业政策本身质量的检查,可以起到预防、保证、补救、评价等作用。检查监督的渠道和形式包括党组织的检查监督、国家权力机关的检查监督以及执行机关内部的检查监督等。

第十三章　农业行政执法及政策执行

【案例13-2】 农业政策执行人员积极的工作态度是政策执行的关键[①]

北京市平谷区大中型水库移民后期扶持工作经历时间长,情况复杂,潜在的各种矛盾较多。但此项工程工作人员认真负责,人口核定扎实准确,资金发放及时稳妥,项目扶持深得民心,整体工作稳步推进,相关工作细致全面,社会反响平稳良好。

如金海湖镇的红石坎村,该村位于库区,既是移民搬迁村又是移民接收村,情况较复杂。在进行农业户口移民人口核定登记过程中,反映出来的问题较多,如:水库修建时本应搬迁人员,但当时并未搬迁,后又由库区内搬迁至淹没区以上,即由低处搬到高处;因水库扩建,淹没区扩大,库区内原有公路被淹没,水库建成后重新修建新公路涉及搬迁人员等。诸如此类,有10余类复杂情况。针对此种情况,有关部门在与该镇领导沟通后,多次倾听村"两委"班子成员、村民代表及搬迁人员的意见,最终根据政策要求和该村的实际情况,给予了合理的解决。

在贯彻落实移民政策过程中,耐心服务是做好此项工作的关键。全区上下参与移民工作的人员大多数做到了耐心服务,较好地完成了移民工作。仅以区移民办为例,据不完全统计,共计接待来电万余次,前来咨询的人数达300余人。他们有的是来咨询政策,有的是来反映问题,针对他们提出的各类问题,工作人员始终以满腔的工作热情,严格按照政策标准,一一耐心解答。即使有人因为不能享受到扶持政策而大发雷霆,工作人员也会耐心、细致、文明礼貌地为他们讲解政策,最终使得每位咨询者得到满意的答复。

[①] 资料来源:北京农经网,http://www.bjnyzx.gov.cn/ywgz/dzkw/jqsw/201110/t20111010_283270.html

参 考 文 献

[1] 周建华．农业政策与法规[M]．广州：华南理工大学出版社，2006．

[2] 张文方，卞新民．农业政策与法规[M]．北京：中国农业出版社，2006．

[3] 钟甫宁．农业政策学[M]．北京：中国农业出版社，2007．

[4] 庄小琴．农业政策学[M]．北京：气象出版社，2000．

[5] 陈亚平．农业行政法[M]．广州：华南理工大学出版社，2006．

[6] 关信平．社会政策概论[M]．北京：高等教育出版社，2004．

[7] 张宝莉．农业环境保护[M]．北京：化学工业出版社，2002．

[8] 徐新华，吴忠标，陈红．环境保护与可持续发展[M]．北京：化学工业出版社，2000．

[9] 张从．农业环境保护概论[M]．北京：中国农业大学出版社，1996．

[10] 汪荣康．农业政策与法规[M]．北京：经济科学出版社，1996．

[11] 扈纪华．《中华人民共和国农业法》释义与实用指南[M]．北京：中国民主法制出版社，2002．

[12] 陈亚平．行政法与行政诉讼法[M]．北京：中国农业出版社，2005．

[13] 丁关良．农村法制[M]．北京：中国农业出版社，2000．

[14] 张文芳,卞新民.农业政策与法规[M].北京:中国农业出版社,2006.

[15] 任大鹏.农村政策与法规[M].北京:中央广播电视大学出版社,2004.

[16] 王歆,林其敏.农村土地法律课堂[M].北京:中国法制出版社,2007.

[17] 钟甫宁.农业政策学[M].北京:中国农业大学出版社,2000.

[18] 黄松有.婚姻家庭司法解释实例释解[M].北京:人民法院出版社,2006.

[19] 范李瑛.婚姻家庭继承法案例教程[M].北京:北京大学出版社,2004.

[20] 曹诗权.婚姻家庭继承法[M].北京:北京大学出版社,2006.

[21] 陶毅.婚姻家庭与继承法学案例教程[M].北京:知识产权出版社,2003.

[22] 巫昌祯.婚姻与继承法学[M].北京:中国政法大学出版社,2001.

[23] 中共甘肃省委研究室.农村工作全书[M].兰州:甘肃人民出版社,1993.

[24] 陈锡文.中国农村改革:回顾与展望[M].天津:天津人民出版社,1993.

[25] 杨泉明.八亿农民的重要法律——村民委员会组织法(试行)讲话[M].成都:四川大学出版社,1988.

[26] 宣迅.城乡统筹论[M].成都:四川人民出版社,2005.

[27] 张智杰.民生法律规范汇编[M].北京:中国民艺出版社,2007.

[28] 何建斌,张惠敏,张丽娟.农村职业教育理论与实践探

索[M].北京:中国广播电视出版社,2007.

[29] 李军峰.中国非正规就业研究[M].郑州:河南人民出版社,2005.

[30] 于法鸣.培训与就业(第二版)[M].北京:中国劳动社会保障出版社,2005.